金石之声

世界变革与演讲简史

The Sound of
Golden Stones

瞿泽仁◎著

成都地图出版社有限公司

编　　著　　瞿泽仁

策划编辑　　阮　芳

执行编辑　　全　龙

责任编辑　　程海港

美术设计　　光合时代·赵庆扬

图书在版编目（ＣＩＰ）数据

金石之声：世界变革与演讲简史 / 瞿泽仁编著 . —
成都：成都地图出版社有限公司 , 2020.1

　ISBN 978-7-5557-1399-9

　Ⅰ . ①金… Ⅱ . ①瞿… Ⅲ . ①世界史—中世纪史
Ⅳ . ① K13

　中国版本图书馆 CIP 数据核字 (2020) 第 021800 号

金石之声：世界变革与演讲简史

出版发行　　成都地图出版社有限公司

电　　话　　028-84884647（策划部）

　　　　　　028-84884828（发行部）

印　　刷　　三河市金轩印务有限公司

开　　本　　700mm×1000mm 1/16

印　　张　　26

字　　数　　320千

版　　次　　2020年7月第1版

印　　次　　2020年7月第1次印刷

书　　号　　ISBN 978-7-5557-1399-9

定　　价　　68.00元

历史精灵与
言语激情的共振

瞿泽仁老师继《演讲史话》第一卷《声音的力量》出版之后，又完成了第二卷《金石之声》的写作，真是件可喜可贺的事！

我同瞿老师曾有过几面之交，那是我在做《演讲与口才》和《做人与处世》副主编时，与十佳作者在"笔会"上的交往。记得一次在九寨沟，一次在张家界，瞿老师都荣获了读者评选的十佳作者之列，在这样的不寻常场合，我得以相识这位渝中秀才，真值得高兴。

他给人留下了较深的印象，一是他在最佳作家中年纪最大，二是他少言寡语，不事声张。记得，在张家界火车站，我们就近借茶房喝茶，开了个短暂的会，他对办好刊物提出了很好的建议，其中之一是，开辟一个应聘口才的栏目，结果被采纳了，他自己也身体力行地为之写作、投稿。

这本《金石之声》中收录的文章，我读过其中大部分，总体印象是：思路清晰，重点突出；文笔清新隽永，毫无晦涩之感。同时，跟作者的其他文章一样，无不显示出瞿老师的良好文化素养。行文到处，给人一种既有理性又不乏温情的，既温婉又不矫情的一面，即使是论说性质文章，也毫无晦涩，而且更难能可贵的是，还不时显示出激情的一面来。这正说明：他对于说理、叙事和抒情三者的分寸拿捏得恰到好处——而这一点，恰恰是被其他作者经常忽略的。

从内容上看，瞿老师在《金石之声》中部是着眼于那些容易为人忽略的说坛人物，包括他们的特点、长处以及趣闻逸事，因此才能做到在题材选择上既有历史发展的轮廓和脉络，又尽量不局限于寻常的套路，真正做到了选材真实性与趣味性相结合，像拉法耶特、艾丽斯、潘克赫斯特、王尔德、洛伦佐·德·美第奇这一类容易被演讲史忽略的人物，他也倾注了极大的关注，用饱蘸着温情的笔墨，勾勒出一个个清晰的轮廓。对一般演讲史中少有人涉及的领域也是如此，比如，现代教育的一个重要领域——口才教育，他就努力挖掘出一些鲜为人知的细节和事件，无疑给了人们良多的对今天的教育的思考。还有中世纪关于捉巫运动、关于色情读物的法庭辩论内容，无疑也起到了开阔人眼界的作用。公平地说，这本《金石之声》并非全面阐述说坛往事的作品，但作者的确尽其所能，选择了一些人所罕闻的人与事，像高级的厨师那样，烹调出了一席美味珍肴，既丰富了人的见闻，又享受到了阅读过程的种种精彩与愉悦。

这样优秀的作者，这样出色的文笔，再加上如此广阔的知识面和真知灼见，汇聚在一起，无疑给读者们提供了一次丰盛的精神大餐，读它，定会使人增长见识，开阔视野，以更好的姿态与世界接触，与朋友相处，与一切人打交道！

我以为，这部作品非常适合青少年读者，比如大中学生、公务员和部队指战员，尤其是涉外人员、留学生群体，更值得一读。读它，想必在享受阅读的过程中，同时也弥补一些年轻人所欠缺的历史知识，增加一些与西方人打交道的能力，同时也能丰富自己的演说、辩论方面的相关知识。

如是，我热诚地向读者朋友推荐此书！也借此机会向瞿老师表达我的致意！

战晓书

《演讲与口才》《做人与处世》前副主编、主编

遇见历史：
与灵魂相伴，和言说同行

按照原计划，《演讲风云录》(即《演讲史话》)全书写完，应当最少是五卷；不过，自从第一卷《声音的力量》(即古希腊罗马卷)完成之后，一搁笔就是五六年之久，原因很简单，找不到地方出版；后来，才偶然地被东北的一家出版社，给慧眼看上并出版了。

于是我想，何不趁热打铁，把原先拟写的"演讲风云录"一并完成呢？这样，便筹划起了第二卷的写作；只是，面对市场的无情，我只能调整当初的计划，将原先拟定的五卷本，压缩成三卷，它们是——

第一卷：《声音的力量》(古希腊罗马)；

第二卷：《金石之声》(中世纪至一战)；

第三卷：《被声浪吞没的地球》(一战至当代)。

这里各卷的划分，只是为了行文与归类的方便，不一定与通常的世界历史阶段划分合辙。比如，通常将近代定义为从英国的革命开始，到二战结束；可是从篇幅上考虑，我将"中世纪近代卷"划定为"中世纪到一战前"，即公元5世纪到19世纪末的一千多年，就是呈现在读者面前的第二卷大致的时间段。这一段漫长的历史时期之内，"说坛"领域可叙述的事件可谓汗牛充栋：从中世纪到文艺复兴、启蒙运动，从英法资产阶级革命到美国独立战争，从工业革命、新技术革命到列强的殖民争夺，再到一次世界大战……有多少事件和精彩的"说坛"篇章可列入史话中啊。

即使在所谓的中世纪，通常界定在公元476年西罗马帝国灭亡，至公元1453年东罗马帝国灭亡的这将近一千年的历史时期，也无疑是全世界封建制社会形成到发展的漫长而重要的时期，更是世界三大宗教形成并广泛传播的时期。而接下来的资本主义政治革命与工业革命，以及殖民地的独立浪潮陆续爆发，旧有的封建制度秩序土崩瓦解；与此同时，随着启蒙运动、文艺复兴的到来，科学文化一举打破千年中世纪的沉闷，得到了蓬勃发展，新的技术革命也开始突飞猛进；同时，伴随着宗教的成长，教会势力也由盛而衰……在这样一个大变革的时期，许多历史事件都可从演讲与辩论的角度找到它的视角，寻到其历史的回音，因此可写的演讲与辩论，比起前一卷来，实在是数不胜数的。

为此，考虑到历史脉络与读者的兴趣所在，我确立了"从历史的视角看演讲，从演说史的视角看历史脉络"的整体原则。对于前者，也就是遵从客观历史的大的视野的方法，去挑选那些对历史影响大的演讲事件来讲；对于后者，也就是不囿于历史的视角，而突出"说动"的特点，有归偏颇，也有所归类，对于有的内容，比如捉巫运动、宗教审判运动、大学的讲座活动等不被一般史书列为重点的领域，我也通过"演说史"的角度，做了相对详细的阐述。

就本书的具体重心而言，如果只是泛泛而谈，这段时期同一般社会生活和习俗的变化也有几个相同点，那就是历史性和传承性，时代性和变异性，地域性和民族性，等等。但作为演讲、辩论及口才的专题史来看，又必须在其中确立一个重心，才能在丰富的历史素材中，找到一个可以作为今人镜鉴的抓手。考虑到种种情况，我将本卷的重点放在世界资本主义确立的时代——1640年英国革命到启蒙运动这一段，这段时期的斗争相当激烈，特别是同宗教势力的"白刃格斗"，更是刀刀见血的血泪史！为此，读者可以从中看出，我倾注了自己特有的感悟在其中。这样，自然在其他方面花的笔墨就相对少了，但总体来看是值得的——因为正是这些地方的精彩与独到，才更值得人拨开那云山雾罩来仔细窥探一番！

这样一来，我下笔时，就比较留心那些"演讲词汇编"之类出版物之外的材料了，大凡是它们不收录的、有意被忽略或者遗漏的零章碎篇，作者都给予了特别的关注，比如"捉巫运动"中的辩论，反色情潮流中奇特的"性与哲理"的宣讲手法等；还关注到大的历史事件中的小插曲及逸闻趣事，比如著名的葛底斯堡演说的真实现场与效果等；也关注到那些与演说论辩相关的文艺作品内容，比如影片《奇异的恩典》及其议会辩论、《激辩风云》中的论辩技巧的训练课题等；更关注到更广泛的群体演讲活动的开展，比如妇女《女权天使》原型艾丽斯·保罗等人争取女性平权的演说；当然，我也关注那些与今天的传统及思潮有关的内容，比如文艺复兴时期意大利的大学演讲教学的改革与今天西方大中小学特有的演讲口才训练，议会中的辩论传统又是如何演化的……对这些内容，我都尽力去发掘其中的有趣有益并且动人心弦的、给人以启悟的细节。

有人说，对历史而言，终究是无形之物，不过一种记忆罢了。然而，文明的演进表明，这种记忆之所以珍贵，正是由于人类文明的进步，需要这样一种背景，需要这种记忆为基石，才能更牢固地屹立于当下，更好地开创未来。这，也正是人自身的需要。不错，历史的叙述是需要真实的，然而，不去描绘与刻画细节不就流于空谈了吗？所以，笔者有意识朝这方面努力，致使在展现语言本身的风采的同样，也力求细节的真实、生动和精彩，避免那种空洞、枯燥和乏味叙述。这样，自然就顾不得过多去考虑某一事件的完整性和历史的脉络了——实际上，这也是它与所谓"正史"的有别之处，以显示出演讲和辩论史自身的特色来。在叙述的过程中，在关照真实的情势下，作者极力使笔触到处，既不乏冷静、理性，更不会吝啬自己的感情，让历史的叙说真正带有常人的体温与激情。

至于"金石之声"这个书名，著名评论家蒋星煜在《寻其吐蜀，如获美剑》（百花文艺出版社《古今名人趣话》）一文中，赞扬明代戏剧家汤显祖曾说过："汤显祖还写了大量的诗歌，无论写景咏物，无论抒情寄思，都是文学史上的不朽佳作。至于那篇《论辅臣科臣疏》，不仅文字铿锵有金石声，而且逻辑严密，论证精当，既是文学史上的名篇，也是有高度价值的政治文献。"不过，作者借来此语，却有别的意图，只是为了对于上述的历史与时代背景做一种比喻性的概括而已。作者以为，用金子与石头这两种既富于光泽、质地和品质的自然之物，来比喻人类从中世纪走出到冲破蒙昧……这，不正是"金石之声"的另一寓意之所在吗？

对于演讲这门学问或者艺术，笔者在长期的耕耘中深有感触，按它的本质，应当归类于语言之中，只是由于很长的历史时期，"声音"这个东西是不可能再现的，它只能依赖于笔和纸传承，这也是它被人视作"小菜一碟"的显得不那么实在的"纸上留声"符号，有些缥缈与捉摸不定之感。迄今我们的所谓演讲史的研究，也大多只能凭借于纸上残留的文字去研究——即使如《伯罗奔尼撒战史》《佛罗伦萨史》那样的名著，也受到这种限制与束缚；如何去突破这种种的局限，的确是一个值得思考的问题。

夏凡先生在他的佳作《镜子里的中国——3700年中华文明的历史和现实》的《前言》中所说一段话十分精辟，也深得我心。请原谅我"窃取"他的部分前言为己所用；夏先生认为，一个人写书的过程也会反映他的成长的经历。看上去写的人与事与己无关，其实，书中体现的正是作者当下的思考，包括人生的、命运的和灵魂的。他还说，所谓的人生智慧，其实是在痛苦中凝结成的。全然是作者在反省的过程中得来的"对生命的体悟"，从这个意义上说，写历史的人是幸福的也是痛苦的，这二者并不矛盾，它正好说明，虽然活在当下，可关于去感受古人、先哲们的智慧、经验，就有可能比常人活得更精彩、更踏实，当然也更懂得珍惜生命的意义了。这是因为，在对历史的审视、反思的写作过程中，一个人自身的修养、意志和趣味，也得到了实实在在的提升，同时其智慧之光也会在写作中渐渐显露出来。怪不得，前人早说过：的确，不读历史的人也是过一辈子，可是读历史的人、尤其是写历史的人，却不止过一辈子！这种情形，正如夏凡先生所言：读历史写历史，就"仿佛一个人重新生活了一遍，又近似牛的反刍一样"，那该是怎样的一种惬意与精彩啊!

　　为了我们自己不至于被仇恨的火焰吞噬,为了平和地活在当下,为了自己与下一代在"拿来"别人的物质文明的同时,也敢于学习别的文明的长处,作者祝愿年轻的朋友们,不只是尝试从本书中学到演讲辩论的一般之术,而且有能力从中懂得多一点的历史和语言知识,吮吸到真正的文明的智慧与甘泉,让自己的眼光足够辽远、深沉,真正像一个现代人那样,立足于世界,闯荡于江湖,驰骋于原野,然后,傲然于现代文明人之列;同时,也创造出比前辈人更加灿烂更为精彩的文化篇章来。

　　笔者还想申明的是,本书援引了不少人的研究成果,除了书后所列之外,有的囿于篇幅,未能一一罗列出来,笔者也一并在此表示真诚的感谢!不过,笔者要特意感谢已故的父母,是他们用自己微薄的薪水和明智的眼光,在困苦中极力让我蕴藏的智力得以施展,感谢我的家人,我的妻子肖兴桂和女儿瞿晓乔,感谢她们在我的病中给予的悉心和细致的照顾,我才得以坚持了写作。此外,还有《演讲与口才》杂志前副主编和《做人与处事》主编的战晓书女士,感谢她在百忙之中给予的指导并撰写了序言予以推荐。最后还应当感谢方格时代文化公司,感谢阮总、全编辑及其他人员,没有他们的努力相助,我的这部书稿恐怕也就只能消失于无形之中了。

　　当然,我也应当感激"演讲史话"第一卷的读者,正是他们提出的意见与建议,促使我写作本卷的时候,能做出比第一卷较多的改善;比如,有的子目篇幅控制不够好,太长;演讲部分太多,希望能增加辩论部分内容等,总之,凡是能够做到的,笔者尽其可能去做;当然,跟做任何事一样,有时候难免有心有余而力不足的时候,这就有赖于读者的谅解了。

瞿泽仁

2018 年 2 月 28 日

辑七　名人拾锦：口语之花绽放在舌尖下

来自历史深处的变革之音

01

一、要将皇冠紧紧攥在自己的手中

——从苏瓦松瓶子到查理大帝遗嘱

在国际活动中，各国常常依照英文字母的顺序来排序，于是人们看到，中国的序号便是第三名次的"C"。为什么是C？不说也明白，因为是China一词的首字母啊，其来源也是因为其含义是"瓷器"，西方人便称中国为"瓷国"了。

殊不知，在5世纪的时候，法国就有过瓷器的记载了。那是一只大花瓶，只是记载不甚明了，至今弄不清那只闻名遐迩的大花瓶，究竟是属于瓷器呢还是陶器？也弄不清它是来自中国呢还是出自本地——不过，可以肯定的是，在那个时候，中国历史已然进入诗歌绘画雕塑繁荣的南北朝了，不过，经历过文明进步与繁荣的古希腊罗马以后，欧洲土地又归于蛮族的天下，所以还处于氏族社会的末期——只因有了那只大花瓶，氏族社会才开始解体了……

1

埃纳河（Aisne）静静地流淌着，如果不遇到夏日的暴雨，平日里简直难以激起一丝涟漪。

紧傍着这条河，有一个小镇，它是那么袖珍，却又是那样有名；远远不如母亲河那样平静——中国人的世界历史课堂上，"中世纪"往往从它的故事开始讲起。

这个小镇就是法国北部的苏瓦松（Soissons），跟它的母亲河埃纳河(Aisne)一样，它的名称也源于高卢语。在公元3世纪，苏瓦松地区为高卢人的一支——苏埃西翁（Suessiones）部落占领，从此成为一个军事重镇，此地也就沿袭了苏瓦松这一村落之名。

那是公元5世纪末，法兰克的军事首领克洛维(Clovis)，带着他骁勇善战的士兵们，与原先罗马的大将，也是高卢人的统治者西阿格里乌斯的军队交战，并且大获全胜；以后，联军就驻扎在了苏瓦松小镇上。这个镇上的教堂里有一只美丽绝伦的广口大花瓶，就直立在那些衣衫褴褛的士兵面前，士兵毫不客气地一哄而上，抢走了它。可想不到的是，该教堂的主教和一位年轻美貌的基督教姑娘，却直冲着首领克洛维而去，他俩苦苦哀求，欲讨回那只大花瓶。

或许是美人的言辞打动了克洛维，他承诺：一定会把花瓶追讨回来！于是，他将全体士兵集中起来，说是要依据传统的抽签方法来决定它的归属：

"我也是这样，无论我能否抽到这个大花瓶，我都希望这只美丽的大花瓶能回到庄重的教堂。"

抽签的结果难以预料，这一回，克洛维也失算了：抽中那只花瓶的是一个很较真儿的"刺头"士兵，并且他并不打算将花瓶送回教堂。克洛维傻眼了，不由怒从中起。但这名士兵并没有胆怯，他怒不可遏地挥舞着战斧，当着所有士兵的面大声嚷嚷起来：

　　"你虽然是首领也只能得到自己抽中的那份东西……你的就是你的，我的就是我的；是你的你怎么处置与我无关，是我的我想怎么处置我自己做主……"

　　嚷着嚷着，他抡起战斧猛的一下朝那大花瓶砍去，刹那间，美丽的广口大花瓶四分五裂，像花瓣一样撒落得满地都是，成了一堆碎瓷片。克洛维的心就像瓷片一样破碎了，他顿时觉得自己很没有面子。过了几天，在一次列队时，克洛维威严地走到那位打碎花瓶的士兵面前："鞋带都没有系好，还怎么出征？"当士兵弯下腰系鞋带时，克洛维却抽出战斧，猛地将他的头颅砍成了两半，顿时，鲜血伴着脑浆四处迸溅，然后他将斧子一扔，冲着那具尸体讥讽地说：

　　"没错，是你的就是你的，但是别忘了，你也是我的！"

　　在场的所有人眼睁睁地看到了面前发生的血腥一幕，却连大气也不敢出一声。克洛维全胜——他用这般残忍的手段，破坏了氏族公社的公有制，宣布从此建立起了个人的权威。

　　克洛维越来越跋扈，他的一个部属西阿格里乌斯，惊惧地南逃，但他被西哥特人给捉住了，他们将这逃兵套上镣铐送还给克洛维。紧接着，克洛维以此件事为借口，挥师开始东奔西讨，一举占领了巴黎和卢瓦尔河以北土地，奠定了法兰克王国的基础；而他本人呢，则从一个氏族部落联盟的军事首领，蜕变成了一个国王——克洛维王国建立起来，他也开创了以其祖父墨洛温命名的西欧第一个王朝——墨洛温王朝（486—751）。

2

当时间行进到公元9世纪初时，在欧洲和世界历史上，一桩不可避免的划时代事件发生了。

这一天，圣彼得大教堂格外庄严肃穆，装饰得金碧辉煌，随着清脆的教堂钟声响起，在赞歌和琴音的伴奏下，教皇利奥三世手捧一顶精致的王冠，给法兰克国王查理曼正式加冕了；此后，这位国王也被尊称为"罗马人的皇帝"。这样一来，在西罗马帝国灭亡300多年后，在昔日的大部分地盘之上，又建立起了一个所谓的"影子罗马帝国"，这就是历史上的"查理曼帝国"。但是，在这一事件中，一直有一个千年未解之谜，那就是这到底是查理曼的要求，还是教皇的主意？

查理曼生活的年代正是西欧封建化急剧进行的时候，而他实行的政策措施也加速了这一进程，得到了新兴封建地主阶层的拥护。查理曼同时又是一位好战的国王，为了建立一个强大的国家，他长年累月地率军四处征战，使法兰克王国的版图迅速扩大，在经历50多次战争以后，查理曼使法兰克王国成为控制西欧大部分地区的大帝国：西临大西洋，东到多瑙河，北达北海，南至意大利中部，差不多囊括了昔日西罗马帝国的全部国土。

公元795年，罗马教皇阿德一世逝世，在查理曼的支持下，利奥三世当选为新的教皇。利奥三世为了答谢查理曼，在罗马为他大唱赞歌，从而引起了贵族的不满。反对者们冲进教皇官邸，逮捕了利奥三世，准备将他送进修道院受刑，扬言要刺瞎他的双眼，割掉他的舌头。利奥首先向拜占庭国王求救，却遭到了无情的拒绝。他设法逃出监狱后又向查理曼求援，查理曼亲自带兵护送利奥三世回罗马，用武力平息了这场纠纷。利奥三世对查理曼感激涕零，不惜抓住一切机会报答他。800年的圣诞节，罗马教皇利奥三世给查理曼加冕为"罗马人皇帝"，史称查理曼或查理大帝，也被历史学家称作"西欧之父"。

查理国王在追求知识的乐趣上，无人能与之匹敌。有一群人，聚集在市场上进行交易，有两个声音特别奇怪——他们并没陈列出什么待售的货物，而是高喊着说："嗨！谁需求知识，请靠近来，从我们的手上领取，因为我们出售的就是知识。"这吆喝声引起了国王的注意，于是停下脚步，询问他们是不是真的像传闻所说的那样，随身带来了"知识"。那两个人回答说："我们两人都有知识，并且乐于以上帝的名义把它传给那些配得上寻求它的人。"查理又问他们要求什么代价，他们回答说："啊，国王，我们不要任何代价，只要一个适当的地方来讲学和一些聪明的头脑来授业；另外就是要有食物可吃，有衣服可穿，要是没有这些，我们就无法完成人生的历程。"

国王听了很是高兴，嘉奖了他俩。其实，查理长期以来，都习惯于从穷孩子们中选拔那些字写得好、书读得好的，把他们转送到他的私人祷告室——礼拜堂（chapele）去，这个词起源于圣马丁的"斗篷"（cappa），那可真是个漂亮词儿啊：文武兼备！原来，这"斗篷"是历代法兰克的国王，在作战的时候经常穿着的衣服样式，他们认为用它可以防身御敌。

查理十分喜爱罗马的圣使徒彼得的教堂，超过一切神圣之地；为此，他特意向这座教堂输送了大量的金银、宝石等财物，还赠送给教皇无数的礼物。在他整个统治期间，竭尽全力使罗马城恢复旧日的荣耀和威信，他不仅保卫圣彼得教堂，还自己出资装饰它，使它比一切其他教堂更为堂皇富丽。虽然他这样重视罗马，但是在他统治的47年间，他只有四次到罗马去履行誓言和奉献祷词。

他最后一次到罗马去的目的也不仅限于此，而是另有原因。公元799年，罗马贵族起事，驱逐了教皇利奥三世，还把他的眼睛挖出，把他的舌头割掉，逼得他向国王寻求保护。因此查理去罗马收拾残局，欲使惨遭破坏的教会秩序得以恢复。那年的整个冬天都住在罗马。就在那期间，他接受了皇帝和奥古斯都的称号，同时平心静气地容忍着由此而引发的敌视与愤怒。

此外他还做了一件让人怀念他的英名的事情，那就是用"自己的语言"为各个月份命名。在他以前，法兰克人部分用拉丁名称，部分用不规范的名称来称呼各个月份，他给12种风取了名字，而在此之前，已有名字的风不过四种。他称1月为冬月，2月为泥月，3月为春月，4月为复活节月，5月为快乐月，6月为耕作月，7月为割草月，8月为收获月，9月为风月，10月为葡萄收获月，11月为秋月，12月为圣月。他也用风的名字代指月份，例如，"苏布索拉努斯"（东），原是拉丁名Subsolanus的音译，而括弧内的"东"是拉丁文的本意；以下是他的以风代月的命名：苏布索拉努斯（东）为东风；尤鲁斯（东偏南）为东南风；尤罗奥斯特尔（南偏东）为南东风；奥斯特尔（南）为南风；奥斯特罗－阿夫里克（南偏西）为南西风；阿夫里克（西偏南）为西南风；塞菲尔（西）为西风；科鲁斯（西偏北）为西北风；西尔西乌斯（北偏西）为北西风；塞普腾特里翁（北）为北风；阿基隆（北偏东）为北东风；伏尔图尔努斯（东偏北）为东北风。

在查理的生命末期，当他已经意识到年老体衰的时候，决定实行禁食，希冀通过这种自我锻炼，或者可以痊愈，或者可以减轻病势。但是由于肋部发生了希腊人称之为肋膜炎的病症，病情开始变得复杂了。但他坚持禁食，只喝点水来维持他的体力，这样，在卧病七天之后，他接受了圣餐。在享年72岁在位47年以后，他最终免不了一死。就在查理去世的当天，他的坟头上竖立了一座镀金的拱门，上面有他的雕像和铭文：

"在这座坟墓之下，安息着伟大的信奉正统宗教的皇帝查理，他崇高地扩大了法兰克人的国家，隆盛地统治了四十七年。他逝世

时年逾七十，时值我们主的第八百十四年，即小纪之第七年，2月朔日的前五天。"

"小纪"是中世纪的一种纪年单位，它更多地用于宗教事务方面；计算方法以公元312年9月为开始，每15年作为一个"小纪"，除余之数即是现行小纪之某年，例如，公元814年，即第34小纪之第7年。

查理也曾立下遗嘱，以便让诸妾所生的儿女继承他的某些财产，但是他的计划着手过晚，未能实现。不过在他死前三年左右，他当着朋友们和大臣们的面，把财富、金钱、袍服和全部其他动产加以分配，他请求这些人在他死后出面承认和维持这种分法。他还在一份文件里说明他希望如何处理他所分配的财产。文件的原文和要点如下：

"最光荣、最虔诚的君王查理大帝在我们的救世主耶稣基督降世以后的第八百一十一年、他统治法兰克的第四十三年、他统治意大利的第三十六年、帝国成立后的第十一年、即小纪之第四年，以全能的上帝、圣父、圣子和圣灵的名义，订立分赠文书如次：为了明智的和宗教的理由，他把当日御库中所存贮的金银珠宝加以分配。他这样做的伟大目的是：首先，保证由他用自己的财富来恰当而适宜地散发那种基督徒们虔诚地用自己的财产所发放的布施。同时，他的继承人可以清楚地、无任何怀疑之可能地了解什么东西应当属于他们，因此他们可以毫无争执、毫无分歧地按照适当的比例剖分他的财产。因此，基于这种意图和目的，他首先把他的全部财产和动产分为三部分，其中无论是金银、珠宝或御用衣物，都可以在上文所指明的那天在他的御库里见到。然后，他又做了一次划分，把三份中的两份又分为二十一份，而保留第三份不动。"

后来的文学名作《罗兰之歌》，曾经以它悲壮的情节感动了中世纪的欧洲人，不过，《罗兰之歌》实际上是记述查理对撒拉森人的一次不成功的战争。以后，查理虽然占领了西班牙东北部，却始终没能再向前推进。在几十年的征战之后，查理的帝国还是扩大到了今天的法国、瑞士、荷兰、比利时、奥地利以及德国、意大利的大部分地区，在当时的西欧可以算是空前强大的国家了。这也就是查理为什么被人尊称为"查理曼"或"查理大帝"（Charlemagne 或 Charles the Great 或 Charlemagne Ⅰ，742—814）的原因所在，其意思就是"伟大的查理"或"查理大帝"。

　　到公元834年，查理曼的三个孙子为争夺帝位，长期混战后，终于在凡尔登缔结条约，三分帝国，各据一方，这就是后来法、德、意三个国家的雏形；而在此前，日耳曼的一支盎格鲁撒克逊部落，也已经占据了不列颠群岛。

二、黑斯廷斯战役前的咆哮

——征服者威廉的战地鼓动能力一瞥

  为着寻古探幽之迷思，几名中国的"驴友"相约来到英国寻找一千多前的古战场。意想不到的是，如此一个影响到西欧两国历史的重要古迹，却是个交通很不方便之所在。一行人早晨5点钟起床，换了五趟车，花费了七小时，才找寻到坐落在英国南部海岸的巴特尔古镇。当他们踏进了当年的黑斯廷斯战场时，举起望远镜远眺法国，才蓦然发现，黑斯廷斯（Hastings）已经成为历史的一个符号，其历史意义远远大于它的地理战略位置。踏访之中，那儿早已不见了昔日的战火痕迹，而尚存的战争之后的断壁残垣，又多为二战的硝烟之遗迹。

  寻来找去，蓦地，有驴友发现了一个洞穴，那是一个面积约莫4000平方米的地下洞穴——圣克勒曼茨岩洞（St. Clements Cave），走进去后，才体会到17—18世纪走私者的神秘生活。洞穴不但巨大而且保存完整，里面很黑暗、很狭窄，还有高度仿真的各式人物塑像，配合着一些阴森的音效，真的好似置身当年的环境。有些地方要俯身前行，而爬出去后则是高耸巨大的墙壁，上面刻画着一些至今未解开的古老咒语，顺着提示一步步前行，驴友们方见到最后一个提示：

——请回望！（LOOK BEHIND！）

好家伙，那句话竟然关系到洞穴一个最著名的传说，一座死神模样的雕像在冷冰冰地注视着游客，极为阴森恐怖，叫人浑身直起鸡皮疙瘩。

人们相互用目光询问着：你都"回望"到什么了？

有的说，我回望到1000年前的诺曼底田野上的一条小溪，真的，那可是年轻的诺曼底公爵骑马飞驰而来的地方……

1

是的，那个场景也是几乎所有研读过西欧历史的人所熟知的。

11世纪20年代的一天，法兰西诺曼底公国的原野上，一匹骏马风驰电掣般奔向公国首府；正在小河边上清洗亚麻的农家姑娘阿莱特，不经意地抬头看了一眼，只见那马突然停下来，从马背上翻身下来的绰号"魔鬼"的诺曼底公爵罗伯特，转瞬间已经来到她的跟前。

"姑娘，跟我走吧——进宫去！"

不等阿莱特细想，他就抓住她的手——好滚烫的一双手啊，接着他那么一揽，便顺势将姑娘抱上了马背。

一年之后，随着一声婴儿的啼哭，打破了公国黎明的安宁：阿莱特分娩了罗伯特公爵唯一的儿子！他，就是日后威震一方的诺曼底公国的第七任公爵，人称"私生子威廉"的威廉一世（William I，1027—1087）。

后来，虽然威廉一世又以"征服者"闻名于世，但他一生其实只做了一件大事，这件事后来被称为"诺曼征服"，他本人则成为开创英格兰诺曼王朝的第一任国王（1066—1087年在位）。也许，威廉的动机非常简单，只是来源于自己的野心，但他可能还没意识到，这个征服者威廉，对于英国，乃至世界的历史进程产生了多么重要的影响。

> **"看，我的主啊！凭着上帝的荣耀，我已经用我的双手握住英格兰了，英格兰是我的了。凡是我的东西，也就是你们的东西！"**
>
> ——威廉一世登陆英格兰时，对他的部下发表如此讲话

> **"胆小鬼，看，我威廉在此！"**
>
> ——威廉一世在战斗之中，通过演说为部下打气

征服者威廉为人严厉、残忍，而且精力旺盛。有两个因素对威廉的性格及他对历史的影响起了不容忽视的作用。其一是他的私生子身份。他是他的父亲和被他父亲拐来的农家姑娘阿莱特生下的儿子，也是其唯一的儿子。罗伯特费了好大的劲儿才说服了诺曼底贵族，确立了威廉的继承权。1035年，八岁的威廉继位，他的私生子身份使他经历了比其他人更多的嘲讽、歧视和挑战，他的三个监护人和老师先后被人杀害。这样的经历，铸就了他成年以后冷酷、多疑的性格。

据说，他的祖先"长剑威廉"（William Longsword）在927年继承其父亲的诺曼底公爵的职位时，就曾将自己双手放入国王的手中，承诺忠于国王而且用誓言来确认这个承诺。以后，领主死后重新进行分封都这么做。例如，1127年威廉·克里托（William Clito）继承佛兰德的公爵时，一群骑士和贵族对这位新公爵行效忠礼：公爵先询问未来的封臣，他是否毫无保留地愿意成为公爵手下的人，封臣答道："是的，我愿意。"随后封臣的手就放在公爵的手中，他们的联系被一个亲吻确定下来了。封臣随即会说：

　　"我凭自己的信仰承诺从此以后我将对威廉公爵忠诚不贰，会在任何人面前完全保持我对他的忠心，我的承诺是忠贞的，没有任何欺骗。"

　　所有这些，都是当着圣人的遗骸发过誓的；最后，公爵用手里攥着的一根棍子授与封臣土地。在英格兰，效忠誓言始终包含着对国王的忠诚的保留部分，一份13世纪英格兰的法律手册引用说，封臣用双手献出自己，把他的双手放在领主的披风里，他这样说：

　　"我成为从您这里取得的爵位，除了对我的主人英格兰国王亨利及其子孙的忠心，以及对我其他主人的忠心。"

　　假如他有其他的主人的话，他应当亲吻其主人。这算是老一套吗？可是那时这种被当作礼仪性的亲吻却被广泛使用，尽管它跟效忠礼和表忠心的誓言相比并不算太重要。

　　话说回来，威廉继征服、兼并了曼恩伯国与布列塔尼伯爵之后。这时的历史时钟，终于指向了决定性的1066年——那年的1月5日，英吉利海峡那边的英王忏悔者爱德华去世，他死而无嗣，贤人会议就选举了韦塞克斯伯爵哈罗德即位；但是，他登基坐殿颇有点心虚，因为他并无王族的血统，而且缺少更有势力的贵族的支持。

　　比较起来，海峡这边的诺曼底公爵威廉，则继承王位理由要稍许充分一点：由于他的姑祖母埃玛的关系，他与爱德华是嫡表兄弟，他完全可以借口称爱德华跟他有个私下"承诺"，死后由自己继承王位。还有一点，当初哈罗德的船只在法国海岸遇难，他本人被无耻的潘索伯爵囚禁之时，正是威廉救了他一命，所以哈罗德十分尊重他，友好地对待他，他还为此立约誓，那约誓写道：

"如果爱德华死后，我本人不得反对威廉继承英格兰王位。"

而此刻，哈罗德却不顾前誓，近水楼台先得月，抢先一步继承了王位。但他心里明白，威廉是不会轻饶他的，而他的士兵又多来自给农，在收获的季节需要留在家中，这就迫使哈罗德解散了农民军，他本人则率领船队回到伦敦，等待着农民军的重新集结。

在海峡另一边的威廉，这时已经从最初听说哈罗德继位的强烈震惊与愤怒中醒悟过来了，他立即发出信函提醒哈罗德：请记住自己的誓约！然而哈罗德却置之不理。威廉见此，就借口先王曾许以王位之名，迅速地纠集起诺曼底的贵族和骑士准备战争。诺曼底军队不同于撒克逊军队，它的每一位贵族和主教各有自己的封地，但他们又必须供养和装备一定数量的骑士来为公爵效劳。这一次，威廉说服了贵族，将他们的骑士数量增加一倍。人们又听到消息说，这是得到了教皇支持的神圣使命，胜者将得到丰厚的报酬。于是，法国各地的志愿者聚集到诺曼底。然而，渡海的力量限制了步兵的数量，所以实际渡海的部队，连同骑兵在内不超过8千（一说5千）。

为策划渡海作战，威廉除了大肆伐木造船、筹备给养之外，还在西北等地招兵买马；由于他许诺参加远征者都将在英格兰分得土地，他的麾下很快就麇集了一大批骑士和贵族。但是，天公不作美，整整六个星期海面上没有一丝儿南风，船队根本出不了海。威廉的雇佣军无可奈何地在海边苦苦等待，牢骚声日甚一日。但当时，谁也不知道，正是这种等待，为他们以后的胜利赢得了潜在的契机。

原来，当时同样要求继承英格兰王位的还有一人——挪威国王哈拉尔三世（1046—1066），他抢先一步渡海登陆，他的军队吸引了在南部集结的哈罗德国王的主力，迫使他移师北上；结果，威廉便瞅准了这一契机，迅速渡海，哈罗德甚至来不及喘一口气，便被他轻而易举地吃掉了。

据说，威廉刚一下船，就摔了一跤，雇佣军都视作不祥之兆，他却急中生智，赶忙跳起来，以故作兴奋的样子大叫：

"看！我的主啊！凭着上帝的荣耀，我已经用我的双手掌握英格兰了。英格兰是我的了！凡是我的东西，也就是你们的东西！"

那些贪婪的雇佣军听了这番话，表情马上转阴为晴，接着依次渡海，安营扎寨，养精蓄锐，最后一鼓起勇气作气，歼灭了疲于奔命的哈罗德军队。

2

就在起身渡海之际，威廉向全体雇佣军发表了一篇著名的战地动员演说。

当时，威廉深知此次战役关系重大，因而他利用历史，利用战例，利用国家仇恨，来激发士兵的求战欲望和必胜信念。反问句式构成了演说的主体，产生了巨大的鼓动效果：

"诺曼底人！一切民族中最勇敢的人！我毫不怀疑你们的勇气，也不怀疑你们必将取得胜利。任何意外或障碍，都不能阻止你们努力赢得胜利。即使你们确实有一次——只有一次未能取胜，或许现在需要我来激励你们，但你们的勇气与生俱来，无须靠人鼓动。最勇敢的人啊！我国的缔造者，我们的先王罗伦，不是率领前辈们在法国的心脏巴黎战胜了法兰克王吗？法兰克王不是恭顺地献出了女儿和地盘，才得以苟安一时吗？这块地盘后来就以你们的民族命

名，称为诺曼底公国。你们的前辈不是在鲁昂俘获了法兰克王，并把他囚禁在那里，直到他将诺曼底公国归还给当时还年幼的理查公爵吗？双方还协定，今后，法兰克王和诺曼底公爵举行任何会议时，公爵务必佩剑，而法兰克王却不得佩剑，即使是一把匕首。高贵的法兰克王不得不对你们的前辈表示让步，因而这一协定就有了永久的约束力。后来，这位公爵不是率领你们的前辈到达阿尔卑斯山下的莫门第，迫使该城的勋爵即他的子婿，听命于自己的妻子即公爵的女儿吗？你们征服了凡人，公爵却战胜了魔鬼。他同魔鬼搏斗，把魔鬼打翻在地，反缚双手，让它在众天使面前受辱。

"但是，我何必要追述往事呢？在我们的时代，你们不是在摩梯梅同法兰克人打过仗了吗？法兰克人不是怯于战斗而仓皇溃逃了吗？你们不是杀死了法兰克人的主帅拉尔夫，然后作为获胜的自然结果，满载着荣誉和战利品凯旋而归了吗？啊！我们的祖先丹麦人和诺曼人曾上百次地击败过英国人。如果任何一个英国人能站出来证明，罗伦的民族自立国以来有过败绩，我就认输撤退。我的勇士们啊！一个屡战屡败、对军事一无所知、连弓箭都没有的民族竟在你们面前陈兵列阵，这不是奇耻大辱吗？虚伪的英王哈罗德竟敢在你们面前抛头露面，这岂不叫人羞愧吗？那些残杀你们的同胞和我的亲族艾尔弗雷德的人竟然还活着，这岂不令人诧异吗？我的勇士们，高举战旗，勇往直前吧！愿你们的荣耀之光，犹如闪电照亮四方！愿你们的进攻呐喊，犹如雷鸣东西回荡！为我高贵的死伤战士复仇吧！"

这就是著名的《黑斯廷斯战地演说》，发表于公元1066年10月14日。实际上，当哈罗德的军民全线反击时，威廉也一度遭遇到险境，有一段时间，诺曼底军队完全陷入混乱状态，战场上响起一片"威廉死了"的喊声。在这样一个具有决定性的时刻，可能决定整个战役命运的时刻，威廉显示了一位将领的品格，他在掉下马匹的那一刻，迅速地翻了一个身，重新骑上马去，然后摘下了头盔，以便将士们认出他来，他就这样来鼓舞士兵。

双方在一片沼泽地上展开了最后的厮杀。撒克逊人的军队尽管伤亡惨重，但其整个防线仍旧岿然不动。到下午4点，威廉决定指挥三股力量协同攻击，他命令弓箭手加大射箭的角度，这样虽不能大量杀伤敌人，但却能迫使英格兰人举起盾牌，从而使那道"盾墙"失去威力。在弓箭射击的威胁下，其余的诺曼底骑兵和数量依然众多的步兵冲上去与敌人搏斗。哈罗德的军队开始出现缺口，又无法调兵填补，终于，诺曼底人在高地上取得了一个立足点。一旦到了平地上，诺曼底的骑士就有了用武之地，他们像楔子一样，直插入撒克逊人的队伍之中。

随着作战者的龙旗挥舞，这支楔子——威廉的奇兵也迅速地扩大地盘；到太阳落山的时候，侍卫队还没来得及反应，威廉的军队中就有四名骑士冲向了大旗，把英格兰国王砍倒了。另一种说法是，一支箭射中了国王哈罗德的眼睛（但从贝叶挂毯的绣图上看，那是国王侍卫的眼睛被射中了），而哈罗德的两个亲兄弟已经在早些时候就战死了，这样，英格兰军队失去了指挥，整个军队已经精疲力竭，于是他们四散溃逃，希望黑夜和森林能把他们隐藏起来。诺曼底公爵的私生子威廉取得这次决定性战役的胜利，诺曼底王朝在英格兰的统治也随之开始了。对于英格兰来说，这也是可歌可泣的一天：仅存下来的侍卫向金色的韦塞克斯龙旗和带作战者图案的旗帜靠拢，最终与他们的国王悲壮地死在了一起。

威廉占据了全英格兰以后，宣布自任英格兰国王，称威廉一世（史称"征服者威廉"）。在统治期间，他委以诺曼底贵族以要职，在大批被盎格鲁－撒克逊没收的贵族土地上，他推行采邑制以加强王权。晚年又征收赋税，以加强对农民的盘剥，同时下令清查所有领主和教会的土地财产情况，并编订调查清册，史称《末日审判书》。1087年，威廉在与法王腓力一世作战中，死于疆场。

发生在1066年的这场黑斯廷斯战役，是诺曼征服中极具决定性的一战，也是历史上欧洲大陆人对英国最后一次军事入侵，自那以后，再也没有人能成功地征服英国了。这次事件深刻地影响到了英国的文化进程，古法语成为英国统治阶级的语言长达近300年之久，并直接对现代英语的许多词汇产生了影响，此后英国人也一直以法语词汇作为判断一个人地位与教养高低的标志；英法双边的关系也变得错综复杂起来，因为英国国王同时拥有法国贵族的身份，导致后来英国国王也有权力争取法国王位，为后来的英法冲突埋下了伏笔……

三、莱比锡的辩论之"火"在燃烧

——马丁·路德痛斥教廷之恶

> 我下了一枚鸡蛋，可路德却孵出了一只鸭。
>
> ——伊拉斯谟

我们今天熟知美国黑人民权运动领袖马丁·路德·金，而差不多忘记了这位马丁·路德——16世纪欧洲宗教改革倡导者。甚至有的旅行者，跑到欧洲去，见德国人在搞什纪念马丁节活动，也犯疑起来：马丁不是美国的黑人领袖吗，几时跑到欧洲来了？他是真的弄不明白，此马丁非彼马丁也。德国人过所谓"马丁节"，准确地说应叫"圣马尔丁节（St. Martin's Day）"，原是纪念天主教圣人马尔定的，在每年的11月11日举行，与黑人民权领袖马丁无关；严格地说，与宗教改革者马丁·路德也无关。只不过，他因为在该日受洗，所以，对德国基督新教教徒而言，其实也会以大同小异的方式庆祝一番的。

提起宗教改革的领袖马丁·路德，就不能不提及"火刑"——对中国人而言，唯一能记起火刑的，大约是拍摄于1959年的电影《红色娘子军》了：在大榕树下的熊熊烈焰中，党代表洪常青在那里就义。除此，好像传统的中国文化与火的刑罚是毫无瓜葛的。这个事例却间接表明了"火刑"在历史上的一个重要功用就是惩罚和消灭异教信徒！

但是，出乎纵火者之料，他们在实施火刑的同时，也像神话中的火凤凰一样，同时催生出了第一场席卷欧洲的宗教改革大风暴，它们如同天火一般，共同描绘出一幅壮丽的历史画卷来……

1

利奥十世（1513——1521年在位）是佛罗伦萨著名的统治者洛伦佐·德·美第奇之子，他为人性情温和，爱好和平，他也喜爱享乐。1513年他当选教皇后给表兄写信时这么说："现在我可以享受生活了。"据说，他还偏爱年轻男子陪伴自己，整日沉溺于"体面人羞于启齿的淫乐"之中。

利奥同时也是个热爱艺术的教宗。因他在佛罗伦萨所受人文主义的熏陶，对圣经故事与希腊罗马的神祇倍感兴趣，这也使得当时圣俗参杂，异教与基督教的图像也同时进入了教廷，神话中的丘比特与圣经里的马利亚，居然出现在了同一张画布上！

重建圣彼得大教堂使得教廷出现财政危机。为了纾困，利奥十世动用了一项教宗特权——出卖（并滥用）赎罪券以补贴银根。这种贩卖"救恩"的做法，无疑是对神圣上帝的一种亵渎。于是，在他任内，1517年，马丁·路德在维登堡大教堂门前贴出了《关于赎罪券效能的辩论》即《九十五条论纲》，揭露教皇利奥十世借颁发赎罪券来盘剥百姓的真相，从而引发了一场宗教改革。路德写道：

> **"教皇比任何人都富有，为什么他不用自己的钱去修复圣彼得大教堂，而非要压榨贫穷的天主教徒的钱财呢？"**

　　这个马丁出身于德意志的一个世代务农的家庭，曾进入德意志最著名的爱尔福特大学学习，就是在大学中，他第一次接触到宗教改革家扬·胡斯的思想。而路德为反对赎罪券而提出的《九十五条论纲》，则掀起了宗教改革的高潮。不得不说，路德和胡斯之间有着千丝万缕的关系。有人认为，在路德的前期思想中，其实并未形成"离经叛道"的改道思想，而且路德最开始接触到的应该是胡斯的早期布道词，这也就是路德"发现"胡斯的第一阶段——"不期而遇胡斯的布道集子"。

　　的确，改教者马丁·路德承认，他的学说很多的确是继承胡斯而来的，当然，有一些也来源于一个欧洲早期的地区性宗教——阿尔庇教，它的教徒在经过教廷一个世纪的绞刑与火刑之类的恐惧折磨以后，在宗教法庭的报告中几乎消失了。然而，过了三个世纪之后，阿尔庇教义突然又卷土重来了，倡导者就是这个撒克逊教士马丁·路德。不妨说，正是这个昔日教义的复活，引发了一场巨大的改革，打破了 1500 年来教廷对权力的垄断。

　　在莱比锡的论战中，这位马丁·路德，公开谴责了康斯坦茨宗教会议用火刑处死胡斯的行为。他是前承胡斯的传统——原来，在 15 世纪初，德皇及同盟军围困布拉格时，胡斯就这样号召人们保卫祖国：

　　"都知道保护它的洞穴，别的狗想赶走它的时候，也会起来和它斗争……现在，德国人压迫我们，而我们却默不作声！"

　　他痛斥"那些卖国求荣的老爷，比狗和蛇还卑鄙"；而德国人撤退之时，他又抨击贵族们的横行霸道：

　　"捷克人在捷克王国，应该有权利根据神学和天生的心情占有首要的位置，正像法国人在法兰西王国和德国人在他自己的土地上

一样。"

他对德国人操纵大学，在大学会议和行政机构占有多数席位不满，呼吁捍卫捷克教师的权利。在国王与老兵的冲突中，他促使捷克颁布了古登堡法令，取消了德国人在大学的优越地位。

胡斯不仅在大学活动，也去伯利恒教堂宣传宗教改革，向居民们揭露天主教会贪财好利、腐化堕落的种种丑行：

> "甚至藏在穷老太婆身上的最后一个铜币，都被无耻的教士搜刮出来，如果不花在忏悔上，就得花在弥撒上；不花在弥撒上，就得花在圣徒遗物上；不花在圣徒遗物上，就得花在赎罪上；不花在赎罪上，就得花在祈祷上；不花在祈祷上，就得花在埋葬上。难道不能说，教士比强盗还狡猾，还凶恶吗？"

他还举例证实，亲眼看见一个神甫在光天化日之下，把一个有夫之妇拖到祭台上干伤风败俗之事。

1411年，胡斯被天主教会开除了教籍，被迫离开布拉格。过了三年，天主教会在康斯坦丁召开全欧性的宗教大会，假意"邀请"胡斯参加。虽然胡斯知道其中有诈，但他还是觉得，应当利用这个机会来证明真理的伟大，于是便毅然前往。为防备意外，临行前他就立了遗嘱，要他的信徒始终如一地坚持自己的信仰。德皇授予他"保护证书"，称要保护他的安全。然而，胡斯到会后不到一个月，封建统治者就背信弃义逮捕了他，将他打入康斯坦茨一个寺院的地窖监狱。接着宗教会议对他进行审判，要求他放弃一切异端观点，尤其是关于威克里夫的异端学说。胡斯听罢，开始反驳了：

"说话要有证据，你们——只要能证明我的哪怕一个观点是异端邪说，那我就一言不发地放弃它。同时，还要让公众来检验，所以，我要求进行公开的辩论……"

奇怪的是，人多势众的宗教会议，却偏偏害怕辩论。他们蛮横地做出决议：判处胡斯死刑。临刑前胡斯向周围的群众做了最后一次讲道，拒不悔罪，最后唱着歌英勇就义。统治者害怕信徒夺走尸骨，就将其骨灰扬入莱茵河中，甚至连胡斯躺过的泥土也给掘走，这一切，都为着防其信徒拿去做纪念物。

后人觉得，路德本人十分推崇胡斯的观点，也完全是因为著名的"莱比锡辩论"（Leipzig Debate）。这场辩论的起因是，教皇以红衣主教和大主教神职人为诱饵，要求路德撤回《九十五条论纲》，遭到路德的拒绝；随后，恼羞成怒的利奥十世教皇发布教皇谕令，宣布开除路德的教籍，同时被开除教籍的还有路德的追随者、莱比锡辩论的另一主角——卡尔施塔特。接着又命令路德到罗马受审。但是，当时的萨克森选侯害怕财富外流，反对在他的辖区内出售教皇的赎罪卷，就干脆支持路德与教皇的对抗，从而迫使教皇不得不改为由教廷驻德意志使节来对路德进行发落。当红衣主教卡叶坦在奥格斯堡召见路德，要求其放弃自己的观点时，路德却引经据典，坚持己见；教皇一计不成，又施一计，派出特使米尔蒂茨去劝诱路德。

路德与前来劝导的米尔蒂茨谈判时，对选侯的计谋毫不知情。首次见面后，他同意了四点：为了让这场争议自行消失，如果他的对手愿意保持沉默，那么他也将保持沉默；他愿意向教皇承认自己的表达过于尖锐激烈，但丝毫也没有想过要让教会受损；他愿意劝告所有人顺服教皇，并公开承认他对赎罪券的抨击过于猛烈；最后，他愿意将这件事交给萨尔茨堡的大主教来处理，条件是，他仍然可以向教会的大公会议上诉。

第二天，教皇特使米尔蒂茨发现，路德致教皇的信及他的公开信中，均没有放弃观点的声明，两人只是同意，如果路德的对手愿意保持沉默，那么路德也将保持沉默。这对米尔蒂茨来说，无疑是失败的——他得说服教皇，要他任命"一位有学问的主教"来裁决此项争议；然而他却无法做到这一点。

更重要的是，罗马的强硬分子却不会善罢甘休，他们透过神学家约翰·艾克，邀请路德在莱比锡展开公开辩论；路德铿锵地回应说：

> **"我有义务，不仅仅是说明真理，而且要用我自己的鲜血和生命维护真理。我要自由地相信，而不要做任何权威的奴隶，不论那权威是议会，是大学，或是教皇。"**

2

对于路德来说，这是战斗的岁月，也是他生命里一个语言收获的季节。他开始用学来的一长串希腊文润饰自己的书信，并且常常署名为"Eleutherius"（"解放者"或"被解放者"之意）。与此同时，他还学习希伯来文，并充分使用这一语言。后来，他称这一古老的语言为"我们携带圣灵宝剑的剑鞘，盛放这一宝石的小盒子"。在关于《诗篇》的新系列讲稿中，他完全摒弃了中世纪的释经法，他不是使用个别圣经段落为论据，而是寻求用原文在上下文中来理解它的整体含义。作为一个圣经学者，他已经成熟；并且很快地就把自己的老师们撇在了身后。

许多为路德辩护的人都是很有地位、有影响力的人物。在纽伦堡，路德的老朋友林克作为这里最杰出的传道人，服侍的正是这样的一个群体。这些人包括艺术家阿尔布莱希特·丢勒（Albrecht Dürer）、市政秘书、一位政府机构的贵族及市政律师等。很有可能，最初将《九十五条论纲》译成德文的，就是这个群体。

诸如此类的人物散布在各个城市。路德在奥格斯堡等地期间，许多有头有脸的人物接待他、保护他，包括经学权威伊拉斯谟(Desiderius Erasmus, 约1466—1536)本人及许多年轻的跟随者，他们将路德的作品译成拉丁文，甚至冒昧地给他出主意。其中有个叫沃夫冈·卡皮托（Wolfgang Capito）的人，对他说道，"去辩论时，您应尽量避免得罪教皇，尽量避开一切惹人反感的事……相信我，不断擦出小火花，您就可以成功！若是一次大爆发，您将一事无成！"在16世纪20年代中期，此人成了美因茨大主教本人的首要顾问——在成为首要顾问那天他宣告说："我决定登场了。"

现在，路德正式跳上论辩之路，众多追随者争着要伴随他前往参辩，路德特地把最能干的支持者菲利普·梅兰顿（Philipp Melanchthon, 1497—1560）留在维腾堡(Wittenberg)。路德对他交代说："如果我真的回不来了，如果我被敌人谋杀了，我请求你，亲爱的兄弟，坚持宣传真理，我相信你能比我做得更好！"

同行者共有六人：卡尔施塔特，路德，梅兰希顿、学校校长，还有另外两名跟随者。此外，大篷马车内还有许多路德的书籍，尾随在几辆马车后面的，则是带着长矛和棍棒的200多名学生——他们相信，有了这一阵势，莱比锡舌战就有了重要保证。

论坛已经搭好。但辩论并没有马上开始，原因是双方无法就辩论规则达成一致。路德想，他曾得到艾克的承诺，各方将有两名公证员来准确记录他们的言论；但艾克却临时变卦了，他想另请大学的教员来裁决胜负，而且双方均不能将文字记录公之于众。路德反对这些变动，但朋友们最终迫使他同意了。辩论结束后，他在给斯帕拉丁的信中写道，"你看，他们多么诡诈地窃取了先前同意好的〔辩论〕自由！"如今需要有裁判，我们非常清楚，这些大学院校和罗马的教皇要么一声不吭，要么将宣告对我们不利的声明。"

然而，这场辩论本身却是一件大事。7月27日开辩，举办了高级别的弥撒及盛大的宴会。这天，教皇利奥打了一场败仗，西班牙的查理一世全票当选为神圣罗马帝国的皇帝。但对那些聚集在莱比锡的人来说，更重要的是正在普莱森堡（Pleissenburg）市政厅上演的辩论赛。那阵势，不仅莱比锡出动了65个全副武装的汉子站岗，而且来自维腾堡的200多名学生也在城内待着听候召唤，此外还有老远赶来的那些路德的支持者；自然，对手也有支持者，那就是莱比锡神学院的全体教员，他们纷纷到场助阵。以一位莱比锡的人文主义者，彼得·莫泽尔兰努斯的演讲开始，这场辩论赛正式拉开了序幕。

按照学术惯例，路德方首先出场的是卡尔施塔特，当他被要求将书籍搁置一边时，他就着慌了。这时，路德将手中一直把玩着的一小束花放在一边，替下了卡尔施塔特。辩论的对手神学家约翰·艾克很快就将传统的对教皇权威的论证，摆在了路德的面前。他说，依照《马太福音》16：18，基督曾说，"你是彼得，我要把我的教会建造在这磐石上。"然后艾克称颂说，教皇作为彼得的继承人，拥有天国钥匙的权柄；因为拥有天国钥匙的权柄，所以他对地上的教会也具有神圣的权威。他还恶狠狠地诅咒说，任何否认教皇权柄的人，与扬·胡斯的下场无异！

这是公然祭出的火刑威胁啊！路德一愣，旋即强迫自己镇静下来，将此问暂放一边。他回溯以往，自从贴出《九十五条论纲》以来，一直被艾克提出的那个问题困扰，现在它又被明确地、公开地提了出来！路德清楚记得他在《有关教皇权威问题的解答》中所写的内容，于是他回答道：

"这不是新问题！早在提出教皇至上这一主张之前，希腊教会

已经存在了一千多年。否认罗马的权威这种情形，还将继续地存在下去，永远……"

当论及为胡斯定罪而实施了火刑的时候，约翰·艾克又设下一个圈套；他说，他不是在谈论某一个教皇，给胡斯定罪的是教会的公会议。不用说，艾克是希望拿众人的名义来把水搅浑。

关于这部分辩论，路德记忆深刻；后来在给斯帕拉丁的信中，他写道：

"终于，就公会议的权威问题，甚至又有了一场辩论。我坦率地承认〔公会议〕毫无敬虔地用了许多言辞来破坏保罗、奥古斯丁，甚至基督本人的某些教导！这句话真正激怒了那条蛇（艾克），于是他夸大了我的罪行……然而，我引用的恰好是〔康斯坦茨〕公会议的话，证明并非所有被定罪的信条都是异端，都有错误……这就是问题的所在。"

在这封信快结束时，路德写道，"所以，现在上演了整个的悲剧。"约翰·艾克成功地迫使路德承认：他实际上不再忠于当时的教会了！

当然，教皇的引诱也是论辩中的一环。虽然许多人还记得西部大分裂期间，教会分裂带来的恐慌，因而屈服于教皇制，但敬虔的基督徒中鲜有人说教皇制或当时罗马教廷的好话，许多人私下里也认为公会议应该有高于可能被证明是异端的教皇的权威（尽管就在50年前颁发的教令《恶行》[Execrabilis]用非常严厉的言词给这一想法定了罪）。但现在，路德不仅否认了教皇的权威，而且也否认了教会公会议的权威——这还了得！但是，他却坚持认为唯有基督才是教会的元首：

"任何不承认基督，不单单承认基督的人就是敌基督，也就是

说，是用自己取代基督的人。这就是我路德现在称教皇为敌基督的含义之所在。教皇制以自己来取代了基督。"

既然提出异端、火刑的问题了，路德便不能再犹豫了。一天的辩论结束后，经过一整晚的祷告和默想，路德最终拿定主意：让信念去战胜对火刑的威逼与恐惧！第二天，他站在讲台上，首先声明：他此时把自己视为代表上帝的公义的先知，只要真理在握，自己的言行在良心上站得住脚，生死又算得了什么？然后他平静地说道：

"我请求你们看在慈悲的上帝分上，用先知和使徒的话来证明我错了。只要你们能使我折服，我就会公开承认我所有的错误，首先亲手将我写的文章付之一炬……既然至尊的皇帝陛下和诸位亲王殿下，要求我简单明白、直截了当地回答，我遵命作答如下……"

这时皇帝的代表问他，是否认错收回他所发表的意见时，路德清晰而响亮地回答道：

"我不能在教皇或教会之下去委曲我的信仰，因为当今他们屡屡犯错、自相矛盾。我只信奉《圣经》，我的良心只服从上帝的话语，除非《圣经》里有证据或有明显的道理证明我错了。因此，我不能、也不会收回我说过的任何话，因为昧着良心说话一不安全，二不正当！这就是我的立场。我不能另外行事，上帝助我！阿门。"

一个雷霆，震动了欧洲，决定了历史！在雷霆与闪电中，路德昂然地从仇敌中间走过，来到辩论场外等待他的朋友中间。他扬起双臂，做出胜利的表示！这段话，一向被认为是路德以一人之良心，来对抗罗马教廷和帝国皇帝的专制权威的宣言。它引来听众席位上的一阵小小的骚动，有人对他投去敬佩的眼光；即便是他的敌人，也不能不承认对手的勇敢。但皇帝却固执地称路德是"恶名彰昭的异端分子""恶魔化身"；他和他的党徒都该除灭；沃木斯议会干脆裁定路德为"罪犯"，凡是他的著作都是违法的，应予禁止并焚烧……

莱比锡之辩对路德来说同样是个分水岭。如果说，此前他还对世俗的国王抱有幻想，现在却彻底地将国王与教皇同等看待了！8月，他从选侯那里收到一封约翰·艾克的来信的抄件，信中艾克指控他为"大异端"；路德回信说，"我向圣彼得致以最崇高的敬意，但不是把最大的权柄归于他。因为他既无创造、发布命令、治理的大能，也无按立使徒的权柄。"现在，路德更被这封信激怒了。他说，艾克的整封信，听起来仿佛出自"密涅瓦的猪猡"之口。在答复艾克的一个支持者的信中，他写道，"滚开，你这无知、嗜血的杀人犯！"他对斯帕拉丁说，艾克是一个"我们可以论断且指控他但却不犯罪"的人。自此以后，路德一直称艾克是一个"无耻之徒"。

在这一场长达四天的辩论中，路德坚持了自己的观点，"坚决否认教皇是教会之首，认定基督是教会之首"，即不承认教皇和教廷的权威。莱比锡辩论的结果，不仅双方观点、阵线从此更加分明，也使得路德《论纲》的观点更加深入人心。这场辩论，也成为路德改教生涯中的一次重大转机。

3

路德失踪了。他被许多名蒙面武士"绑架"，拥簇着进入了绿色的密林中。那是他朋友们的安排，经过腓德烈选侯者同意的一个小插曲。

人虽不见了。但那个著名的《在沃姆斯国会上的演说》却经久不息地在德意志上空回荡：

> "我曾写过一些反对某些个人的书籍，因为这些人通过破坏宗教信仰来为罗马帝国的暴政进行辩护。我坦率地承认，我使用了过于激烈的措辞，这也许与传教士职业不相一致。我并不把自己看作是一个圣徒，但我也不能收回这些文章。因为，如果我这样做了，就定然是对我的对手们不敬上帝的言行表示认可，而从此以后，他们必然会乘机以更残酷的行为欺压上帝的子民。

> "然而，我只不过是个凡夫俗子，我不是上帝，因此，我要以耶稣基督为榜样为自己辩护。耶稣说：'如若我说了什么有罪的话，请拿出证据来指正我。'我是一个卑微、无足轻重易犯错误的人，除了要求人们提出所有可能反对我教义的证据来，我还能要求什么呢？

> "因此，至尊的皇帝陛下，各位显赫的亲王，听我说话的一切高低贵贱的人士，我请求你们看在仁慈上帝的分上，用先知和使徒的话来证明我错了。只要你们能使我折服，我就会立刻承认我所有的错误，首先亲手将我写的文章付之一炬。"

与此同时，在维腾堡，人们注意到出现了一位陌生的骑士乔治 (Knight George)。他脱下修道士的长袍，穿着平常衣服，蓄起了胡须。他就是路德，在寂静的环境中，他有时情绪也会消沉，但更多时间是忙于著述，忙于最重要的译著，他硬是将圣经从原来的拉丁文译成了德文（新约部分于1522年出版；旧约部分于1534年出版），而德文版圣经的出现，无疑使所有德国人都可以直接读到原话了，同时了解神的旨意，这不仅有助于宗教改革的进行，也影响了德文的发展，并且成为译经的典型。

据说，当时最著名的学者伊拉斯谟十分同情路德的立场，但也认

为他不必过于激烈；也不赞成"教皇无情的谕旨"。在 1520 年 12 月 20
日，选侯腓德烈与他相遇，问起他对路德的意见。这位智者回答说：

> **"马丁·路德犯了两项罪：他碰撞了教皇的冠冕，还有教士的
> 肚腹。"**

选侯听了微微一笑，至死他也不会忘记这话——它已成了一句千
古名言！路德与伊拉斯谟面世五天之后，路德焚烧了教谕；沃木斯议会
后，宗教改革的形势已然形成，伊拉斯谟此时写信给朋友们说：

> **"现在我们所能做的，是向最高的良善和权能的基督祷告，他
> 能够使万事成为有益的；因为只有他能做。"**

莱比锡之辩数年以后，1525 年，路德同凯瑟琳女士(Katherina von
Bora，1499—1552)结了婚。凯瑟琳原是修女，这表明他们坚决摈弃罗
马天主教坚守独身的传统。婚后，他们生活快乐美满，育有子女六人，
前一子二女相继夭亡，只有二子马丁和保罗，幼女玛歌丽特平安成人。
经常是，他们一家人晚餐以后，聚在一起唱歌敬拜；有时客人也参与其
中，或奏乐，或唱歌，其乐融融。

路德晚年的健康不佳了，但他仍然勉力写作。1546 年，因当地两
位贵族不和，路德扶病冒雪前往调停；分争给解决了，但这位伟大的宗
教改革家却从此卧病不起。2 月 18 日，马丁·路德在他的故乡艾勒斯本
逝世。但在维腾堡大学，仍有路德的一班同道，他们持守相望于改革的
信仰中，以后又分头前往不同的城镇，把信息传播开去——另一位改革
者加尔文(John Calvin，1509—1564)，就在其门下受教达三年之久。

四、坚守与动摇：一样的英名，不一样的身后秘密

——布鲁诺与伽利略遭遇火刑

意大利有两处地方，是中国学生非常熟悉的，那就是罗马的鲜花广场与比萨城的斜塔。懂点儿历史的人还知道，鲜花广场虽然听起来美丽且温情，但因为布鲁诺的火刑又使它与教会法庭发生了联系，呈现出其狰狞的一面；而斜塔呢，却因为伽利略的一个著名实验，又与科学扯上了关系，使它越发让人崇敬了。

这鲜明的对比不只是有趣，而且是有益；因为，若进一步反思其间的是与非，我们就会进一步问道：在面对火刑的时候，为什么两位名人也表现得判若云泥，如此的截然不同呢？他们身后有怎样的秘密？

——是的，不仅有表面的坚守与动摇的分野，也有更为曲折的心路历程和鲜为人知的秘密……

1

1600年早春2月，意大利罗马的广场上，报贩扬着手中的《罗马通讯报》，高声叫卖道：

——买报喽，看今天的异教徒受刑喽！

其实，几乎所有的罗马报纸，都刊载了同样一条醒目的报道：

> **"星期四清晨在鲜花广场，那个来自诺拉的邪恶的多明我会修士将被活活烧死。身为冥顽不化的异教徒，曾随心所欲地臆造出形形色色的教义来诋毁我们的信仰，特别是诋毁圣母马利亚和众圣徒。这个恶棍还不思改悔地声称要为此一死。他还说，以殉道者去死，死而无怨，他的灵魂将从火焰中升向天堂。他现在可该知晓他是否说了真话了！"**

几天后，1600年2月17日，星期四。鲜花广场果然实施火刑，一个中年男子被剥去了所有衣衫，赤裸裸地绑在柱子上。火焰升腾起来，男子将头偏向一边，霎时整个身躯笼罩在焰火之中。

与严寒和火焰俱葬、随鲜花和杀戮等字眼一起升腾的人，就是布鲁诺。

究竟是什么信仰或真理，使得布鲁诺之死如此惨烈、悲壮，被人们念念不忘400年？他的罪名究竟是什么？仅仅是宣传哥白尼的日心学吗？

不，他的眼中，所捍卫的绝非今日所谓的"科学真理。"

布鲁诺1548年生于那不勒斯附近的诺拉，这似乎是个神谕：在意大利语中，它应当叫那波利（Napoli），原是希腊文"新"（nea）加上"城市"（polis）组成的词，是相对于更早的希腊殖民地库米而言的；谁知到了英法人口中，将其讹传为成了"那波利"，于是，历史上就以讹传讹地流传了下来。同样，布鲁诺是为捍卫哥白尼的日心说而献身的"说法"，也是类似的一种讹传，至今在人们口中津津乐道……

步鲁诺在14岁时，就开始在那不勒斯研读逻辑学和雄辩术，三年后加入多明我会修士会并取名焦尔达诺。其间正值反宗教改革时，1542年教皇保罗三世依照西班牙的样板，改革了异端裁判所，并将其集中在了罗马；以后又实施了由罗马教廷颁布的禁书目录，那是针对天主教徒的禁书单。不幸的是，焦尔达诺·布鲁诺的著作榜上有名。其实，早在加入修士会的一年后，他就萌发出对基督教信仰的怀疑；尤其对圣父、圣子、圣灵三位一体说以及凡人化上帝的观念难以理喻，他说：

"第一次是因为我将一些圣徒画像和塑像托付给他人，自己只保留了耶稣受难像，有人借此控告我亵渎那些圣像。"

尽管如此，教会仍然授予他教士圣职；但就在他结束其学业之际，被怀疑犯有信奉异端邪说之嫌，称他窝藏了两本禁书，后来此书在茅厕中找到，教会立即对他离经叛道的一切怀疑了；于是，他所在的修士会司库起草了一份针对他的共计130条罪状的起诉书。焦尔达诺·布鲁诺得知后，决定与教会决裂，从此踏上了逃亡之路。

他先在意大利各处辗转，后来离开意大利前往其他国家流亡，他逃亡的过程即是他演讲的过程，其哲学思想便形成于这些年间，同时还写下了大量的教育诗、喜剧、对话体著作，这使他成为文艺复兴时期最负盛名的自然哲学家，后来的思想家如斯宾诺莎、莱布尼兹、谢林以及歌德均从中受益。

在流亡12年后，一位名叫蒙策尼茍的贵族向他发出前往威尼斯的邀请。布鲁诺早年为躲避宗教裁判所才逃离了意大利，但他居然又答应了这位贵族的邀请，个中的原因令人猜测：是他认定国人已经"遗忘"了他，或者是他低估了当时形势，或者是因思乡心切？总之，他真的去了威尼斯，还出面申请帕多瓦大学数学教席，并此后在这个水城定居下来。

然而，他与当初的邀请人却冲突不断，为此，布鲁诺又决定到德国去。1592年5月22日，蒙策尼苟令人将布鲁诺囚禁在其宫殿的地下室，然后向异端裁判所审讯官发出告密信；信中他一口咬定布鲁诺曾将耶稣基督称为骗子和术士。一天以后，布鲁诺被当局逮捕了，交给了宗教裁判所，被关押在威尼斯执政宫中的铅皮屋顶监狱。

几天后开庭。布鲁诺法庭上，强调他哲学家的身份，并辩解从未就信仰问题说三道四，他一贯将神学和哲学严格地加以区别，断然否定曾将耶稣基督以骗子和术士相称。至于和哥白尼理论的关系，在庭审中不过是无关紧要的题外之议。后来，他身体开始衰竭，请求宽恕他的过错；经过谈判，布鲁诺被引渡到罗马，并被投进红衣主教会议的监狱——罗马的天使城堡。那儿的审判竟然持续了近七年，却没有留下片言只语。不过，可以肯定的是，布鲁诺对哥白尼学说的推崇并未构成对其起诉的关键，相反，他本人否定基督教义对上帝的理解以及所谓他与异教徒沆瀣一气的指控，倒成了诉讼中的要害所在。故此，人们实难将布鲁诺称为现代自然科学的殉道士，恰恰是他的哲学思考和理念，改变了他对上帝的观念，这也成为他必死的原因所在。更要命的是，布鲁诺本人也公开表明，他一无所悔，并且也看不到有什么理由应当放弃自己的理念。次年，对布鲁诺的死刑判决被公布于众，在宣读判决时，在场红衣主教在信中引用了布鲁诺的一句名言：

"你们宣布对我判决时所怀有的恐惧可能远大于我接受这一判决时的恐惧。"

1600年这一圣洁之年伊始，教皇克莱芒八世将焦尔达诺·布鲁诺列入罗马城举行的盛典节目之中。2月17日，布鲁诺一丝不挂地被绑在一根柱子上并被活活烧死。

一位目击者曾做过这样的记载："他面色苍白无血，显然是由于遭受严刑拷打流血过多所致；他的双臂死一般地耷拉下来，这是在给他施车刑时将双臂从关节骨上撕断的后果；更恐怖的是——那些可怕的刑具将他身上多处地方的肉刮了下来，已经能看见骨头。"卡斯滕·绍帕，同样是一位执行死刑时在场的目击者，他在一封信中这样写道：

> "今天他被带到柴堆或是叫火刑柱处，当在那儿给行将处死之人竖立耶稣受难像时，他以鄙夷的神色将头扭向一旁。"

2

比萨是座古城，这一名称会让人想起两件似乎风马牛不相干的事——比萨饼和比萨斜塔。其实，它的原名Pisa，是来自拉丁文Pisae，译为"河口"。伽利略就于1564年的情人节第二天出生在此。自然，从小面对着阿尔诺河口，他的"少年梦"也跟那河脱不了干系，冲出河口，他就不再遵父命去比萨大学学医了，而是驰骋在音乐、诗歌、绘画以及机械的领域；再以后，在课外听家族世交，以及学者里奇的影响下，他对欧几里得几何学感到好奇，这促使他爱上了科学，也爱上了科学的品质之一——质疑权威。

这样的质疑，促使他辞去了大学教职，接受托斯卡纳公国大公聘请，担任宫廷首席数学家和哲学家的闲职。为了免受教会干预，伽利略在辞职的次年去了罗马传播他的天文发现，目的在于赢得宗教、政治与学术界认可。他在罗马受到包括教皇在内许多上层人物的热情接待，并被林赛研究院接纳为院士。当时耶稣会的神父们是承认他的观测事实的，只是不同意他的解释。

然而，诡诈的教士集团和敌对者，却联合起来攻击伽利略为哥白尼学说辩护的论点，控告他违反基督教教义。他闻讯后，先后6次去谒见新任的乌尔邦八世教皇（教皇在先前与他家是世交），力图说明日心说可以与基督教教义并行不悖，称"圣经是教人如何进天国，而不是教人知道天体是如何运转的"，他试图以此说服一些大主教，但毫无效果。教皇只同意了他写一部同时介绍日心说和地心说的书，而且两种学说不得有所偏向。

其间，伽利略研制成了一台显微镜，"可以将苍蝇放大成母鸡一般"；此后又撰写了重要的《关于托勒密和哥白尼两大世界体系对话》（以下简称对话）一书，并于1632年出版。此书在表面上保持中立，但实际上却为哥白尼体系做辩护，并多处对教皇和主教隐含嘲讽，全书笔调诙谐，在意大利文学史上被列为文学名著。

《对话》出版后才半年，伽利略就被人告发了，称其作品中借对话中人物辛普利邱之口，以教皇惯用之词嘲讽教皇，这令罗马教廷恼羞成怒，勒令停止出售，同时对伽利略提出联合警告。继而，教皇也不顾旧交，发出了要求作者到罗马宗教裁判所受审的指令。

1633年6月22日，星期三早晨，伽利略被押送到圣·马利亚修院大厅内，道明会的这座修院位于罗马市中心，通常此类审判仪式都在这里举行。这天，伽利略穿着忏悔者的白衫，跪在全体法官面前，聆听教会的宣判：

> "神圣法庭责成若干神学家，对太阳稳定和地球运动这两个命题达成裁决如下：太阳处于宇宙中心，静止不动。这个命题在哲学上是荒谬的，是错误的。与《圣经》的明文规定相抵触。因此，此命题在形式上是异端。认为地球既不处于宇宙中心，也不是静止不动的，而是在做自转和周日运动，这个命题在哲学上也是荒谬和错误的，若从神学的真实性来考虑，此命题至少就信仰上而言是错误的。

"但是，鉴于当时已愿对你宽大处理，所以，教廷圣职部红衣主教会议，当着教皇陛下的面决定，由红衣主教大人贝拉明安排，要你完全放弃这种错误的意见。否则，上述圣职部的特派员就将明令禁止你，永远不得向任何人讲授，也不得坚持这种主张，如有违反以监禁论处。"

——是人性中的一刹那脆弱吗？抑或压根儿是一次久远的蓄谋？不管怎样，此刻，人性已无情地撕裂了信仰！为了彻底清除这一危险的学说，以免严重损害天主教的真理，圣职部又发布了《禁书目录》，同时宣布："要你在三年之内，每周把七篇忏悔书背诵一遍。"

乍一听到判决，伽利略十分震惊，但旋即，他却依从宣判，且宣誓放弃他毕生维护的观点：

"由于这件事，我势必被怀疑为异端……为了在诸位大人和一切忠诚的基督徒心中，抹去这种对我必然产生的怀疑，我真心诚意而不是装模作样地发誓，弃绝并诅咒上述异端邪说，以及他一切违背神圣教会的异端邪说和举动。我发誓，将来不再在口头上和书面上，发表任何足以引起对我类似怀疑的言论。

"我还发誓，圣职部过去或将来给我规定的赎罪苦行，我保证严格执行并遵守。倘若我违背一项自己的诺言和誓言——但愿不会——我愿服从神圣教规，以及其他针对类似犯人的根本法所规定并颁布的处分与惩罚。愿上帝和我按着的《圣经》帮助我。"

如同背诵似的念完誓言之后，他画了一个十字，在保证书上签字：

"我，署名于下的伽利略，以如上发誓弃绝，起誓，许诺和保证;1633年6月22日,在罗马米内尔瓦修院内,我逐字逐句地念诵了誓言。我亲手在这份文书上签名,特此做证,确认发誓弃绝。我,伽利略,以如上发誓弃绝并亲手签名。"

宣判仪式后两天,伽利略被释放了,改由托斯卡那大使监视,然后他被带到了美第奇别墅。

有人如此描述:"看来,他由于始料未及的惩罚而十分的沮丧,至于那本书遭禁,倒是在他意料之中。"在被监禁了一年后,又被改成软禁,从此他待在家中;直到双目失明,宗教法庭甚至不准他出外就医。其间有友人四处奔走,试图使他获得赦免,而伽利略却复信友人:自身清白、何求赦免?

四年之后伽利略去世;而曾负责照料他的女儿维姬尼亚,竟先于父亲病故。

3

有人对布鲁诺之死心存疑问:他究竟捍卫的是什么真理呢?是宣传哥白尼的日心体系吗?他又因何而提出宇宙无限论,其思想基础是什么?他能超越他的时代具有现代科学意识吗?……

追究起来,布鲁诺其实所宣扬的是一种泛神论的形而上学观,他以哥白尼的日心说宇宙观为基准,但又驳斥了太阳系主宰宇宙的理论。其理论未必新鲜;只是,他的思想是在文艺复兴的历史背景下形成的,而他批判经院哲学、抨击教会,却是要想复兴古埃及的赫尔墨斯主义。难怪,研究布鲁诺的著名学者耶茨说:

"布鲁诺混杂着宗教使命的哲学思考,深深地浸透着文艺复兴

时期的巫术和赫尔墨斯源泉。"

是的，是巫术，是赫尔墨斯———一种来自古代埃及的巫术，才是布鲁诺的原动力！

1960年初次公布了一份文献，是当年听过布鲁诺演讲的一位听众的信。它表明，布鲁诺在牛津大学的演讲中，其实是站在赫尔墨斯宗教和占星术的立场上来拥护哥白尼的，虽然哥白尼的数学完全不受赫尔墨斯主义的影响，但布鲁诺却把他的科学工作推回到前科学阶段，推回到古埃及的赫尔墨斯主义之中，他拿埃及人的神秘象形符号去解释日心体系图就是明证。换言之，布鲁诺口中叙述的，是自己的眼睛看到的日心体系的宗教和巫术的意义。赫尔墨斯·特利斯墨吉斯忒斯（Hermes Trismegistus）虽是古埃及智慧之神，但在哲学家眼中，他不过是巫师的别称——在英文中，赫尔墨斯与炼金术本来就是同一单词。

在布鲁诺的另一本书中，他还将哥白尼的学说看作是古代真理和真正的哲学；他认为地动学也是古埃及的真理，因此，地球的运动证实了万物有灵论的赫尔墨斯主义。在《赫尔墨斯全集》中有这样一段儿子与父亲的对话，在布鲁诺与牛津大学的亚里士多德学派进行辩论时，他引用了赫尔墨斯的观点：地球运动着，因为地球是活的——

儿子："父亲，世上的生物（living being）不会死亡吗？"

父亲："……生物是不会死的，它们的身体会分解，这种分解不是死亡而是一种混合物的分解，分解后它们并没有毁灭而是被更新。事实上生命的能量是什么？它不是运动吗？或者在这个世界上什么是固定不变的？没有，我的孩子。"

儿子："可是地球也是在运动吗？父亲！"

父亲："……假定养育所有生物的地球是静止的这不可笑吗？

它是给予所有东西生命的原因。如果没有运动，给予生命是不可能的。如果这个世界的四分之一是无生命的，对于整个世界也一定是无生命的。这世界上的一切，没有例外都在运动。"

总之，布鲁诺的那一套说法，就算在他那个时代也没能产生任何积极效果；既没有对第谷·布拉赫产生过影响，甚至也没有对开普勒产生过影响。他之所以值得后人纪念和称颂的，仅仅在于他敢于摒弃一个封闭和有限的世界，提出无限宇宙中有无数个世界。正如他多次宣传的那样：

"凡是涉及结构和定义的东西，他既不是用哥白尼的眼睛，也不是用托勒密的眼睛，而是用他自己的眼睛来看。"

这样看来，重新认识布鲁诺，也使我们能真实地认识自己；正如巴特菲尔德所言：我们只是伟大的历史过程的一部分，我们自己不仅是开拓者，而且也是过客。

而说到从容赴死时，如果拿他与法国哲学家雷维尔相比较，二人相反：布鲁诺"名扬千古"，而雷维尔却默默无闻。因为，他面对的是一种绝无仅有的失败。当他还是中学生时就因具有共和主义观念而未能获准参加毕业考试，后来在议会选举又遭遇惨败。个人生活也是如此：他的至爱安娜·德斯齐勒固执地拒绝与他结为连理……这样一来，只有哲学与他相濡以沫，而即便是在这方面他也净走背运，其著作均未受到世人的刮目相待。

终于，他在1862年2月11日，来到普累朗附近大西洋岸边，全身脱了个精光，并把脱下的衣服整整齐齐地叠好——他是想借此平抑胸中熊熊燃烧的烈火吗？也许，带着这团火，他径直冲进了大海，到夜晚人们找到的只是他的尸体。也许，他是从苏格拉底所宣称的研究哲学乃是学习死亡，使他得出了一个终极结论，那是他的哲学压卷之作：一死了之!

但罗马的那场对布鲁诺的审判，却近似马拉松地持续了近七年。可以肯定的是，布鲁诺对哥白尼学说的推崇并未构成对其起诉的关键，相反，他本人否定基督教义对上帝的理解以及所谓他与异教徒沆瀣一气的指控，倒成了诉讼中的要害所在。鉴于此，实在难以将布鲁诺称为现代自然科学的殉道士，称他是具有强烈宗教意识的赫尔墨斯主义者倒差不离!

——如此说是有证据的，那就是布鲁诺在自由的最后几年里为此行动做的准备：第一，大约在 1590 年，布鲁诺对书商乔托说过：他总是不停地写作、梦想、占星，关于新事物他比使徒知道更多，如果他想去做，他将实现整个世界只有一个宗教。第二，据说，在对他审理的材料中，更多的还是集中在神学问题上，诸如反对教皇、僧侣，反对敬拜偶像，他和异端的接触，他去过的异端国家等，至于最后判决的八点"异端指控"反倒没找着。第三，目睹布鲁诺死刑的 Gaspar Scioppus 可能听到了判决，在他的一封信中提到了布鲁诺的无数世界、巫术是好的和合法的事物、神圣的精神是世界灵魂、摩西的奇迹是巫术，他比埃及人更精通巫术，基督则是位马古斯。总之，有人推测，布鲁诺可能主要是作为巫术师被烧死的，他可能是一个在整个欧洲传播神秘的巫术宗教的人。如果在判决中有任何哲学或宇宙学观点，那也是和赫尔墨斯宗教分不开的。

4

伽利略有个叫安德列亚的学生，从小就跟在他身边；然而，随着自身的成长，他内心深处不免有些鄙夷老师了，尤其为他在宗教法庭前的下跪，放弃了真理"地动说"。但是，当伽利略向这位弟子出示了手稿《对话录》(《关于两种新科学的对话》)，他又立即震惊了——原来，老师的苟且偷生，是一种以退为进的策略，为那巨著赢得时间的啊！误解消除了，安德列亚不禁发出高声的赞美，称赞伽利略创造了"新科学"和"新道德"。这时，伽利略给予他的是独白式的回答：

"我作为一个科学家，曾经有过千载难逢的机会。在我亲历的那些日子，天文学处在十字路口。在这种十分难得的情况下，一个人的坚定完全可能震动世界。而我竟然把我的知识交给了当权人，完全随他们的心意，让他们用，或者不用，或者滥用。我背叛了我的职业。一个人干下了我干过的事情，就不应该见容于科学家的行列！"

——此乃布莱希特的话剧《伽利略传》中的最后一幕的对白，戏剧开始时的第一场是清早，这最后一场却是黄昏，时间相隔20多年，看起来却只有一天。对于伽利略内心矛盾的再现，或许只是后代戏剧家提供给观众的一个视角。

说到布莱希特创作《伽利略传》的过程，我们不妨从伽利略刚刚去世的那些日子说起。他的学生安德列亚在先生走后，仔细研究了他遗留下来笔记和书信后，然后写出了伽利略的第一部长篇传记；但当安德列亚也去世以后，有关伽利略的遗稿和传记就渐渐被忘记了。一晃百余载过去，到1754年的一天，一个公共图书馆的负责人在佛罗伦萨的市场上买了些肉，到家取出肉来时，意外地发现包肉纸原来是一页笔记！看了之后，他不由惊叫起来："天啊，这是伽利略写的笔记啊！"

原来，当卖废纸卖给肉贩的，是一位替维维阿尼家做活的姑娘；图书馆负责人立即顺藤摸瓜，买回了所有遗稿，其中不少书信，这也成为今天的《伽利略和女儿》的最初遗存。它把这位大科学家的一生秘密揭开了：伽利略原来从未有正式的婚姻，他的三个孩子的母亲是他的一位女学生、威尼斯的玛丽娜·甘巴。他没同她结婚，一则因她是威尼斯人，当年为比萨人所瞧不起；二则女方出身一般。但是，伽利略与甘巴却在一起共同生活了12年之久，而后她才另嫁他人。由于伽利略的三个孩子都是私生子，两个女儿便都进入修道院，而那个修道院属于克拉雷修道会，信奉清苦的修行，修女们吃不饱饭，睡地板上——这不能责怪伽利略薄情寡义，相反，他对女儿们的要求都是有求必应。至于对儿子温琴齐奥，伽利略则找关系为他取得身份，这样他就可以娶一位门当户对的姑娘了；但这儿子似乎并不很争气……

让我们把时间拉回到20世纪30年代，这时候轮到戏剧大师布莱希特出场了。因为其政治倾向，1932年的帝国总理希特勒治下的柏林当局，认定布莱希特是个共产主义者，于是在纳粹炮制了"国会纵火案"的第二天，布莱希特就被迫逃离柏林，开始了长达14年的流亡生活。在丹麦的小岛上，他悠然度过六年的光阴；在整个40年代，他创作了《伽利略传》(*Leben des Galilei*)等三部经典戏剧，被视为继莎士比亚、席勒、易卜生之后最伟大的剧作家。

《伽利略传》第一版就写于此间流亡丹麦期间。1938年完成，1943年在苏黎世剧院首演。这是布氏在被那年的莱比锡开庭审理"国会纵火案"所刺激下的一个杰作；为此，在伦敦的进步人士还举行了对立的审判，布氏积极参与其间，并写了一份关于这场审判的提纲，他说：

"真理总有机会表现出来：被告，以季米特洛夫为首。"

此后，在莱比锡的审判中，季米特洛夫在辩护词的结尾引证了伽利略：

　　"伽利略在被惩处时，他宣布：地球仍然转动着！现在，我们也可以宣布：地球仍然转动着！历史的车轮向着共产主义这个不可避免的、不可压倒的最终目标转动着……"

　　——似乎谁都可以援引一句"地球仍在转运"，就仿佛布氏笔下的伽利略！在距宗教法庭审判伽利略三百周年之际，文明世界为此举行了大规模的纪念活动，这一事件中所蕴含的真理与谬误斗争的意义，是促成了布莱希特写作《伽利略传》的基本动因。因此，在漫漫长夜到来之际，伽利略被塑造成了一个有智慧的、懂得忍耐和等待的人：他对教廷表面上的屈从为他赢得了时间，完成了《对话录》，并将其交于弟子安德列亚，使之公布于众，为科学做出了贡献。

　　而《伽利略传》的第二版则写成于二战胜利的时候的美国，布莱希特在演员查理士·劳顿帮助下，对《伽利略传》的第一版做了较大的改动，该版本曾在洛杉矶的皇冠剧院首演，后来改在百老汇的埃里奥特剧院演出。第二版的最大改动是，最后一场加进了伽利略承认是由于害怕而放弃学说的一场戏，并指出：

　　"背叛是罪行，而且不管著作有多么重要也抵消不了这一罪行！"

　　这一版的出现也并非偶然。当时因美国在广岛和长崎两地投掷了原子弹，所以，人们不但没有觉得胜利的轻松，反而陷入对毁灭的恐惧之中；随后冷战展开了，剧本隐喻了当时美国对奥本海默的审判、导弹计划的实施等诸多事件；也因此而具有了更多层面的丰富意义。总的说来，在第二版中布莱希特不再认为伽利略对当局的屈服是聪明的，值得颂扬的，反而认为这是对民众和社会的背叛。同时，那些曾为纳粹政府服务的科学家中，有一部分人是法西斯医生，他们的实验早已超出了基本的伦理道德的范围。布莱希特认为《伽利略传》第一版指出的科学家赎罪之路，对于这些法西斯医生是完全行不通的，留给他们的只能是审判。所以他需要修改剧本。

《伽利略传》第三版修改于1954年至1956年期间，此时布莱希特已经回到了民主德国。他在政府的支持下创建了柏林剧团，开始全面地实践他的戏剧理论和演剧方法。这第三版的改动主要是加入了伽利略进行自我判决的内容，即自然科学家必须做出希波克拉第式的誓言。也有人认为，这一版的主题已有了变化，由判决变为了教育——这中间，显示出作者对伽利略的评判的矛盾性：

> 他建立了一门新的物理学，但他又为这门物理学在生产上的应用制造了困难；
> 他成为新的生产力的创造者，但他又是这一生产力的社会叛徒。

其实，矛盾是早已存在的，依附于权势，也受制于权势，这便是17世纪科学家普遍的命运，只是在伽利略身上体现得特别鲜明罢了。

在这种情况，正如有人指出的那样：罗马教廷承认伽利略的发现，这是一回事；禁止他公布自己的发现，这又是一回事。科西摩大公拜伽利略为自己的老师，是一回事；当他发现伽利略触犯了罗马教廷的权威时，就弃伽利略于不顾，这又是一回事。17世纪，皇权和教权在欧洲激烈地碰撞着，这是伽利略不能明白的；伽利略即使赢得了所有的辩论，也不可能公开地传播自己的思想，这也是伽利略所想不清楚的。

因此，伽利略所痛恨的，其实是那些"明明知道真相，但是却否定它的人"，他却无法读懂这背后到底存在着怎样的斗争，他才在剧中抱怨："这地方就像个十字路口"，他的内心却一直在十字路口挣扎。

伽利略错了吗？他毕竟下跪了，苟且了；他要是像咬住真理那样不松口，不放手，哪怕是死，以留得万世清名；但是，伽利略就伽利略，他又对了，屈身忍辱，著就了《关于两种新科学的对话》，被后世评价为伽利略最伟大的著作，也是公认成就了牛顿的那个"伟人的肩膀"——事情竟然又奇特地恢复到布莱希特《伽利略传》第一版的立意中去了……

奇怪吗？也许吧，然而，依然是然而……

五、圣地啊，圣城！你正在流血……

——教皇乌尔班二世口中扭曲的爱

2017年12月，美国总统特朗普宣布承认耶路撒冷为以色列首都，一语激起了世界的剧烈反应。耶路撒冷，这个号称"和平之城"的三教圣城，它的归属为什么会引起如此巨大震动？为什么犹太人与阿拉伯人互不相让，非得拼个你死我活呢？

这里，不用去追溯历史与现实，只从影片《我的1919》中的一段台词，就可看出其端倪的了。在巴黎和会中，当日本代表牧野正为和会将德国在山东权益转让给日本而窃喜之际，中国的谈判代表顾维钧向他发出了如此质问：

> "西方出了圣人，他叫耶稣，基督教相信耶稣被钉死在耶路撒冷，使耶路撒冷成为世界闻名的古城。而在东方也出了一个圣人，他叫孔子，连日本人也奉他为东方的圣人。既然牧野先生也承认孔子是东方的圣人，那么东方的孔子就如同西方的耶稣，孔子的出生地山东也就如耶路撒冷是东方的圣地。因此，中国不能失去山东，正如西方不能失去耶路撒冷一样！山东永远是中国的，她就像母亲

的孩子，永远不会送给任何人！"

这就是长在人心深处的情结，一个根深蒂固的圣人圣地，母亲孩子，血肉相连的一种情绪，但，它那么鲜活，绝不应是死结！

7世纪的时候，阿拉伯帝国崛起了，它揭开了伊斯兰教和基督教千年对抗的序幕。此后，富饶文明的中东对野蛮落后的欧洲一直呈进逼之势，直到一场场飓风似的反攻的到来，这就是十字军东征。

1171年，塞尔柱土耳其人攻占了圣城耶路撒冷，他们建立的国家分裂而混乱，同时对基督徒充满了敌意，使得前去朝圣的西欧人受到较多骚扰，通往圣地之路似乎成为一条绝路。从耶路撒冷回到西欧的基督徒将他们所受的艰苦经历散布到西欧各地，宣传穆斯林对圣地和基督徒的迫害，一时间在西欧点燃了狂热的宗教复仇火焰。

与此同时，随着塞尔柱土耳其人的扩张，拜占庭帝国节节败退，几乎丢失了整个小亚细亚，君士坦丁堡也危在旦夕。拜占庭皇帝阿列克谢一世不得不低下高傲的头，向曾经的敌手罗马教皇和西欧的国王们求援。

这时，西欧发动一场宗教反击战的时机似乎已经成熟，但还缺少一位煽风点火的人物，将各方的乌合之众汇聚成一股力量。

正是在这种情势下，教皇乌尔班站了出来，以其三寸不烂之舌扮演了这一关键性的角色。

乌尔班二世（Urban Ⅱ，1088年—1099年在位），世俗名奥托·德·拉普利，本是法国香槟区的一名贵族，人称香槟贵族之家，受过良好的教育。后来抛下自己的头衔，先后做了克吕尼派的修士、副院长和红衣主教，在1088年被选为罗马教皇。根据史料的记载，这位教皇不仅仪表堂堂而且能言善道，充满了近于狂热的宗教激情，同时也是位政治敏感、手段高明的外交家。亚力克修斯皇帝的吁请让他开始做出宏伟的构想：西方基督教世界将以极大的努力收复圣陵；军队集中在教皇的名下，可以让欧洲的统治者们不再彼此征战不休，给欧洲带来和平；基督教统一的理念也可以因此带到东方，最终甚至可以将长期倾轧不和的东西方教会重新统一在教皇治下。

于是，乌尔班二世教皇于1095年前往法国，他此行要去公开讲"圣地与突厥人"之事。8月，教皇到达法国，考察那里教会的克吕尼改革情况。他在勒皮向各地教士写信，决定于11月召开宗教大会。他在巡视了法国南部各地后到达了克莱蒙，召开了300名教士参加的宗教大会，会议通过了一系列推进克吕尼改革的决议，其中包括限制买卖圣职、禁止教士结婚等。会上还决定，以通奸罪将法国国王腓力一世革出教门。教皇宣布，在会议结束的前一天，即11月27日，他本人将对公众发表一次重要的公开演说。这引起了广泛的关注，附近地区的很多人闻讯后都赶到克莱蒙来聆听教皇的演讲——

11月27日当天，由于来的听众太多，城里的教堂根本容不下。于是城东门外的空地上搭起了一座平台，设立了教座。不过，听众中并没有很显耀的贵族，只有本地的贵族被教皇邀请参加了这次盛会。教皇的这次演说无疑是历史上最成功的演说之一，很有可能就是最成功的那一次了。他提到耶稣的降生、成长、受洗、在圣地的游行、教导与行善。他使听众看到耶稣的被捉、被钉、死亡与埋葬。他充满感情地描述每一个救主所到过而变得神圣的地方，然后，他严厉地指责异教徒对圣地的亵渎，以及对朝圣者的虐待。

他向前来朝拜与聆听演讲的信徒们这样描述了圣地基督徒的苦难：

> "信徒的财产被剥夺、家园被焚毁、妻女被凌辱、教堂被亵渎、圣物被践踏……基督的圣墓被野蛮人占领，圣地由于他们的卑鄙无耻而蒙羞。"

　　他召唤信徒们行动起来，从罪恶的突厥人手里夺回基督的陵寝。他还迎合贵族们喜好比武大赛的习性，发出这样的呼吁：这是一场和凶残的敌人——包括巨人和龙——进行的战争，是"天堂和地狱之间的一次大比武"。他进而号召：

> **"不要因为爱家庭而拒绝前往，因为你们应爱上帝胜于爱家庭；不要因为恋故乡而拒绝前往，因为全世界都是基督徒的故土；不要因为有财产而拒绝前往，因为更大的财富在等待着你们！"**

　　他应许所有参加的人可以减少在炼狱中受苦的时间；又应许为此圣战而丧生的人可以得到永生。然后，乌尔班二世宣布了向耶路撒冷进军的所谓圣战计划：

> **"你们，听我演讲的人，真正信奉上帝的人，被上帝赐予权力、力量和伟大灵魂的人，祖先是基督教世界栋梁之材的人，其国王曾经抗击异教徒进犯的人——我召唤你们！清除覆盖尘世的污垢，把你们的宗教拯救出来……啊！勇敢的骑士们！忠诚的教友们！战无不胜的祖先的后代们！你们不能败坏祖先显赫的名声。你们不能被儿女私情缠住了腿脚，你们要记住救世主的圣谕——爱父母胜过爱我的人不值得我的保佑。那些为了我的名义，抛弃田产、父母、兄弟、姐妹、妻子儿女的人会受到百倍的回报，会得到永生！"**

　　他向信徒保证说，所有参加圣战的信徒将得到上帝的保佑，这些人从前以及在远征中所犯的一切罪孽，都将获得救赎，其灵魂将在天堂永享无上的荣耀；同时，他还以教皇名义下达宗教法令——所有参加圣战的人，所欠债务悉数免除。

"耶路撒冷是大地的中心，其肥沃和丰富超过世界上的一切土地，是另一个充满欢乐的天堂。我们这里到处都是贫困、饥饿和忧愁，老人几乎死光了，木匠们不停地钉着棺材，母亲们抱着孩子的尸体，悲痛欲绝……教民们，那东方的国家是那么的富有，遍地流着牛乳、羊奶和蜂蜜，香料、胡椒和黄金宝石俯拾皆是。谁到那里不会成为富翁呢？去吧，把十字架染红，作为你们的徽号，你们就是'十字军'，主会保佑你们无往而不胜！"

乌尔班二世不愧是一位专业的演说家和煽动者，他的一番演讲，由崇高的精神到现实的物质，对最虔诚者和最卑劣者无疑都是一剂强而有力的兴奋剂。他的听众全部都是听着圣经故事长大的，深信迦南有肥沃的土地，丰饶的草原，繁盛的羊群。他们把真实的耶路撒冷城和天国之城混为一谈，认为耶路撒冷就是那个以珍珠为城墙、以白银为街道，流淌着不休的活水、沐浴着上帝的光辉的那个圣城。于是信众们在教皇的脚下一片狂呼："上帝所愿！上帝所愿！"（Deus lo volt!）呼喊声响彻云霄，震撼了脚下的大地。是啊，乌尔班二世的上帝是确有"所愿"的。这位上帝通过代理人——教皇乌尔班二世，告诉信众，抛弃自己的父母、兄弟和姐妹，前往异教徒的家里杀死异教徒，就是拯救他们伟大的宗教，而牛乳、羊奶、蜂蜜和赦免他们的债务，则是这位上帝给予的实实在在的回报。

教皇当即把红布剪成小布条，将它们缝成十字形，每一个愿意参加的人，在袖子上缝一个红十字，于是形成了最初的"十字军"。教皇的讲话结束以后，教廷委员会正式承认了讲话中的各项承诺，将红十字作为朝拜圣地者的标志，并选出法国的勒皮主教阿希马尔（Adhemar of Le Puy）作为远征的教会代表和精神领袖。

这篇号"称对中世纪欧洲影响最大的演讲"的版本，是一个名叫罗

伯特的修士在演讲后25年，利用记忆写下来的。目前为止，好像也是
西方史学家手中与那次演讲最接近的一个版本：

> **"让我们投入一场神圣的战争——一场为主而重获圣地的伟大
> 的十字军东征吧！让一切争辩和倾轧休止，登上赴圣地的征途吧！
> 从那个邪恶的种族手中夺回圣地吧！"**

什么叫煽动的话语，鼓动的语言？听听罗马教皇乌尔班二世的口号
你就会明白，在那些祈使句中，表面上看是在劝导，暗中却藏匿了一种
火药——果然，它成为"十字军东征"的导火索！

据说，教皇的演说，特别有关东方的土地"遍地流乳和蜜""耶路
撒冷是个……充满欢乐的天堂"的比喻，对群众有着巨大的吸引力，它
引发与会者们的狂呼："天主的意旨是这样！天主的意旨是这样！"接
着，法国土鲁斯伯爵的全都，当即出场，大声宣布年近六旬的伯爵不顾
年老体衰，誓死遵从教皇之命在旦夕出征，这一事先安排好的戏剧性场
面，起到了极大的鼓动作用，十字军的狂热也达到了顶峰。

这次会议，还决定了十字军出征的具体日期——1096年8月15日，
参加十字军的人及其财产须交由教廷特别"照料"；为保证十字军出征，
还规定封建君侯停战三年等。会后，乌尔班二世继续在西欧各地旅行，
劝说人们参加十字军运动；并指示各地主教在所辖区进行鼓动，甚至命
令各地修道院院长动员修道人员随军出征，还派出"圣徒"四处游说，
把东方描绘成珠宝满坑、金银遍地，香料、胡椒、陶器、桃杏枣瓜等果
品和丝织的奢侈品比比皆是。说什么全能的上帝呼吁谋杀犯、强盗、奸
淫犯、做伪证者和其他各种犯罪者出征，可以得到赦免罪行的优待。

随着贫苦农民的队伍夹杂着一些无地的骑士和亡命之徒的加入，第
一批十字军诞生了，而后法、德、英封建主的十几万武装队伍分几路向

东方进发。这些身着十字徽号军服的战士，在临行前都必须在天主前宣誓终身效忠教皇，不得违背国家，否则以绝罚论处，乌尔班本人亲自出马，无奈，刚刚在罗马立住脚跟，敌对的教皇残余势力依然在顽抗，他因此受阻了，只得向各路十字军派出教皇代行督战。1099 年 7 月，十字军很快攻下耶路撒冷，同年，乌尔班二世在罗马去世；临死前三个月，他还在罗马召开宗教会议，再次宣扬十字军。作为发动十字军东侵的始作俑者，乌尔班二世虽然大大地获得了教廷的权势，但同时也给人民直接造成数以万计的经济损失，成了学生的灾难，他的名字受到后世的诅咒。

在许多人记忆里，"十字军东征"好像仅仅是一场战争；其实，它是指在 1096 年到 1291 年发生的八次宗教性军事行动的总称，是由西欧基督教（天主教）国家对地中海东岸的国家发动的战争。正如刚才那段话所说的那样，十字军东征是天主教徒们在所谓的"主的旨意"下，为了从"异教徒"手中收回宗教圣地耶路撒冷的战斗。东征期间，教会授予每一个战士十字架，组成的军队称为十字军。

十字军东征共八次，从 1096 年到 1291 年。其中很明显地可以看出：十字军东征的目的不仅仅是为了夺回圣城耶路撒冷，而更多地是为了取得财富和自身的经济利益。在 1187 年的第三次十字军东征由神圣罗马帝国皇帝"红胡子"腓特烈一世、法王腓力二世和英王"狮心王"理查一世率领，但埃及人萨拉丁比欧洲人更具气势风度：萨拉丁和"狮心王"理查一世在雅法大战，战场上理查的马摔倒在地，具有骑士风度的萨拉丁让弟弟阿迪勒给他送去两匹好马。大战之后，萨拉丁和理查都病倒了。萨拉丁派人给自己的死对头理查送去了水果，还派去了医生。双方签订和约，穆斯林占有巴勒斯坦内地，基督教徒占有海岸，耶路撒冷向朝觐的基督教徒开放。理查随即离开巴勒斯坦回国。也顺着这个合约，第三次十字军东征结束了。从此以后十字军东征的目的不纯越发地显露出来了。

为什么天主教徒和穆斯林都看重耶路撒冷？一切都源于宗教信仰，

凡是与十字军有关的拉丁作品、阿拉伯作品，一般都围绕着纯洁和净化等观点。不仅仅是宗教纯洁，还有性纯洁，在所有宗教传统中，这两点总是密不可分。一位阿拉伯诗人说："有多少穆斯林妇女的纯洁被掠夺？有多少清真寺被改造成基督教堂？在十字架被架在壁龛上，不洁和猪血将其亵渎。《古兰经》被焚烧在香炉之中。"

1187年，当穆斯林在萨拉丁的领导下，重新夺回耶路撒冷等地的时候，他们的庆祝词语同样是关于纯洁和净化的，就如同当初对天主教赞美一样。萨拉丁的传记作家伊玛丁，记录了这一净化仪式。在圣城被法兰克人占据和亵渎了一个世纪之后，必须经过净化仪式才能适合重新被穆斯林膜拜，最紧要的是伊斯兰第一座公共建筑圆顶清真寺，是其鼻祖穆罕默德升天之地。基督教在这里建立的基督教标记，必须予以清除。于是，墙壁和地板被仔细地用玫瑰香水冲洗过，再用香料熏香，"虔诚教徒的眼泪净化了异教徒对圆顶兴致勃勃的亵渎"。

拜占庭历史学家尼西塔斯·卓尼亚铁斯，在十字军东征君士坦丁堡时，纪录下十字军造成的灾难。在第三次东征的时候，色雷斯受到德皇腓特烈·巴巴罗萨所领导的人的侵略，拜占庭陷入到一个动乱的年代；科穆宁王朝不同派别之间，为了争夺王权而不断发生政变和反政变，尼西塔斯一直置身于动荡的旋涡之中，最终得以担任要职，但此后不久，君士坦丁堡就沦陷于第四次十字军东征之中。

对于君士坦丁遭受的掠夺，尼西塔斯在记载中大量引用了华丽的经验主义和古典作品，使得他的记载读起来就像一首华美的挽歌：

> "人们在狭窄的小巷中悲恸，在十字路口哭号，在圣殿中呜咽，男人怒号，女人尖叫，哀鸿遍野，惊天动地，泣鬼伤神。暴虐肆意不断，惨景无处不在，触目惊心，令人发指。俘虏被屠杀，尸体被拖曳、撕碎和玷污，而这些尸体此前还是大活人。"

这时候，一段尖锐锋利的文字刺破了笼罩的薄纱，露出了狞笑的本来面目：尼西塔斯和家人在第五天逃离君士坦丁堡，这时候尼西塔斯看到一位拉丁士兵在街上抓走一位惊恐万状的少女，这是他所认识的一位法官的女儿：

> **"少女的父亲由于年老和病痛的折磨，踉跄地倒在雨中，侧着身子哀号着，在泥泞里打滚，他无助地转向我，呼叫我的名字，恳求我尽一切可能救出他的女儿，我立即转过身，朝着那绑架者走去……"**

尼西塔斯义正词严地呵斥那一群拉丁人，令他们感到羞愧，进而表示愿意帮助尼西塔斯营救少女。他们一同将那个士兵逼到一个角落，令他交人。最后，少女被救出了，那是因为尼西塔斯对这名意欲强奸者发表了一番有关色欲和文明的冗长而精彩的演讲。他的兄长迈克尔·卓尼亚铁斯也记叙了这一情节，但他的说法是，尼西塔斯当时发誓称这位少女是自己的妻子，从而说服了那个士兵放人——这一说法可能不如前者那么精彩华丽，但是从中我们可以看到更大的勇气，因为毕竟冒充少女的丈夫，是需要尼西塔斯冒着更大的风险的。

——大多数历史学家都远离危险，坐在书斋，当然这没问题；有一部分人在危险中像军人一样采取行动，这当然不赖，但真正冒着生命危险解救金发美少女的历史学家则十分罕见，那些对自己的英勇行为轻描淡写的人，就更是少之又少。事实上，想不出除了尼西塔斯外还有谁会这样做。尼西塔斯·卓尼亚铁斯，在文学史上的代表作是《哦，拜占庭》。

总体而言，十字军东征既给人们带去了深重的灾难，也对欧洲文明产生了深远影响，使后人迎来了光明的文艺复兴，所以我们也不妨将十字军东征看作黎明到来前那深沉的黑夜一刻吧！

英格兰：辟开一条宽阔的宪政之路

02

一、一切离不开妥协

——英国《大宪章》的诞生与其议会传统

Q：第一届世界博览会于何时何地召开？

A：1851年，在英国伦敦。

Q：说具体一些。伦敦？

A：在伦敦的海德公园里召开。

这是2010年上海世博会之前的一个电视宣传节目的场景。那时候，离伦敦第一届世博会已经过去160年了。风水轮流转，经过一个半世纪以后，到了上海博览会，昔日海德公园的风光却成了一票难求之处，真是今非昔比，让人感慨不已。

1

对国人而言，在那么一段时间，"海德公园"（Hyde Park）曾经是敏感词，早就在词典里消逝了；以至于中国人弄不清它和肯辛顿花园（Kensington Gardens）的区别，其实很简单，那就是海德公园有个著名的演讲者之角（Speakers' Corner），每到星期天，常会有人站在肥皂箱上大讲特讲一些时政。除此，海德公园还是举行流行音乐会的好地方，能容纳二三十万的听众。此外，它还是艺术家们举办画展的好地方，当然，历史上也是决斗一角……

海德公园的出名，其实不在于它承载了英式民主的丰富内容，更为突出的是，1851年，英国在那儿举办了第一届世博会。首届就开创了个汇合范例：不收门票，随便进出；人们在那儿可以照常集会，结社，示威，游行，演讲，发传单，发书报，批评政策，抗议政府，维护公民权益，享受自由。即便如此，它也遭到了英国人的批评，争议最大的是其标志性建筑"水晶宫"，引起了以莫里斯为首的"工艺美术运动"反对与批判浪潮，他们讥讽世博会那由铁架和玻璃搭成的像蔬菜大棚似的会场，毫无美感和艺术性，毫无文化传统，毫无人的灵性与人文精神，只是英国政府为了炫耀其新科技、新材料而已。后来，那个世博会会场的"水晶宫"毁于大火，就再也没人提议重建了。

其实，海德公园此前是皇家园林，百姓自然无法踏足，但是，随着王权的衰落，贵族权力的扩大，到国王查理一世时，他也只得把公园交给伦敦市民管理，从此就一直向公众免费开放了。后来，听从乔治二世的妻子卡罗琳王后的主意，在公园中央开辟了一条S形的"蜿蜒河"（the Serpentine），使海德公园显得更为妩媚、秀美，清澈的水波、曲折的河道，映照了生活的瑰丽多彩，也足以让人想起世界的丰富多彩……

回想起来，查理一世的确做过不少有益于民的好事。本来，按照传统，应当是查理的哥哥当国王的，谁知道他先去世了，使得查理这位老二成为国王。登基以后，刚愎好强的查理连连对欧洲国家发动战争，耗光了国库；然后又动了加征税的念头，可是，偏偏他的祖宗签字发布的《大宪章》，已经把开征新税的权力交给议会了，而议会又不同意他开征新税，还号召国民抵制向国王纳税。这时候，查理使出他的杀手锏——解散议会。这就使得他与议会的关系激化了。

那个原本已存在的《大宪章》是怎么回事呢？这要追溯到1214年，约翰王远征法国但铩羽而归，这使得长期积累的国内矛盾日益尖锐了，大片领地的陷落，许多大贵族收入减少。约翰被迫破坏封建权利和义务的准则，巧立名目横征暴敛。终于，到次年年初，一批忍无可忍的贵族代表全副武装觐见国王，以此相挟，提出减免赋税。约翰却不予理会，于是，贵族便打出"上帝和神圣教会军"的旗号，开始集结起来向伦敦进军；伦敦市民有力地配合他们，迫使约翰王在身后仅有七名骑士的情形下，答应与诸侯谈判。

1215年6月15日，获得军事胜利的贵族集团与约翰国王相会于伦敦附近泰晤士河畔的兰尼米德草地。谈判开始，贵族们把一份预先拟好的羊皮纸文件交给约翰，在刀光剑影之中，走投无路的约翰无奈地在文件上签字盖印，这就是英国历史上著名的《大宪章》。"大宪章"最大的功绩是，国王保证，他只能根据贵族院议员做出的判决或是土地法来处理国家事务，而不会对任何人提出任何起诉；后来被概括成了英国法律的经典名句："政府受法律的制约"，历史上第一个宪政与法治的神圣原则，就这样在英伦三岛建立起来了。

然而，在约翰眼里，签署《大宪章》只是缓兵之计。因为贵族刚刚离开伦敦，他就狂怒道：他们给我加上了25个太上皇！为此，他争得了罗马教廷宣布《大宪章》无效的支持，对抗命的贵族革除教门。于是，双方再度剑拔弩张，贵族方面干脆宣布不再承认约翰是国王，转而拥立法王腓力二世之子路易为新的英王。最后，约翰国王在转战途中忧伤地死去。莎士比亚在他的戏剧中这样刻画约翰临死前被炽热煎熬的痛苦，他对长子亨利发出了最后悲鸣：

"毒入骨髓，病入膏肓；死了，被舍弃，被遗忘了。你们也没有一个人肯去叫冬天来，把他冰冷的手指探进我的喉中，或是让国

**内的江河流过我的火热的胸口，或是请求北方的寒风吻一吻我的
焦燥的嘴唇，用寒冷给我一些安慰。我对你们并没有多大的要求，
我只恳求一些寒冷的安慰；你们却这样吝啬，连这一点也拒绝了
我！"**

历史就这样嘲弄了这个"失地王"，他连最后的丧生也没能得到苏
格兰大地的回报，真真一个英国的阿斗！

2

反过来看，约翰的困顿却成全了一部法律巨著的诞生。一直作为国
王的秘书的布莱斯顿，曾引用《罗马法典》中著名皇帝解答的敕令，加
以补充，他认为，一个真正的国王不会认为他做的任何有悖于正义的事
情就是合法的。他明确地指出：

"一个不受法律约束的国王，实际上也不受法律的保护。"

在《大宪章》里，国王被要求依法治国，他知心的朋友要求他的
法庭不得做出否决或拖延正义的保证。尽管《大宪章》在此后的世纪里
重新颁布，但从大封建主到大贵族一直到资产阶级，都对国王提出过许
多具体要求，但万变不离其宗，"法律高于王权"的基本精神却必须遵
守！

当然，《大宪章》的出现也绝非偶然，它的基础就是英国原有的一
种议会传统。历史上，英国国王自产生之日起，就受到古代习惯法的限
制。爱德华一世时的一位法学家曾指出：国王"根据法律而不是个人意
志来引导他的人民，并且和他的人民一样服从于法律。"具体说来，需

要从早些时候封臣义务中的"建议"（counsel）中去找寻。"建议"是要求封臣在领主召唤的时候到城堡中来，而"建议"这个词本身也就跟这种会议联系在了一起：当一个领主应在主要的政策问题上（比如，协商一个重要的婚姻，或是投入战争）征询他的封臣的意见时，或者会议的意图是审判司法案件时，封臣都会来与会的。有时，当一个争议中必须要得罪某一方的时候，君主就需要让一个人来代他受过，因此他会欢迎他的封臣的"帮助"；不过，也经常有相反的情况。比如：通过审判封臣，找出他们的罪过以征收罚金或充公财产，君主的利益因此而得到满足。由于前国王约翰滥用了这项权利，就引起了贵族反抗，最终导致《大宪章》的确立。《大宪章》里还规定，在审判被指控的贵族时，要有"他的同侪们组成的陪审团"（jury of his peers）。

此外，英国国王低于法律的传统，在国王加冕的宣誓中也体现了出来。自8世纪起，英王在登基之前都要举行加冕宣誓，誓词内容包括两方面：一是"保证教会、国家和人民的安全"，二是"保证维护法律"，"在司法审判中惩恶扬善，伸张正义"，以"确保社会正常秩序"。加冕宣誓意味着国王负有一定的法律义务，誓词被认为是国王必须遵循的治国原则，在法律上和道义上对国王起着一定的制约作用。如果国王违背誓言则被视为"违法行为"，有可能被废黜，甚至招致杀身之祸。据历史记载，盎格鲁－撒克逊时代就有数位国王因背信食言而受到惩处，如外号"昏君"的埃塞尔雷德二世曾因违背誓词而被流放；埃塞克斯王国的一位国王曾因过于宽大敌人，"违反了古代习惯"，而丧失了王位和生命；威塞克斯国王希格伯特曾因有"非法行为"而被驱逐。这些事例说明，那时的国王虽高于所有的社会成员之上，但低于法律。

其次，撒格鲁－萨克逊时期就存在一种"贤人会议"（Witan）的顾问咨询团体，成员固然由国王指定，但却无意中使得英国各阶层民众有了参政议政的传统。到11世纪诺曼底公爵威廉征服英国之后，又把诺曼底传统的管理国家的模式移植到了英格兰，有了一种"御前会议"（the Council）机构，也是上层的顾问机构，主要职能是协助国王管辖地方政府，处理重大案件，受理郡法庭和百户区法庭的上诉（因而其中的成员被称为"法官"）。到亨利二世时，御前会议中的五个成员，组成一个"王座法庭"（Court of King's Bench），处理重要案件，以后，在此基础上又演变出了大会议（Magnum Concilium），即由各州市的代表与国王及其御前会议人员组成的一个议事机构，最后转变成国家的立法机构，也就是英国议会。

第三，反过来说，基于以上认识，民众的权利就绝非一种空洞的承诺了。举例来说，1216年，曾发生过这样一个事例：富尔克的父亲沃利恩的领地被哀里克·费茨·罗杰强行侵占，富尔克作为该领地的合法继承人向国王约翰的法庭提起诉讼，请求伸张正义，但被约翰拒绝，于是富尔克宣布说：

> **"国王陛下，您是我们的合法领主，只要我领有您的封地就有义务效忠于您，但您也应保护我的权利，而您并没有做到这一点，为此，我不再负有效忠于您的义务。"**

富尔克的行为被视为正当合法的，他也因此举而成为贵族心目中的英雄。理查德统治时期，在1197年大会议上，理查德要求贵族们提供300名骑士远征法国，贵族们当面予以拒绝，声称这种要求是"不正当的"，因为封建习惯没有规定封臣有"到国外服役"的义务。理查德龙颜大怒，训斥道："谁若不去，就叫谁上绞刑架！"贵族们毫不退缩，其中两名贵族挺身而出，反驳说："我们既不去法国，也不上绞刑架！"国王与贵族间的公开对立已十分明显。

国王和贵族之间，以及平民之间的这种种关系，在平时是不那么显著的，但是，一旦遇到触及双方各自的利益时，那矛盾就立即激化出来。历史上，国王多次采用极端手段，威慑贵族。例如：约翰国王就经常采用恐吓、酷刑、处死等残暴手段，压迫贵族和百姓。贵族威廉·德·布雷奥斯原是约翰的宠臣，1207年被莫名其妙地宣布为叛逆者，土地被没收，威廉携全家逃往爱尔兰。1210年，约翰抓到了威廉的妻子和儿子，将她们关进温莎城堡，活活饿死。再如，约翰因在争夺王位时与其侄子亚瑟结下怨仇，亚瑟是亨利二世的次子杰弗里的儿子，约翰是亨利二世的四子。因此，1199年当亨利二世的三子国王理查德死后，按长子继承制原则应由亚瑟继位，但由于王太后埃利诺支持约翰，故最后王冠戴在了约翰的头上，亚瑟屈就布列塔尼亲王。此后，亚瑟与约翰、王太后一直不和。1202年，亚瑟听说王太后到了普瓦图的米尔城，马上率兵包围了该城。约翰从80英里外火速赶来救援，最后亚瑟兵败被俘，将其关在鲁昂。不久，传言四起，说约翰先将亚瑟砍去双手、挖掉双眼，又施以宫刑，将其折磨致死。这些传言是否属实，不得而知，但这无关紧要，因为亚瑟从此销声匿迹是不争的事实。透过上述事例，贵族及全英国人民看到的约翰是一个惨无人道的暴君形象。

3

"大宪章"有多种名称：Magna Carta；Magna Charter；Great Charter等等，之所以会有这么多的名称，是因为《大宪章》在英国史上被颁布有38次之多。1215年6月15日，约翰王颁布《大宪章》，是在封建领主的强迫下进行的，其内心的不情愿可想而知。果然，约翰王出尔反尔，1216年，就起兵向封建领主宣战，领主们也不示弱，他们干脆请法王腓力二世之子路易为英王。路易大概没有当英国国王的命运，刚刚到了英国，约翰王就死了。英国的贵族没有了对手，路易也就没有了当英王的必要。于是，封建诸侯们转眼就拥立约翰九岁的儿子亨利三世为英王，摄政王为了取得诸侯的支持，便修改大宪章并重新颁布，这使诸侯们更铁了心把自己请来的路易赶回法国老家。由于有这么一段波折，为了使诸侯领主放心，1217年又一次颁布"大宪章"。1227年，亨利三世亲政，尽管他对这么一个处处限制王权的《大宪章》感到十分不舒服，但为了保证自己的王位，不得已而再次颁布《大宪章》，以表明自己对封建诸侯的态度。

那么，《大宪章》多次颁布，莫非它就没有其核心内容吗？

当然有的。最关键的就是《大宪章》第61条，当贵族们凭借武力逼迫约翰国王签署《大宪章》以后，对能否保证他信守诺言感到心中无数。来自北部地区的少数贵族态度悲观，在《大宪章》拟就之前就打道回府了。其他的多数贵族虽然对国王也持怀疑态度，但却不能有丝毫的消极态度。他们一致认为，干脆就在《大宪章》中规定一种合法的强制办法，以监督的方式确保国王遵守《大宪章》。于是，第61条应运而生了。

这条内容又称作"安全法"。条约规定，由25名委员组成的委员会，有权随时召开会议，具有否决国王命令的权利，甚至可以使用武力，占据国王的城堡和财产——这可真是要国王老命的规定啊。当时身为国王的约翰也居然在这样一份协议上盖章了！这是因为约翰差不多已别无选择：打仗要钱，如此而已，不然他怎么会得个"失地王"（John of Lackland）的绰号。这一条款"将判断某种情况下法律是否遭到破坏的权力从国王手中拿了过来"，置于一个独立于王权之外的委员会手中，其实质是企图建立一种常规性权力监督机制，以确保国王遵守法律，而把武力作为最后的保留手段。所以，丘吉尔说："有人说亨利二世时期是英国法治的开端，其实不然，《大宪章》才是国王受法律约束的开始，这是前所未有的。"

对《大宪章》第61条最典型的效仿是1258年的《牛津条例》。《牛津条例》的目的旨在保护居民共同体的利益（至少在名义上是如此），因此，它比《大宪章》最初所蕴含的宪法原则具有更广泛的意义，难怪美国学者亚当斯自信地断言："《牛津条例》的确比《大宪章》更进步，但这不是因为它是与过去断开的，也不是因为《牛津条例》是一个新的起点，而是因为《牛津条例》是英国宪政大厦的墙壁，而《大宪章》是这所大厦的基石。"

一句话，《大宪章》首次把过去的封建成规集中在一个统一的文件中，要求国王明确接受，保证实行。它"从头至尾给人一种暗示，这个文件是个法律，它居于国王之上，连国王也不得违反。"它以具体申述陈旧法律的含蓄形式，体现和宣告了一条崇高的宪法原则——王权有限、法律至上。一位美国学者曾指出：尽管大宪章以其具体性、明确性而著称，但它的重要性在于宣告了一条基本原则，即：有一个法律高于国王之上。用梅特兰和波洛克的话说就是："国王低于法律，而且应该低于法律。"如此将一般原则寓于具体条款之内，恰恰是《大宪章》的智慧和奇妙之处，随着时间的流逝、社会的进步，《大宪章》的大部分具体规定都被抛进了历史的垃圾堆，"但《大宪章》一直作为国王应遵守法律的象征而矗立着。"这，大约也是英国至今保留着国王这一国家象征的秘密所在吧。

二、历史的脚步：进两步，退一步

——英格兰划时代的双重审判纪要

中国人都知道，戊戌变法失败的时候，六君子之一谭嗣同曾留下一句千古名言：各国变法，无不从流血而成，今日中国未闻有因变法而流血者，此国之所以不昌也。有之，请自嗣同始。

无独有偶，一位叫菲利普的澳洲中学生，曾向历史老师提出一个问题：

为什么我们学生，不能像英格兰人那样，去温暖和亲近澳大利亚的历史呢？

历史老师想了想说："你注意到了吗，这片土地缺乏血液的浇灌，没有相同的内战与流血的经历，更无须用脑袋来祭奠的历史……"

这样的答话是有一定道理的，英国人不仅用被告人国王的鲜血，也以胜利者，具体说来的弑君者的鲜血，来祭奠那次划时代的革命，也奠基了他们的国魂与国运……

1

那时候，英国人本已懂得，法律是人们创造出来的一门学科，跟医学、神学一样，有着自己独特的一套语言系统，那是需要人们努力钻研才懂得的一套系统，非得付出更大的毅力和代价才能掌握的一门学科。

但年幼的约翰·库克（John Cooke）那时并不懂得这个，不过，他却从大人们口中，知道了"谋杀国王"是何等严酷骇人的罪行。

那是17世纪的头20年，英国发生了所谓"谋杀国王"的案子。被指控为凶手的人，其实是位文人，素有历史学家、诗人、哲学家和探险者等头衔，他叫沃尔特·罗利（Walter Ralegh），官方指控他伙同西班牙的势力，密谋推翻新加冕的詹姆斯国王。从此，"叛国罪"作为约翰·库克法律语言库里的第一个词汇，牢牢装入他脑子里了；与此同时，他也知道了那个叫"检察长"的、跟自己姓氏读音非常近的人——爱德华·柯克（Edward Coke），以及他在审判中恣肆地谩骂的一些话语——

> 柯克："你是世界上迄今为止最卑鄙无耻的叛国者。"
>
> 罗利："你这样说未免太轻率、太无理、太野蛮了吧。"
>
> 柯克："我希望有更多的词来表达你叛国的罪恶。"
>
> 罗利："你确实需要多一些词，你对同一件事已经陈词滥调地说了无数遍了。"
>
> 柯克："你这个可憎的家伙！全英格兰对你的名字都深恶痛绝…… 我将向世人证明，你是地球上迄今为止最最阴险恶毒的人……"
>
> 罗利："仅凭你的话足以给我定罪……"
>
> 柯克："不，我会证明对你的指控，证明你是一个魔鬼。你虽然长着英国的面孔，却有西班牙的心！"

柯克还讥笑他是"毒蛇""一个卑鄙的叛徒"、等等，世界上能强加于人的罪名，统统都给追加上了。

后来，他知道了这案子更多的细节，比如，真正将罗利押上绞刑架的人，是一个与他同样富有才华但却趋炎附势慨然陈词的人。这使一些人相信：这个国家不能再由斯图亚特王朝来统治了！日益堕落的詹姆斯一世，屈从了西班牙的要求，把一位才华横溢的英国英雄罗利送上了绞刑架。

从那一天起，这个"莱格拉河畔的城堡"（Leicester莱斯特的本义）的男孩子心目中，"检察长"和雄辩滔滔的人，就在他心中留下了阴影。他发誓，自己要是也干起了这一行，一定要谨慎、再谨慎，不能重蹈那个"库克"的覆辙！

多年以后，没曾预料到的是，他自己当真也干起了律师这一行，而且最后竟也当起了检察长！更巧的是，他竟然真的把国王——查理一世送上了被告席，进而是断头台！

2

像约翰·库克这样普通农民家庭出身，家中又有12个兄弟姐妹的人，能上大学，全靠他交上了好运，遇上了一位大"财主"——西南部富有的新教徒沃德汉，他为贫困学生开办了一所学院，膳宿费和学杂费等开支由学校全数承担了，而他只收一笔"保证金"，如果孩子没出什么差错，"保证金"在毕业时也全数退还。约翰·库克得到了这种待遇，他在学校里顺利完成了修辞学、逻辑学和哲学，此外还有希腊语和拉丁文。神学，依然是所有人必修的课程。

出校后，他先在律师公会待了数年，获准当律师以后，成为格雷律师公会的见习生。1631年，23岁的库克获准当了律师，开始了他的实习生涯。这段时期，律师公会的教育已经对中下层百姓开放，他只需要跟一名资深律师或法官实习就行了，库克在实习期间跟定的是一个叫伯瑞肯登的人。

就在31岁的库克任见习律师的时候，1640年某个冬日，暴雨将至的一天，国王查理一世乘坐的游艇缓缓地从泰晤士河靠上了威斯敏斯特宫的码头，他极力按压住内心的火气，走进议会厅，装出一副愉快的样子对议员们说：

> **"我只要求你们一件事，那就是使这一届议会成为愉快的议会……你们作为一方，我作为另一方，彼此间要尽释前嫌，抛开所有的猜疑……"**

长期议会开幕以来，议会与国王的关系就很不正常了，人们恨透了斯特拉福伯爵这个死心塌地为加强王权效力的鹰犬，议会终于压倒性地通过了《褫夺公权法案》，判处伯爵死刑。这令国王查理一世分外紧张，加紧了活动；与此同时，伦敦街头的保王和反王两派群众，也开始兵戎相见。这种紧张气氛一直延宕到1642年8月22日黄昏，终于，人们看见诺丁汉的一座小山上扯起一面王军旗帜，那是国王公然向议会宣战的信号！从此英国进入内战时期。内战进行到第六个年头的时候，查理一世在一辆马车上被俘获；接着被送到温莎城堡的行宫里，同一天，议会决定将他交付法庭受审。

约翰·库克就是在上述情形之下，接受了那一纸议会担当评审官的命令状的。

他没有丝毫犹豫就接受了这一纸命令状。他内心里充满了激动，却也略有忐忑。他想起了什么？想起了童年时代，听大人们讲的他们肆意谩骂的检察长，以及那充斥着交叉询问的整个滚滚滔滔语言洪流。"我也要运用法律的一套语言系统了——不过，我必须谨慎行事。"他一边叮嘱自己，一边在任上做了一番表态性的发言：

　　"我欣然接受你们交付给我的这项使命，它如同从天而降的召唤一般。我的理性思维远不如我的同行们；但我认为唯有两样原因能让一个哑巴能说会道：那就是良好的动机以及公正的审判……我深感荣幸，因为上帝在众多博学的律师中选用了我这样一个毫不起眼的人。为要大大彰显他的心意（许多时候属于人的因素越少，上帝的荣耀越能得到彰显），我如同参加婚礼一般欢喜快乐地上路了。"

　　库克清楚，自己与其他那些最先作为查理案件的律师和议员不一样，他们都拥有财产，属于清教徒，而且有男爵爵位，只因他们的祖先正是曾经逼迫约翰国王（King John）签署《大宪章》的人。他们的信仰和财富给了他们勇气去反对滥用法律的君主；当然，他们并没有要求建立共和体制的要求。他们从来没有想过，英国除了国王还能由谁来统治呢？他们坚守的原则就是国王应该受到议会的牵制，并严格遵守普通法的规定。

　　不管公诉如何措辞，查理对自己的人民发动了战争是历史上不争的事实。下议院正式通过的"法案"在事实上（防止他发动新暴动、叛乱和侵略）和理论上（不再给予君主豁免）都赋予了审判以合法性。"法案"的前言恰如其分地论述了军队和独立派一直以来的不满和义愤：

　　"现任英国国王查理·斯图亚特诡计多端、老奸巨猾，路人皆知，阴谋破坏这个民族古老的基本法和自由，取而代之以独裁专制政府。他用武器弹药，在这块土地上对议会和整个王国发动了一场残酷的战争，导致遍地荒芜、国库耗尽、贸易萧条、成千上万人民死于非命以及其他数不清的恶果——所有这些严重叛国的罪行，足以将查理·斯图亚特定罪以警戒后来者，因其实乃罪有应得。"

这个宣告几天后在库克的控诉词里被引用，它不仅明确了查理为了进一步攫取绝对权力而指挥大屠杀，构成极度滥用权力的行为，也阐明了不得不起诉查理的理由，即结束国家元首不受审判的传统，从而使罪责相适应，并预防未来的君王有破坏人民自由的企图。否认日后"行政长官"的豁免权具有特殊意义——从此以后，国王主持大政时头顶的神授光环及君主豁免权都将不复存在了。

尽管查理一世确实顽固、自私、不可一世，但问题是库克能够证明他的行为构成犯罪吗？他具体违反了哪部法律或者哪条普通法的禁令？对此，库克的结论是，鉴于被告的指挥责任，他完全可以被称为"暴君、叛国贼、杀人犯、英国人民公敌"。

但是，查理毕竟老奸巨猾，在第一次开庭时，他就利用了法官布拉德肖的犹豫和缺乏经验，为自己做了有力的申辩：

"记住，我是你们的国王，是法定的国王。仔细想想，你们企图审判国王，这是多么大的罪恶啊。记住，上帝才是这片土地上真正的审判官，我说在你们犯下更大的罪之前，你们真该再仔细想想……况且，我的权力是上帝所托付的，这是古老的合法的世袭权利，我决不会违背这项托付的。我也不会对新的非法权威做出回应，这违背了上帝对我的托付：所以你们要先告诉我你们的权利来源，否则我无可奉告。

"英国从来都不是一个选举制的王国。国王是世袭的，已经有一千多年了。你们得告诉我你们传我来究竟有何依据，比起在座的审判我的所谓的法官，我更为名正言顺地代表我的国家的人民的自由。因此我先要知道是依据什么合法权利把我送到这里，我才好答复，否则我无可奉告。"

在第二次的开庭审判中，查理恼怒得险些将手杖朝库克的肩膀戳过去，库克涨红了脸，但他迅速平复了自己的情绪，镇静地说道：

"尊敬的诸位法官，上一次开庭时已向被告席上的这名犯人宣读过控诉书，并请求他答复。犯人未予答复，这等于对本高等法庭的权力提出了异议。鄙人请求法庭引导犯人做出正面回答，不管是承认罪行还是否认罪行。如果他仍拒绝答复，将视为被告自动承认本人控诉书中所说事项，并等待法庭继续秉公裁断。"

在公诉词正文的最后一段，库克，这位勇敢的检察官最终宣告了国王的命运——实际上，他也连同自己的命运一并宣告了：

"本人约翰·库克代表英国人民控告的查理·斯图亚特的叛国阴谋和其他罪行，从而构成暴君、叛国贼、杀人犯和英国人民公敌的罪名，并且请求法庭责令英国国王查理·斯图亚特对上述各点一一进行回答。由此所引发的一切程序、检验、审讯、刑罚以及判决都应当是符合正义的。"

[署名：约翰·库克]

"人民审判国王"——这一事实实乃破冰之举，当时的时局远非万事俱备，审判者未有充分准备，也不可能充分准备；而世袭的国王呢，也对最坏的后果完全估计不足。他心里真的是这样想的：一个没有君主的国家，人民不会觉得缺了点什么吗？况且，笃信基督教的子民们真的敢于颠覆身上覆盖着上帝之光的国君？——对于后者，库克等人在《旧约》里找到了耶和华不允以色列人立王的反证予以驳斥；而关于前者，则非得有"虽千万人吾往矣"的气魄的人，以及"我不下地狱，谁下地狱"的胆量才行，也才能说出这样的话来：

"国王必须得死，君主制也必须和他一起灭亡！"

3

这绝非简单的一报还一报的恩怨复仇！

1649年1月27日下午时分，庭审最后一天，布拉德肖法官作了长篇庄重的发言，最后他严峻而坚定地指出：国王在统治期间，如何竭力破坏法制、推行暴政；他如何从统治一开始就试图摧毁国会，使之屈从于他的图谋；他如何挑动反对国会的战争，并利用他的恐怖武装妄图永远阻拦国会行使其职责；在这场他所掀起的战争中，成千上万的英格兰人民丧失了他们的生命。发言结束后，布拉德肖不容国王狡辩，责成书记官宣读判决书：判处死刑，斩首。顿时，全体法官起来，表示一致同意。

公审结束，国王眼看自己的命运已定，力图垂死挣扎。他歇斯底里又语无伦次地对着布拉德肖喊道：

"阁下，你再听我一句话吧？!阁下，请允许，我是可以在判决后讲话的！请准许我……

"那个判决，阁下，……我说……阁下，我……我……"

警卫们在布"肖"把犯人带走拖下去！"的厉声命令下围了上来，强制性地把国王从平台上拉下来，拖曳着朝大门走去。在行经通道时，有人把燃着的烟斗扔在他的脚下，把烟喷到他脸上。直到他坐进安放在门口的单厢马车时，还有人走近来高呼"审判！处决！"

在这阵阵胜利高呼的声浪中，也有人喃喃着："上帝拯救陛下！""上帝祝福于你！"可这声音是那么的轻微、苍白和无力……

1月30日，根据最高法庭签署发布的死刑执行令，国王查理一世在伦敦白厅前的断头台上，当众身首异处，结束了他的生命。

11年之后，1650年1月1日，库克受克伦威尔之托，带着妻子乘破

烂军舰赫克托尔号前往爱尔兰进行司法改革的旅程，海上遭遇风暴，在
众人失去信心时，库克却恍惚间梦见与耶稣的对话：

主正色问："但是你为什么不愿意死呢？"
库克脱口而出："因为我死了，就不能在世上弘扬圣训了！"

结果，一船人果然躲过了那次劫难。

库克就是这样，他的工作不愿意为自己的"后路"过多考虑，在当
时爱尔兰适用简易审判的过程中，他竟然创下三个月内连续判决600多
个案子的奇迹——平均每天裁定七个案件！

在查理一世走上断头台的五年之后，帝制实质上复辟了，克伦威尔
当上了"护国公"；11年后，斯图亚特王朝复辟，查理一世的儿子查理
二世为父复仇，对作为所谓"弑君者"库克进行了报复式审判，在杰弗
里·罗伯逊《弑君者》一书中有详细记载，在那里可以读到库克对于自
己辩护的设计思路，不难看出，库克还是希望自己能够活下去。但是，试
图在一个肆意践踏法律的体制中，要用法律手段护卫自己的权利，那简直
是一种奢望；即使在他希望死后财产能够保留并作为妻女的生计来源也同
样是一种奢望——查理二世将它作为对复辟有功之臣的奖赏处置了！

尽管不能生，库克也未选择靠乞求来偷生，而是用自己的专业知识
为自己辩护，但是，1649年式的审判情景不会再来了——国王还被允
许抗辩和交叉询问，而当重回王座的儿子对所谓的"弑君者"们进行清
算的时候，库克们只有几分钟的时间用来认罪或拒绝认罪——两种回答
的结果实际上并无不同。之后，"弑君者"被施以酷刑，然后大卸八块，
其情其状惨绝人寰……

同库克同时受审判走上断头台的还有多人，其中有位克伦威尔的私
人牧师休·彼得斯，他在审判查理一世时，为统一人们思想做了很重要

的布道；现在清算中轮到他了，他被定刑时的反应却让人失望，十分懦弱——这时神已然离他而去了，他只得以酒精来麻痹自己；然而，当他目睹完对库克残酷的行刑，突然勇气又回来了，他对郡长说道：

> **"你刚刚在我的面前杀死了上帝的一名仆人，你想使我害怕，可是上帝已经赐予了我勇气。"**

说罢，他独自走上台阶，低声祷告后，微笑着跳下了绞刑架。
而查理一世最后留给世间的话是：

> **"我会饶恕整个世界，甚至是那些置我于死地的人。上帝知道他们是谁。我自己不想知道。我祈求上帝赦免他们。"**

有人认为这样的"浪漫之语"纯属逢场作戏，笔者无法苟同，因为这抹杀了这话更深层的含义，就像查理一世在不同场合多次警告他的对手"小心你们现在所做的""记住，我是你们的国王"，话中的威胁之意固不足道，但是英国人亦当反思：我们做好没有国王的准备了吗？军队是受国王之害最深的，内战造成了十多万英国军人的死亡，占总人口的比例甚至超过了后来的两次世界大战！所以他们在法庭上高呼"正义"，声援审判者们，大有庆父不死、鲁难未已之势，而他们的对手，元老院和形形色色的保皇分子，也组成了实力强大的后援团。在这里，我们又一次见到了历史必然性与偶然性的碰撞：如果国王在软禁期间收敛一下自己的强硬，如果他愿意接受一位辩护律师的服务，如果公开审判能排除更多的场外因素……还有，如果没有约翰·库克的存在——正是这位出身卑微却无所畏惧的律师在别人退缩的时候站了出来，全力促成了对国王的死刑判决。

约翰·库克牺牲了生命，从而使"暴政"成为一项罪名。他对查理一世的审判，开启了审判对自己的人民发动战争的国家元首的先河，是历史以后对皮诺切特、米洛舍维奇、萨达姆·侯赛因之流进行审判的先例。而记录这场审判《弑君者》则是理解当下全球许多大是大非问题的一把钥匙，一本启示录。

库克没有逃避这个历史使命，尽管这个决定使他的名字在此后的三百年间，成为被刻意回避的符号。因为历史的前进总是进两步，退一步的，现在，终于轮到有人重新挖掘出这段被尘封太久的历史，浓墨重彩地书写了一段箴言：

"国王必须得死，君主制也必须和他一起灭亡。"

到了1689年，英国人绕了一大圈回到原地，主动迎威廉二世夫妇回国为君，不过有两具血躯长眠于地下，一个国王一个检察长，大约是两个挥之不去的魂灵的启迪吧，这一次，英国人终于想到要跟他们的威廉"约法三章"了，于是这才有了所谓"光荣革命"的美名——可它真的不够那么光荣啊，它的身后，实际上有两具对立的魂魄啊。

无论如何，这也算得上是那"进二退一"中的一步了，不然，人们怎么会将那种以"保守、妥协、温和、玫瑰色的避免激烈争斗"等等词汇，当作一种大智慧来看待呢？毕竟，不流血的"革命"——如称得上"革命"的话，是一种可以供奉于"圣经"一样的经典中的箴言，它促使人们在回顾过去的时候，牢记住一句模仿库克的名言：

"国王可以死，但库克必须下地狱！"

三、上帝的福音，伟大的传道人

——影片《奇异的恩典》及其议会辩论

Amazing grace，how sweet the sound that saved a wretch like me…

一个名为艾萨克的中国留英学生，在一次参加英国朋友的Party时，听到大家一齐唱了这支乡村歌曲；他听来十分耳熟，一问，才知道这歌名为《奇异的恩典》，英文名是Amazing Grace。他显然有些摸不着头脑，那个grace原意为是优雅、优美之类啊，怎么给译作了"恩典"啊。英国朋友告诉他：词语都这样，入乡随俗吗！在具体的语境之下，完全可以理解为上帝对人类的慈悲、恩宠的，你看了这部同名的电影就会明白所以然，朋友说，其实影片也有译作《天赐恩宠》的，并称影片说的是解救黑奴的事儿。

——什么？《天赐恩宠》！艾萨克在国内时，看过一部电影，名字就叫《天赐恩宠》，但里面讲的是一位叫雍措的西藏牧女，救下一个二战时"驼峰航线"的美国飞行员罗伯特的传奇故事。据说，其中配曲的旋律，与这部《奇异的恩典》何其相似乃尔！

由于忙于学业，艾萨克很快忘却了这件小事。直到2006年6月，一天他从网络新闻里看到，一位37岁的基督徒安德鲁·霍金斯，来到非洲的冈比亚，他身上绑着铁链，跪在两万五千名黑人面前，为着自己的祖先掳掠贩卖黑人的罪行道歉——那是在四五百年前的1562年，他的祖先约翰·霍金斯，成为第一个将非洲人贩卖到了大西洋的英国人。

他为这消息而深深震撼了。可周围的人，却有的说安德鲁纯粹是在"作秀"，有的称这是现在的综艺节目的时髦现象——他们经常用一种故意安排或表演，去提高收视率。但是，不久，国内的一些砖厂蓄养奴工、河南某干部蓄养多名女奴歌手等事件曝光，又传进了艾萨克的耳中，他震惊于事态的恶劣，于是，他赶紧去借来电影的录影带，与女友躲在小屋内，看了一遍《奇异的恩典》——这回，让他更为惊叹了：以往，只知道美国有黑奴问题，为此还干了一场大内战，英国原来也有这样的问题啊……

1

的确，许多人像艾萨克一样，是看了影片《奇异的恩典》后，才知道英国当年也面临黑奴问题的。影片讲道，一个名叫约翰·霍金斯的英国人，随着以贩卖奴隶掘到第一桶金以后，在二三百年间，英国人便很绅士地参与到了那场遍及世界的贩卖黑奴运动之中，而黑奴也给英国带来了廉价劳动力，促使了英国经济高速发展；而同时，黑奴也大批大批不为人注意地死亡，这是违反进步的英式人道主义立场的。在有识之士的带动下，英国掀起了一场废除贩奴的运动热潮。电影故事讲的就是当年在英国议会中，存废奴隶的两派议员如何针锋相对地辩论、演讲，让人体会到什么叫作"民主"的。

当约翰·牛顿从奴隶贩子成为基督徒时，他无法忘记船上两万名奴隶的灵魂，在忏悔中写下了著名的诗歌《奇异的恩典》。在电影中，年轻的威伯福斯去见在教堂扫地的牛顿，牛顿告诉他，应当趁着年轻，去完成应该做的这件事情。此话给了他以巨大的刺激，促使他写下《废除奴隶请愿书》，说服英国议会在维也纳会议上，向欧洲各国要求废除奴隶贸易。在英使的斡旋下，各国答应了五年内禁止奴隶贸易。整个议会欢呼雀跃，庆祝这一伟大的外交胜利。威伯福斯一人却伏案痛哭，令全场尴尬；他站起来解释说：

"非洲还在流血，五年内谁知道法国又会发生什么革命……难道我们的胜利，战争中牺牲的无数生命，就是为了纵容法国和各国维持一个罪恶的制度吗？……我绝对不会在同意书上签名，我愿以我的余生亲尝黑奴的痛苦，而非在这样的欧洲和平书上永远留名。"

——原来，威伯福斯是不满足于延迟五年的决定啊。消息传出后，他感动了英国民众，议会在十天内收到了 25 万封请愿信，一个月内收到 150 万封请愿信，而当时英国的总人口不过才 1200 万。英国的全部 806 个乡镇，包括最偏远的乡镇都有人来信，要求英国向各国提出"立即"禁止奴隶贸易！

在影片中我们还看到英国议会的运作实际情形。即使是维护黑奴制度的议员，其实也是为了自己或国家的利益，绝对不会蛮横无理，无理取闹，而是与反对派讲证据，讲道理。他们尽管完全不同意对方的观点，但依然给他说话的权利。当影片的主角威伯福斯说出自己的证据之后，他们也不是一棍子打死，而是会顺着他的思路，然后做出判断。当然，他们的思考是建立在自己利益的基础上的，大多数人会反对。但有一些善良的人也出面站在威氏一边。靠着这样的一点一滴的积累，最终威伯福斯从少数变成了多数。

那场辩论是激烈的，但也是有序的——人人有开口的机会，于是废除黑奴制度也就有了机会。这就是语言的魅力，辩论的精彩之所在。

2

人们常说"教学相长"，艾萨克跟女友观看的一个好处就是"观影相长"——凯特结合着影片的情节，给他介绍了好多英国议会辩论的情形，他不禁为自己有这样好的情侣而感到满足。

凯特告诉艾萨克，英国议会制度的起源，可以追溯到13世纪，迄今已有800多年的历史。从"议会"（Parliament）一词来看，它应该和"牛津条例"有关。1258年，国王亨利因为干预意大利战争，不顾农业歉收和饥荒，要求贵族缴纳三分之一的收入作为军费，激起了贵族的不满。国王亨利三世的表兄弟、妹夫西蒙·德·孟福尔男爵带领武装士兵闯进王宫，迫使亨利同意召开会议签订限制王权的《牛津条例》。根据《牛津条例》，国家权力由贵族控制的十五人委员会掌握，为此引进了新的专用名词"Parliament"，这个词出自法语，意为"商议"，后在英语中表示议会。

《牛津条例》规定，国王非经议会同意不得做任何决定。在亨利三世统治时期，僧俗贵族出席的大会已渐有议会之名。但是国王不甘心权力的失去，经常挑起事端。1264年，孟福尔男爵依靠贵族、骑士和市民的支持，在和国王的交战中战胜并俘虏了国王。次年1月，孟福尔以摄政的名义，根据《自由大宪章》（1217年）的规定，召集会议，史称"大会议"。英国议会的雏形由此而始。作为封建贵族的代议机构，大会议以5个伯爵和17个男爵为主体，每郡再派两个骑士和少数低级教士，若干大城市也派有市民代表参加。不过，当时的议会还不能同近现代意义上的议会等同。

影片中，开头的一场议会辩论，威伯福斯因为缺乏经验和准备，遭到嘲笑，处于下风，没有几个人赞成他提出的禁止贩卖奴隶的观点。

艾萨克问："为什么英国的议会辩论如此热烈，似乎有吆喝的敲打器物的，显得有些乱糟糟的样子？"

凯特笑了，说："你看到的是下议院的辩论。英国议会设在威斯敏斯特宫（议会大厦），辩论也在该大厦内举行。它的南半边是上议院，即贵族院，陈设布置以红色为主，显得比较华贵；而北半边才是下议院，又称众议院，装潢以绿色为标志，你看，那些议员的座椅不都是墨绿色的吗？上议院的会议厅长，正面坛台上有英王宝座，坛台前是上议院议长的座位，座位上的坐垫是一只羊毛袋，据说那只袋子已有400多年历史，并且同英国靠羊毛工业起家的历史有关。在议长席两侧，各有四排红皮椅，为上议院议员席位……"

艾萨克问："那么，上下议院，哪个权力更大些？"

凯特答道："当然是下议院了。上议院的决议只供政府参考，这跟它的议员是指定的有关。一个决议能否实行，完全要看下议院的表决。你看，影片《奇异的恩典》中，辩论就是在下议院的会议大厅举行的，它在规模、装饰上都要略逊于上议院。大厅正中通道北端的一把大座椅为议长席，右边是执政党议员坐席，左边是在野党坐席。内阁成员和反对党成员分别坐在两厢的前排，称为'前座议员'，其他则是'后座议员'。"

艾萨克笑了："难怪，它的辩论显得那么热烈而紧张……原来一个议案由下议院的辩论说了算数！"

凯特说："下议院的辩论发生在执政党和反对党之间，有时第三大党自由党也进来凑热闹。辩论的时候各党议员唇枪舌剑，互不相让，尽管有时在心里对对方恨得咬牙切齿，表面却决不表露，保持彬彬有礼的绅士风度，而不会像日本、意大利国会那样，演变为议会中的人身攻击。历任首相下台之后，都会封为爵士，进入上议院，不过上议院议员要是想进下议院，就不是那么容易了，首先他要辞去在上议院的资格，也就是说辞去爵位，才能经过选举进入下议院……"

影片继续，讲到威伯福斯后来改变策略，将主要精力用在收集证据上，用在让更多议员看到贩卖奴隶的不人道之处；还有带领贵族们参观马达加斯加号贩运奴隶的船只等，通过多方面工作，揭露了贩隶的罪恶。

凯特走后，艾萨克从 Google 中查了查英国议会的辩论规则，方才明白：原来，英国议会有"议会之母"之雅称，它不仅开了世界议会制度的先河，而且它的基本制度也为世界多数国家所效仿。英国的下院（平民院）大会辩论的特征是辩题集中、态度鲜明、时间限定。对议案的审理无一不采用辩论的形式。除立法之外，监督政府、讨论时事，也都采用辩论方式。其辩论在大会主席主持下进行，立法辩论、非立法辩论在程序上都包含下述几个步骤：

"动议→正、反方首席议员先后发言→正、反方其他议员轮流发言→正、反方代表总结→表决（需要时）"

这也是为绝大多数国家所采用一种辩论规则，其特点是：第一，全院大会的发言阶段，先由主席决定议员们的发言次序，同时间段内只准许一位议员发言，这是辩论秩序的基本要求。如果因辩论激烈，一些议员不经主席准许而同时起立发言，造成混乱，这时主席要厉声警告；拒不接受者而继续擅自发言的，将会遭到主席的点名。第二，后座的议员一律就地起立发言。第三，发言的议员可以看事先写好的情况要点、统计数字等，但是绝对不能照本宣科地念稿子，因为举行辩论的目的就是要让各议员针对别人说内容去发言，那种念一通事先准备好的讲稿，也就很难互相交锋和辩驳了，这就无异于远离了辩论的真谛。第四，发言中涉及其他议员时，不得直呼其名，而应称其为"代表××选区的尊贵的议员"。第五，每场辩论的总结阶段，由政论的前座和领衔，反对党前座的议员中各出一人，代表己方做总结发言。

从这些具体规定不难看出，英国议会辩论就是那种议论型议会制的议会（Legislative arena），它实行的就是政治争论的场所，奉行的是"议会至上"的原则，所以，辩论形式才既有规则又能广开言路，保证了真正的言语交锋。议员分别坐在两边，代表不同的立场；议员们对发言人的观点表示赞同时，会站起来呼喊"YEA"（赞同）或者"NAY"（反对），更有甚者敲打椅子背，这样，整个辩论就给人一种气氛热烈又不失秩序的感觉了。

在《奇异的恩典》中，正当众叛亲离的时候，威伯福斯的朋友比利抱着一捆签名的羊皮卷急冲冲地向着大厅跑来，然后展开这幅签名卷轴。

> 利物浦议员："……风自然从非洲吹来，那航道仿佛被上帝祝福；另一个支持奴隶贩卖的观点是，纽芬兰的捕鱼业全靠西印度的奴隶，把雨不适合人吃的部分吃掉才能赚钱。（全场哗然）"
>
> 威伯福斯："我觉得这位议员再勉强挖掘反对的理由的话，恐怕会把鼻孔都抠出血来。（众笑）那么，容我再说一下我的观点……"
>
> 利物浦议员："作为繁荣兴旺的商业城镇利物浦的代表，我得向议院重申我们并无证据，证明非洲人反对奴隶买卖。（欢呼，敲打桌凳声）我手上有一位加塔巴先生的记叙，他指出，多数西印度群岛的奴隶，都拥有舒适的小花园，养猪和家禽，而在利物浦有很多贫困人家都没他们富有。正因为这样，除了几个四处游荡的教士和医生外，一般的英国普罗大众都不会为奴隶的事儿操心。"
>
> 威伯福斯："这位利物浦的议员先生，你想看到人民对此事关心的证据吗？在过去的一年，我和我的游荡的教士朋友，正好找

到这些证据。我们在全国大城市请愿，要求废止奴隶制度，有超过39万人签名支持！（他将那捆羊皮卷轴"哗啦"一下在地板上铺展开来）不过，这请愿书还未完整，还有一个人想加上他的名字……"

这时，有人拿着鹅毛笔管来，威伯福斯示意理查斯勋爵老议员过来，签名——

　　塔莱顿议员："议长先生，我请求休会，以检验请愿书上的签名是否真实！（理查斯签名后平静地回到座位上）这位议员先生平静地拖延时间的态度，令人非常愤怒，议长先生，他不肯退让吗？"

　　威伯福斯："难道非洲的凄凉景象有停止过吗？"

　　议长："够了，先生们！"

　　威伯福斯："死亡有停止过吗？"

　　塔莱顿议员："你把请愿书带到议院来……"

　　威伯福斯："议长先生，我们不能……"

　　塔莱顿议员："你以为这国家是由暴民统治的，而非由统治者管理的吗？那纸卷有叛乱的嫌疑！"

　　威伯福斯："你叫嚷得再大声，也掩盖不了人民的声音！"

　　塔莱顿议员："人民？"

　　议长："现在暂时体会，以检验请愿书！"

按照议事规则，一般情况下，在同一场辩论中，一个议员只有一次发言机会；而且可将其发言时间限定在10分钟之内。显然，这一规则旨在使尽可能多的议员得以参加辩论；但是，经大会准许，已发言的议

员可再次发言——影片中为了表现力以及效果的需要，显然突破了这样
的规定。

3

再次见到凯特时，她捧着一本书给艾萨克，一翻，是中文繁体字版
的《兄弟相爱撼山河》（*The Mounts Tremble at Fraternity*）——书的副
标题便是"威伯福斯和克拉朋联盟"（Clapham Sects）。

凯特说："这原是一个台湾留学生的书，我第一次接触中文，就是
从这书上！"

艾萨克："啊，是繁体字，你真不简单，一开始接触中文，就往最
难的地方……攀登！"

凯特奇怪地说："怎么，你不认识繁体字啊？"

艾萨克不好意思地脸红了。

**"这倒不用发窘，威伯福斯和克拉朋联盟，本是发生在英国本
土的事，我们也差不多把它给全忘了！你看看吧，会更深地理解那
部电影的！"**

书中讲到威伯福斯的经历。原来威伯福斯出生在英国一个富有的
银行世家，1776年剑桥大学文学系毕业，在学校时擅长打桥牌，为打
桥牌可以通宵达旦不睡觉，曾被称为"英格兰第一牌客"。在1780年，
因着好友皮特（William Pitt）的鼓励，选上了议会议员。他是个雄辩
家，虽然个子不高，身材瘦小，但是思想敏锐、声如洪钟。他后来与剑
桥大学教授米尔纳（Issac Milner）一同游历欧洲；在旅途中，因为和
人辩论信仰问题，还一度查考了圣经。他当时写道："信仰的真理对我

来说已经变得很清晰，我愿意接受耶稣的救恩，即使现在有人告诉我，死后会沉沦下地狱，我仍要在地狱中喜乐。"信了耶稣后，他也曾轻看议会的工作："议会像是诺亚的方舟，里面都是野兽，没有几个真正的人。""我非常难过，我相信一般人不会有这种苦恼。我无法思考，离群索居，终日失魂落魄……如果我要成为基督徒，就必须照基督的吩咐行事，那我将在政治圈中成为一个怪人，甚至失去朋友与前途。政治是我的尊严，但基督是我的生命。"

带着这种矛盾心理，在他想放弃政治生涯时候，他拜访了著名诗歌《奇异的恩典》的作者约翰·牛顿（John Newton, 1725—1807）。约翰·牛顿劝他留在议会，为废除奴隶制度而努力，并为他祷告："我盼望并且相信主耶稣高举你，是为了他的教会与我们国家的好处。"这番话打动了他，威伯福斯决定留在议会了。为此他写道："一个基督徒不爱世界，并不是以逃避世界来证明自己的不属世界，而是进入世界，活在人群中为耶稣做见证，并且义无反顾。"

威伯福斯是在1788年提出"禁止贩卖奴隶法案"的，虽然无人喝彩，乏人支持，但他并不灰心，耐心地逐渐聚集一批同心合意的议员定期讨论、祷告。奴隶制度的存在，牵连政治经济之广，深入社会文化之深，迫使他制定出废除奴隶制度的三个阶段：废除奴隶贩卖、禁止国际奴隶贩卖与解放现有奴隶。

1824年，威伯福斯终于从议会退休，他在离开时发表演讲说：

"我已经打过了漫长的争战，面对了许多政敌，历经欺骗与毁谤的风暴，学习了许多宝贵的功课。多年来在废除奴隶上的努力，我仿佛已经看到了成功的彼岸。我把自己的一生深深地埋入政坛，因为，每一天我们都是这个时代的见证人。当我人生的光辉渐渐褪去时，我看到的是更多、更亮的太阳升起来，更多、更亮的光焰照

耀出去！"

直到1833年7月25日，议会才通过"奴隶解放法案"。威伯福斯说道，"我感谢主，今天我可以活着做见证，英国愿意为了黑奴自由，付出两千万英镑。"仅仅过了四天，威伯福斯就因病去世了。

威伯福斯毕竟可以长眠了，因为，美国人为了废除奴隶，打了五年南北战争，死了60万人。但威伯福斯与他的朋友们在欧洲废除奴隶，没有战争，也没有伤亡，这就是议会辩论创造的奇迹，何等的伟大，何等的智慧！其中，他组建的"克拉朋联盟"（Clapham Sects或称为"克拉朋圣徒"Clapham Saints）也是个关键，该团体是教会伸入社会改革的一只无形的手，社会、经济、政治的问题千头万绪，相互纠葛。他们以属于神的智慧，提出几种重要的做法：成立"国立艺术馆"（National Gallery），宣传上帝创造并展示各种动植物；成立"信托储蓄银行"（Trusting Saving Banks），倡导穷人的经济改善要从储蓄习惯开始；倡导"廉价书物"，改革教育，以每本1毛钱的低廉售价卖给大家……威伯福斯还与"克拉朋联盟"去海外大力布道。电影里，他唱着《奇异的恩典》走进议会，也唱着这支歌，走向更为广阔的乡村和城市——

"奇异恩典，何等甘甜，我罪已得赦免；前我失丧，今被寻回，瞎眼今得看见。如此恩典，使我敬畏，使我心得安慰；初信之时，我蒙恩惠，真是何等宝贵。"

艾萨克无形中也喜爱上了这部影片，在第二次观看时，由于有了《兄弟相爱撼山河》垫底，他对威伯福斯特有的基督教精神和态度有了进一步的理解，看得也更专心了。当看到威伯福斯在影片中几次辩论，他禁不住录下音来，作为自己模仿的标准，一方面借此提高英文水准，一方面借以对这位英国本土的"非暴力主义者"致意——

[内景。下议院在辩论。]

反对派议员托马斯顿："我经过详细的考虑和咨询，我是支持废除奴隶买卖的，毫无疑问，这种以人类作为货物的买卖毫无光彩，对本国的声誉有害无益。不过，我也赞同另一位议员，来自利物浦议员的意见，如果明天就废除奴隶买卖的话，将严重打击国内很多城市的工业和经济，因此我建议，先设一段反省期……"

威伯福斯："经过枢密院一年半的调查后，再推迟必然发生的事有何益处呢？"

议员托马斯顿："必然发生？才投票这位议员已经点票了。"（起哄）

威伯福斯："我不是那意思……"

议员托马斯顿："如果要废除奴隶买卖，我建议循序渐进。急风暴雨只会把船打翻。这国家绝不能被好心的暴风雨打沉。"（鼓掌，赞成者甚众）

[外景。威伯福斯与朋友们在一起讨论。]

汤玛士强调："革命是一种选择，美国打开了魔瓶，从波士顿燃烧到巴黎，现在轮到伦敦了。"

威伯福斯却认为："我效忠国王，不许在他面前再提革命。"

女友芭芭拉劝告："我早就知道，你的方案被轻易否决了。艾昆诺……死在病床上，汤玛士·卡逊躲在荒山小屋子避风头，理查斯·霍士静观其变，贵格会教徒继续写信，没人回复。这就是你的故事的结局？不，那不是结局。黑夜过后是白昼。现在我们在与法国的战争中占了上风，人们不再那么害怕了！（因占据不敢讨论国内政治问题，被诊断是叛国）他们不再害怕时，我们就能打回同情心！"

[内景。支持威伯福斯议案者在开会。]

　　托马斯·克莱克逊在讲话："我在海地听到一个女奴被鞭打，但她对女儿说：有个人会远渡重洋来拯救他们，他就是'威伯福斯王'！诸位，这次我们不能再让他们失望啊。……我们把这些议案带到议会，他们会同情关心，但结果仍然会被否决，跟以前一样。我在法律书籍里找到些东西，可以为我们的策略参考——Nosus DeciSpio，这是拉丁文，翻译的意思'我们作弊'。"

[外景，高尔夫球场。]

　　首相比利在打高尔夫球，威伯福斯和詹姆斯来到说出了那个"作弊"的计划："今年我们决定不再提出那个议案了，转而提出货船使用中立国旗帜问题。我们将准许私掠船袭击悬挂美国旗帜的法国货轮。"

　　克莱克逊："这是战争措施，爱国行为之类！80％前往西印度的奴隶船都悬挂美国国旗，以防备被私掠船袭击。如果我们能通过法案，允许私掠船袭击中立国船只，就没有船主敢冒险派船只了。"

　　首相比利："但这只会影响法国船，与英国船无关。"

　　克莱克逊："这正是其精妙之处所在，按照法律它就是中立船，所以英国的奴隶船和法国的船一样会遭到袭击的！私掠船长不会介意从谁的船上抢来，只要合法就行，失去了中立国旗的保护，80%的英国奴隶船马上会终结。"

　　首相比利："我的天！"

　　克莱克逊："首相先生，但我们需要把这议案藏好，把它伪装起来！"

　　威伯福斯："我甚至不会站起来发言。"

　　首相比利："这样也不能完全废止奴隶船。"

　　威伯福斯："奴隶贩子收入大减，不出两年，他们有一半人便会破产；之后我们在议院逐个除掉他们的代表议员。"

　　首相比利："这是谁的主意？"

　　威伯福斯："一个律师。"

　　首相比利："一个反法国同时也反对奴隶买卖的方案——怎么我以前没想到呢？"

　　威伯福斯："你得帮我们找一个明显的爱国分子代我们提出议案。"

[但是，尽管他们做了最大的努力，1791年，由威廉·威伯福斯拟定订

4

　　艾萨克刚看完第三遍《奇异的恩典》最后几个镜头，凯特就闯进来了。

　　艾萨克满面兴奋地说："我正式宣布：威伯福斯是我的终身偶像！"

　　凯特颇为惊讶："可你并不是基督教教徒啊。"

　　艾萨克说："这不要紧，我要学的是，威伯福斯的精神啊。"

　　凯特坐下来，依偎在艾萨克身边，两人一同看了起来。

[内景，议会辩论，反对派议员一边已寥寥无几。]

一个支持废除奴隶的议员（首相买通的）："通常，法国船多在夏拿湾改挂美国旗，并运载当地的糖，再往卡罗来纳州或弗吉尼亚或佛罗里达州，或者纽约甚至波士顿，之后船上的货物被转到另一只船上，悬挂美国旗帜的船再前往法国。目前的情况是，皇家海军和持牌的私掠船，都无权袭击这种船，我的建议是，允许搜查及充公这些所有悬挂美国旗的船，以制止这种法国人及西、荷盟友的敲诈手段……"

反对派莱顿："我相信，废奴主义者在暗度陈仓！"

议长："怎么个暗度法？"

反对派议员塔莱顿："我不肯定，只知道他们在密谋什么事……"

另一议员："这里有叛乱党人。"

支持派议员："叛乱党人？我认为你需要与时俱进了，改变你骂人的用语了。"

反对派议员塔莱顿："我现在要求休会已经太迟？"

议长："当然。现在，你可以让这位议员继续发言……"

支持派："正如我所说的，我的建议是允许搜查及充公所有悬挂美国旗的船，以制止这种法国人及西、荷盟友的欺诈手段！"

[室外。反对派议员塔莱顿出去找同伴议员，才知道去看免费赛马去了；一位同僚说：我给你留了一张，是威伯福斯送的。这话气得克莱顿大怒，将一把椅子砸向他……]

[室内。几年后首相比利病危，威伯福斯去探望他；病床前，他先请仆人们出去。]

威伯福斯："他们对我说你的情况有所好转，比利！"

比利（拉住他的手）："我把冠冕打碎了，是吗？"

威伯福斯："但我们没伤到冠冕下面的头！"

比利："因为我们太英国了！……我已经选好接替我的人……"

威伯福斯："你得撑下去……"

比利说了人事安排："霍士已经得到宫廷的保证，在奴隶问题保持中立。下次你推开的会是一扇打开的门。我很害怕，威伯。"

威伯福斯："害怕什么？"

比利："这一刻，我多么羡慕你的信仰。我已经没有借口了，结束它们吧！"

[又一次下院议会上，开始投票。]

议长："我恳请议员在今次投票中支持在整个大帝国中废除奴隶买卖……"

[议院内，议员们正在焦急地等待结果。]

议长："肃静！废除奴隶买卖法案……点票的结果是：反对票16；赞成票283。"

[两个反对议员垂头丧气。矮胖克拉伦斯：Noblesses oblige。高个头塔莱顿：什么意思？矮胖克拉伦斯：意思是我身为贵族，有义务表扬一位杰出平民的美德。——二位起立勉强鼓掌]

议长："肃静！"（鼓掌人们坐下）

签名议员理查斯勋爵（泰顿勋爵）："当人们在谈起伟人的时候，他们总是想起拿破仑之辈——残暴之人，他们绝少想到和平之人，但比较二位凯旋之时，在家中等待他们的是什么？拿破仑将带着权力，衣锦荣归，达成世俗最高的雄心壮志，但他会被战争的梦魇纠缠一生；威伯福斯则不同，他会回到他的家人身边，安枕床上，一生铭记，奴隶买卖永不复见。"

影片结束了，两个年轻人仍然依偎在激动之中，他们为威伯福斯的那股子坚韧劲头所折服。艾萨克不觉翻出自己收藏的一些《奇异的恩典》的录音版本，找出最为经典的一个，原来是卡洛尔在"一尘不染"中演唱的——完全没有配乐，仿佛天籁之音一般一尘不染。他不觉跟着影片中的苏格兰风笛演奏的曲谱哼唱起来；凯特也很快加入进来，他俩同声低吟着拥抱、亲吻——

Amazing grace, how sweet the sound，That saved a wretch like me!I once was lost, but now am found,Was blind, but now I see.（奇异恩典，如此甘甜，我罪竟蒙赦免。昔日迷失，今被寻回，盲目重又得见。）

四、智慧麇集之地的"所罗门宫"演讲活动
——培根的卓越论述及其声誉之辩

今天，常听到人们讲起所谓"第三次浪潮"，就是说：农业的发明带来了人类社会的第一次技术和文化革命。而科学、技术与工业的结合，带来了人类历史的第二次革命。进入新世纪后，由于信息技术与现代工业的结合，正在把人类推向社会与文化的第三次伟大的革命。

鲜有人知道的是，早在300多年前，英国哲学家培根就已经最早对人类的发展作出了与此相似的一种极富远见的历史预测了。他在其名著《新工具》中指出：农业的发明是人类的第一次革命，而依靠把科学应用于工业，正在导致人类文明的第二次革命。而当时欧洲的资本主义产业还处于萌芽的初期，中世纪宗教的枷锁还在严重地禁锢着包括英国在内的欧洲社会。此外，培根也是著名的演说家。他在《所罗门宫》中对演讲提出了许多新的观点，颇值得今人借鉴、玩味。

在中国人中，却有人认定培根其人有道德上的某些缺陷，被冠以"卑鄙而杰出的哲学家"的帽子；也有人认为，国人引以为豪的四大发明，最初是出自培根之口。这，到底又是怎么一回事呢？

1

弗朗西斯·培根是处于几乎和莎士比亚同时代的人，甚至人们在争论莎士比亚真伪的时候，也有一种主张是认为，莎士比亚作品的真正执笔者应当是培根。当然，我们尽可提出各种假设，但不可否认的是，弗朗西斯·培根是英国文艺复兴时期最重要的散文作家和哲学家。同时在自然科学等多个领域中，也取得了重大成就。培根是一位经历了诸多磨难的贵族子弟，复杂多变的生活经历丰富了他的阅历，随之而来的，使他的思想成熟，言论深邃，富含哲理。

有人认为培根的科学帝国主义理想，是以冷酷无情地忽略人类生活的具体意义为代价而实现的，但是，通过他写的《新大西岛》一书，人们自会觉得，事情并非通常理解的那样简单。至少，人们不应当忽略培根借以表达他的"科学帝国主义理想"的"所罗门之宫"的设想。

从《圣经》中我们知道，所罗门王是古代犹太国王大卫的儿子，他在20岁登基后，于梦中向上帝祈求智慧、财富、美德以及无尽的荣耀，他在王位的40年间，所罗门真的做到了靠智慧征服国人的心，迎回了上帝存放圣谕的"金约柜"，凭借"智断亲子案"那样的智慧，使他在位期间还创造出巨大的物质财富，建造了著名的犹太教圣殿，修筑了豪华的王宫和坚固的城墙，建立了两支舰队，并且组建强大的海军。此外，他也拥有美好的爱情，他与示巴女王甜蜜浪漫的恋情传为千古佳话。

到了17世纪初，弗朗西斯·培根就以《新大西岛》之名，构想出了那个所谓的"所罗门之宫"的科学殿堂。这是由科学家、知识分子构成的一座科学院，集议会、科学家协会、宗教教团、伦理委员会于一身，也是一座麇集了所有知识分子，在其中潜心从事科学研究的工作场所。可见，培根很早就意识到，科学家之间进行科学交流、合作的重要性。同时，"所罗门之宫"的委员会成员，还可以直接决定某项重大的科研成果，由于其潜在的对公众的危害而不得在社会中推广；或者反之。

培根借这篇所罗门宫元老的"演说词"，阐述了"新大西岛"这个理想的乌托邦国家的雏形：政府的成员都是些地质学家、生物学家、物理学家、化学家、建筑学家、心理学家、社会学家、经济学家、医学家、哲学家等。他们分布的"所罗门宫"，实际上等于一个"教团"，或者一所规模极大的科学学校。它的基础是科学研究，主要的工作是实验，基本的研究方法是归纳法。

有趣的是，他还具体设计了所罗门宫的构造：两个长廊，两边分别陈列着各种特别新奇而有价值的发明的模型和样品，还有主要发现者、发明者的雕像。所罗门宫也进行宗教活动，有赞美诗和乐曲，每天歌颂和感谢上帝的奇妙创造，恳求主给予帮助，赐予幸福，使劳动更辉煌，事业更神圣。所罗门宫的人员还要巡视和访问全国的主要城市，通报新的发明，预告自然疾病、瘟疫、虫灾、饥荒、风灾、地震、洪水、彗星，一年四季的气候和其他各种事情的可能到来，并指示人们如何进行防御和救治。

奇特的是所罗门宫里的演讲，培根不想以亚里士多德"论文体"的正统方式来表达，他认为，每个问题都可能存在多种答案，而每个答案都在一定程度上包含有猜测的成分。所以，非常重要的两点是：第一，演讲者，即所罗门宫元老的身份；第二，演讲的这种公共表达方式，它应当包含各种可能的、综合的因素，以及其历史概述、未来构想，它应当非常有利于探讨和解答学术问题，也是他所乐于利用的"新工具"。

培根关于所罗门宫的设想在历史上是独树一帜的。他从全面改造人类知识的理想计划出发，根据他的百科全书式的知识体系，提出了一个在"新大西岛"中所表现出来的令人神往的理想教育方案。这从根本上动摇了经院哲学的统治地位，增强了人们对科学在社会发展中的作用以及科学对今后社会的发展。虽然只是一种设想，但随着《新大西岛》的发行，一个约12名科学家的小团体便立即成立了，当时称作"无形学院"。他们会在许多地方聚会，包括成员们的住所以及格雷沙姆学院。其中有众多知名的成员，如罗伯特·胡克、克里斯多佛·雷恩、威廉·配第、罗伯特·波义耳等。最初，这个团体并没有立下任何一定之规，目的只是集合大家一起，研究实验并交流讨论各自的发现。

随后，由于地理距离上的差别而分裂成了两个社群：伦敦学会与牛津学会。因为许多学院人士住在牛津，牛津学会相较之下较为活跃；因此，这一分支一度成立了"牛津哲学学会"，并定了许多规则；伦敦学会则依然于格雷沙姆学院聚会讨论。与会成员在这个时期也逐渐增多。在护国主克伦威尔时期的军事独裁下，1658年学会被迫解散。在查理二世复辟后，学会才继续于格雷沙姆学院重新运作——正是在这一团体的基础上，才诞生了后来皇家学会。

在国王的应允下，皇家学会的会员在1660年创立时约为100人，到如今增加到二三百人。起初，学会的院士都是选举产生的，但是规则模糊，大部分的院士都不是专业科学家。后来定了规矩，所有院士候选人都必须获得书面推举，并需要得到支持者的签名。这一决定让皇家学会从一个"会社"摇身变为实际上的科学家学会。

这样，由一本哲学书所虚构的"所罗门之宫"，间接促成了一所声誉卓著的科学机构的诞生，我们不得不佩服他的谋划者培根富于想象力的伟大"虚构"。

2

1561年，弗朗西斯·培根出生在英国伦敦的一个贵族家庭。他的父亲是英国女王伊丽莎白的掌玺大臣；母亲是一位颇有名气的才女，精通几国语言，曾将不少拉丁文名著翻译成英文。培根的父母十分崇尚教育，他家的餐厅壁炉上面长年悬挂着一张"教育使人进步"的条幅。培根就是在这样的家庭环境中成长起来的。

培根从小身体不好，性格内向。但是他酷爱学习，喜欢思考问题，常常独自一人躲在僻静的角落里埋头苦读。父亲十分钟爱他，经常带他到王室去游玩。伊丽莎白女王见他举止文雅，谈吐不凡，也非常喜欢他，亲热地称他为"小掌玺大臣"。13岁时，父亲送他到剑桥大学读书。他却认定大学里没有自己感兴趣的东西而苦恼。学校里被经院哲学所控制，充斥着一种神学的争辩，思想僵化，方法老套。这时，培根看见地上有一队蚂蚁正在搬家，众多蚂蚁忙忙碌碌地工作着。培根仔细地凝视了很久，若有所思地对自己说："对！我也应该这么做，抛弃那些高谈阔论，从事情的最细微处着手，用实践去验证一切！"培根立志从事实验科学以后，在实验室和图书馆内默默地度过了十几年。他根据自己的亲身观察和实践，总结了不少科学结论。从这个意义上说，培根基本是自学成才的。

1597年，培根的处女作《论说文集》问世。该书出版后，风靡一时，多次再版，从而激发了培根的创作热情。1625年再版时，这部书已由最初的10篇论文增至50篇。在这部著作里，培根将自己对社会的认识和思考，以及对人生的理解，浓缩成许多绝妙的、富有哲理的格言和警句，寓意深刻，耐人寻味。例如：

——没有友谊，则世上不过是一片荒漠。

——最能使人心神健康的预防药就是朋友的忠言规劝。

——顺境的美德是节制；逆境的美德是坚忍。

——过分求速是做事情最大的危险之一。

为了表彰培根做出的贡献，英国国王詹姆斯一世授予他子爵封号，并封给他大法官的职位。名誉和地位并没有使培根停滞不前。他把人们思想上的一些谬误、偏见，总结为四种"假象"。他在回答国王之问时，这样解释所谓人生的四种假象：

> **"陛下，臣所说的四大'假象'，第一种是'种族假象'，即混淆人类本性和事物的本性，而以人的感觉作为万物的标准；第二种是'洞穴假象'，就是人们根据自己的性格爱好、所受的教育以及所处的环境来认识事物；第三种是'市场假象'，也就是咬文嚼字，玩弄概念；第四种是'剧场假象'，即恪守传统、迷信权威。陛下，这四种'假象'都是阻碍人们获得科学知识的囚笼。"**

听罢这一席话，国王对培根的智慧更加赏识。

在评论培根时，黑格尔曾讲过这样一句话。他说："培根所真正关心的是现实而不是理论。在这一点上，培根可以说是他的民族的典型。"这一评价是很深刻的。因为培根在学术上最关注的，是如何让知识在实践中产生效果，把科学的理论与工业相结合，转化为改进人类物质生活的实用技术。它实际上标志着近代学术方向的一个根本转变，也是中世纪脱离实际的抽象理论，向注重应用技术的近代科学转变的枢纽点。所以在哲学上，培根可以算作英国实验主义和后来英国实用主义的始祖。也正因为培根哲学的这一特点，他才能在一个工业革命的前夜时代成为领导思想潮流的先驱。我们可以从下面一段演讲中，看出培根对这一学术转变历史意义的自觉：

> **"千百年来的一切学问，是否曾做出一个小小的发明而使我们的福利得到增进呢？在这点上，似乎学者的贡献还不如工匠的一些**

偶然的发明，这有时还使我们得到新的知识。而迄今为止，学者之间的一切争论却从未揭示一个前人所不知的自然现象。

"目前为人们所熟悉的自然哲学，不是来自希腊人的，就是来自炼金术士的。希腊人的思想富于夸饰，热衷争论并且充满宗派。而炼金术士的理论却不过是一些骗局和迷信。前者旨在增进词汇，后者旨在骗取黄金。

"我们现在已不需要这些学术上的流民。我们应当促进人类智慧与事物本性的结合。由这种结合中将产生什么样的美好后果，是妙不可言的。我们知道，印刷术是一件粗浅的发明，火药枪炮是一种并不复杂的兵器，指南针是人所熟知的器具。但正是这三件发明，在我们的时代给世界带来了非同寻常的变化。一个在学术上，另一个在军事上，第三个是在贸易、商业和航海上。由此又引起了无数的变革。这种变革如此之大，以致没有一个宗教教派，没有一个赫赫有名的人物，能比这三种发明对人类的事业产生更持久的力量和影响。而这些发明与其说来自人类的智慧，不如说是得自偶然的机会。但它们证明了，人类统治万物的权力是深藏在知识和技术之中的。"

这就是中国人引以为荣的古代"四大发明"之源，先前所称的出自李约瑟之中，也是据此而来的。此外，他还指出：

"人的知识和人的力量是合于一体的，因为原因不明的地方，就不可能获得预期的结果。对于有待征服的大自然，恰恰首先必须服从它。"

他还说："人类统治万物的权力是深藏于知识和技术之中的""人的

知识和人的力量是合于一体的"——这两句话，后来被凝缩成为现在已为人所共知的名言："知识就是力量。"

培根在思考新的问题，如何用科学的方法来获取知识？他认为，要发现事物的奥秘，除了进行深入的观察，还应掌握一套科学的方法。培根把这套方法总结为归纳、分析、比较、观察和实验的理性方法，并称之为"归纳法"。

1621年，培根六十大寿，在生日晚会上，一位贵妇人问培根："培根先生，您的归纳法，如果用形象的言语来表达，应该怎么讲？"贵妇人似乎想给培根出一个难题，培根幽默地答道：

> "不做只收集材料的蚂蚁，也不做从自身抽丝结网的蜘蛛，要做既采蜜又加工的蜜蜂。"

值得一提的是培根的第一部重要著作《随笔》，该书文笔言简意赅、智睿夺目，它包含许多洞察秋毫的经验之谈，其中不仅论及政治而且还探讨许多人生哲理。以下是一些具有代表性的话：

> 青年人更适之发明而非为判断，更适之实干而非为商议，更适之创新之举而非为既定之业……老年人否定之多，磋商之久，冒险之少……若青老两结合，必将受益匪浅，……因为彼此可以取长补短……
>
> ——《谈青年和老年》
>
> 有妻室儿女者已向命运付出了抵押品……
>
> ——《谈婚嫁与单身》

培根自己结过婚，但没有子女，上面一句，可视为一种对现实的注解。不过培根最重要的作品是论述科学哲学的。他计划分六个部分来写一部巨著——《伟大的复兴》。打算在第一部分重申我们的知识现状；第二部分描述一种新的科学调查方法；第三部分汇集实验数据；第四部分解释说明他的新科学工作方法；第五部分提出一些暂定的结论；最后一部分综述用他的新方法所获得的知识。可想而知，这项宏伟的计划——可能是自亚里士多德以来最有抱负的设想——从未得以完全实现。但是可以把《学术的进展》（1605年）和《新工具》（1620年）看作是他的伟大著作的头两个部分。

1620年，培根完成了其代表作《新工具》。在这本书里，他最早提出了"知识就是力量"的口号。他认为，只有掌握科学知识，才能改造和利用自然，让自然为人类服务。他还提出科学实验的重要性，强调只有通过科学实验，才能最终获得知识。因而，培根被人们认为是近代实验科学的奠基人。虽然培根是一位忠实的英国人，但是他的洞察力远远地超过了他自己的国界。他划分出三种雄心：

> "其一类者，朝思暮想，惨淡经营，在本疆之内，得陇望蜀，觊觎青云；其二类者，宵衣旰食，机关算尽，图他人之邦，扩己国之势，拜倒称臣者愈多愈善，此辈虽贪婪无度，然却至尊至贵；若一人披荆斩棘，努力登攀，以求人类享有经天纬地之略，驾驭宇宙之才，此实属雄心大志，……尽臻尽善。"

因此，人们有充分的理由把培根与另一位即将来临的科学时代的先驱勒内·笛卡尔相提并论。培根比笛卡尔早一代人（三十年）。他比笛卡尔更多地强调观察和实验的重要性，但是这位法国人重大的数学发明使这种对比的天平稍微向有利于他的一边倾斜。

3

培根一生最受人诟病的莫过两件公案了，其一是他与艾塞克斯伯爵的关系，其二是他晚年受到审判的受贿案。

先说与艾塞克斯伯爵的关系。这位伯爵比培根约小六岁，1584 年 17 岁的艾塞克斯以侍从身份被召入女王宫廷，当时他少年英俊、才智过人，很得伊丽莎白女王欢心，成为她的宠臣和情人（这位女王终身未结过婚）。随之其权势也炙手可热了。那时节正值培根穷困潦倒之际，在一次宫廷集会中他结识了这位比他年轻的贵人；同样，艾塞克斯对于培根的才华产生了深刻的印象，他给了培根许多帮助和提携。一度还把培根看作政治活动中和私人生活上最值得信赖的顾问。

但是艾塞克斯是一个为人轻浮放荡的贵公子。他与女王年岁悬殊的私情关系当然不可能建立在真正爱情的基础上。因此女王逐渐对他产生了不满。1599 年女王派艾塞克斯率兵镇压爱尔兰的叛乱，在出征期间，培根曾写信向他提供多种建议。艾塞克斯不久就兵败逃归，但在次年，艾塞克斯却被女王以"叛国"的罪名逮捕了。培根作为一名王室法律顾问和一名法律公职人奉命参与此案审理工作。由于他与艾塞克斯的特殊关系为上流社会所共知和注目，所以培根在审理过程中不得不表现严厉以示公正，同时也借以表白自己是不询私情而站在女王和国家利益的立场上的。初审后，艾塞克斯被保释回家，他对培根的表现可能深感失望。这时，他开始筹划一个新的政变阴谋，结果事泄失败，再度被捕，后被处以极刑。

这就是培根与艾塞克斯公爵关系的始末。培根的不智，也许在于他未能主动回避参与艾塞克斯叛国案的审理；但如果他那样做，就很有可能作为同谋犯被卷入此案。但尽管如此，据历史记载，在培根参与此案的过程中，他实际上还是竭力想把艾塞克斯的案情化重为轻。例如有一次的法庭调查中记录了培根的如下发言：

> **"在任何案子中，我还没有见到像此案这样缺乏有力的证据，只能提出一些空洞不实的罪名。"**

当时培根的地位很低，他除了一些私下的努力（这对他是危险的），不可能做更多的事情。对此，英国哲学家罗素曾作了如下评论："把培根描绘成一个忘恩负义的大恶怪，这十分不公正。他在艾塞克斯忠君期间与他共事，但在对艾塞克斯忠诚就会构成叛逆的时候抛弃了他；在这点上，并没有丝毫甚至让当时最严峻的道德家有可以指责的地方。"另一位培根传的作者本杰明·法灵顿也指出："培根的行为曾经受到一些人的苛责。不过谁也不能否认艾塞克斯的确犯有叛国罪。所以很难理解那些责难培根的人到底期待培根做什么？"

再看一下培根晚年受贿案的真相。案子起因于国会在 1621 年为王室增加税收问题，要求法院调查政府贪污的案件；议会也攻击国王在发放专利专卖权时不公正，暗中影射国王对税款的贪污行为。培根当时作为国家大法官奉命出审此案，由于他站在国王的立场上，不久即受到国会的弹劾，指控他有接受贿赂的嫌疑。培根开始对这种指控尚处之泰然。他说："我认为自己的双手是干净的，良心是清白的……"但在那个时代，"不仅犯罪已成为一种时髦，而且诬陷也成了时尚"。培根对当时英国的社会风气颇感失望。加之他与詹姆斯国王之间的确存在私人间的特殊友情，所以培根被控诉后，实际上很难进行抗辩。

在议会对培根起诉的罪名中，最主要的一项是他担任法官时曾接受委托人的礼品——用我们今天的话讲，就是开后门，这在培根的时代，实际上是弥漫当时整个官场的一种腐败风气，但不管怎么说，就这一点而论，培根的确是不算清白，所以培根在议会中曾这样说：

"诸位请注意，犯下这一罪的不仅是我，而且是这个时代。"
我意志软弱，所以也沾染了时代的恶习。"

此案最后由上议院做出判决，解除培根的一切公职，罚金四万镑，终身囚禁。但是，判决后培根实际上只被监禁了三四天，国王就宣布了对他的特赦，并且免除对他的罚款，保留他在伦敦的居住权。

换句话说，此案的真相是，由于培根在受理王室贪污案时保护了国王，从而避免了一次政治危机；所以，这个案件结束后，培根曾说了如下两句意味深长的讽语，他说：

"扪心自问，我可以说是英国近50年以来最公正的法官。但对我的审判，则是近200年来国会所做的一次最公正的裁决。"

——是反话正说呢？还是言不由衷？还是自我嘲谑？反正，这句话是话中有话的。

在受审关押期间，培根对自己一生做过深沉的自省和忏悔。其间他一度身染重病，几濒死亡。因此他写过一篇著名的忏悔祷词，其中有如下一段自我评价：

"仁慈的主，面对我的无数罪孽，我在你面前深沉自省。我感谢你恩赐我以才能。对这一才能，我既没有埋没，也没有将它们用在可能给我带来最大利益的场所。遗憾的是，我经常误用它们于不适宜的事物上。我是人生旅途中的一个迷途者，我的灵魂对于我的肉体是陌生的！"

在这一忏悔中，他还表达了他对自己的这样一种信念，他认为自己的政治生涯虽然是一个错误，但对于他所留下的著作，他却确信将会永垂不朽。

1626年3月底的一个寒冷的日子，培根乘马车郊游。当时他正在研究冷热理论及其实际应用问题。当路过一片白皑皑的雪地时，他突然心血来潮，决定就地进行一次实验。他从一位农妇那里买来一只母鸡，当场将鸡杀掉，并亲自动手将雪填进鸡的肚子。不幸的是，他虚弱的身体经不住风寒，支气管炎复发了。回家后，培根的病情急剧恶化，于1626年4月9日清晨病逝。

他的意外之死，表面上看死于偶然，但冥冥中暗示着，这位哲学家，连死也死在自己所倡导的"实验科学"，这莫非真的在应验一道神谕吗？总之，他是以一位伟大的思想家而流芳千古的。如果说达·芬奇的名字是文艺复兴时代的象征，那么，培根其名就是近代新兴科学与技术的象征，所以马克思才把他称作"近代实验科学的真正始祖"。

辑三

美利坚跑道：既靠刀剑，更靠舌头

03

一、在舌战中诞生的

——《辩论：美国制宪会议记录》告诉的真相

中国的历史告诉人们，还没有哪一个朝代的政权，不是在刀光剑影中争夺；同样，建立或改变一个政权，也是在血雨腥风中完成的；即使在人们印象中相对和平的辛亥革命和中华民国的成立，也概莫能外；而且，世界历史似乎也都遵循这一轨迹，一路上这样过来的。

但是，常识告诉我们，美国人脱离殖民统治，是靠了独立战争的枪杆子；但是，它的立国，却又是从1787年宪法中立国的。那么，这个宪法竟然是怎样产生的呢？那些有幸参与制宪会议的人物在开会的第一天首先做什么？面对不同的宪法方案，他们如何讨论、争辩？在不同的宪法规则之间，他们如何进行权衡、选择？在激烈的争辩中，他们如何寻求妥协以达致共识？当原则遭到多数人的背离，是否有人敢于站出来以某种拒绝行为捍卫原则？

1

有一本书——《辩论：美国制宪会议记录》就是讲的这事，它回答了我们的上述所有问题。

　　该书是这次立宪的实录，本身取名为《辩论》就可看出，这次制宪从始至终都伴随着争论或争吵。它是美国制宪会议的主要参与者、被誉为美国"联邦宪法之父"的麦迪逊对1787年5月25日至9月17日在费城召开的长达116天的制宪会议的完整记录，该记录自始至终，一天不缺，内容涵盖制宪会议进程中所有论辩的议题。它真实、完整地再现了美国1787年制宪会议的整体性的历史画面，而且形象、逼真地描述了会议辩论的各种具体细节。它不仅叙述了一个宪法规则设计、选择的真实历史故事，更重要的是，它提供了人类如何在理性的辩论中选择宪法规则的运作模式。

　　1787年5月25日，这是费城制宪会议的第一天。这是以后连续三天的一个最重要的议程：制定会议的规则。为什么要用三天时间来制定议程呢？因为要确保会议的代表性；确保会议进行的秩序；确保意见围绕一个中心进行，等等。

　　所谓制宪会议的实质，就是一个对诸多宪法方案和宪法规则进行比较、权衡、选择的过程。通过投票，参与者决定用弗吉尼亚代表伦道夫的方案为蓝本，该方案的着眼点是寻求建立一个统一的全国政府，确保全国政府的权力相对集中，只给各邦保留一定的自治权，以实现国家的统一。但是讨论了两周多以后，不意新泽西的代表佩特森又提出了一个与《弗吉尼亚方案》针锋相对的方案，该强调各邦的独立性，坚持维持松散的邦联结构。这之后，又有汉密尔顿方案。

　　至此，一个不可回避的问题开始出现：在诸多宪法方案中，究竟选择哪个方案？接着是辩论、讨论，最后投票表决，结果7∶3，会议决定继续讨论《弗吉尼亚方案》。麦迪逊的话说得好：

**　　"摆在我们面前的出路，无非两个极端，要么13个邦彻底分开，要么完美结合。若彻底分开，13个邦将成为13个独立的国家，**

各服从自己的法律，不是国法。若完美结合，13 个邦将成为一个完整的共和国内的郡县，服从一部共同的法律。"

有了初步可资辩论的蓝本方向，是不是就顺利了呢？不，更多的争执与更实质的辩论还远未到来。有人评论说，美国这个国家，实际上是在谈判、辩论之中产生的。既然如此，那么，一方面是需要"舌战"即"口水战"，才能得出个青红皂白子丑寅卯，一方面又得有必要的妥协与谅解——所以，辩论的实质就是妥协；没有妥协与谅解，达成一致就成为一句空话了。

说起来容易，但真正实施起来却难上加难。在费城制宪会议上，最激烈的争论涉及国会议席的分配规则，这又集中在小邦与大邦的分歧上。原则上说"无论大小，主权平等"，但是，大邦和小邦的区别很大，习惯上都是以人口、疆域与实力来划分大与小，它们的权力——具体来说就是席位，究竟怎样才能一碗水端平呢？这问题一下子便会议陷入了僵局之中。在这艰难时刻，富兰克林甚至提出动议：每天上午开会之前，聘请牧师主持祈祷仪式，祈求上苍启迪智慧，保佑代表的讨论。他提出，各执一端的双方设法寻求妥协，他说：

"制造桌子的木工如果发现木料的边缘厚薄不一，不合格，他们就将两边各削去一些，让双方吻合，桌子就平稳了。按这个道理，双方都应该放弃一些要求，才能联合起来，商量出一个解决办法。"

应当说，这是一个非常聪明而精巧的比喻，其实，贯串其中的，也就是一种妥协的精神。这是一种高明的策略，为最终目的的平衡奠定了基础。最后，参与者达成了参议院以各邦平等议席分配，众议院则以人口比例分配的一致方案，应当说，这是一个富于智慧的方案。

2

费城制宪会议的代表，有一个叫平克尼的人，他也提出了一个"方案"，但交上去之后却不知所终，然而，麦迪逊的制宪会议记录，却清楚地向人们展示了他的才能，正如他在会议中的发言那样：

"我承认，我相信英国宪法是现存的最好宪法；但是，与此同时，我也相信，在未来的许多个世纪以内，不会也不可能引进到我们这个国家来。"

他还说，英国有贵族，美国没有；英国有君主，美国没有，也不需要再搞一个什么君主之类的东西。英国没有贵族与人民之间的平等，平等恰恰是美国的主要特点。他心中的新国家美国，不是走英国之路的美国，而是要走美国特色之路的美国，建立具有美国特色的共和国。

他在会议中，一直强调美国与英国的不同，英国的经验可以借鉴，但没有照抄照搬的可能性。

一方面是借鉴。在当时的历史条件下，最便捷的对象莫过于英国达成的议会模式了。参加制宪会议的代表也大都非常熟悉英国宪法，迪金森代表就反复重申他对英国宪政的正面态度，认为"受到限制的君主制，是世界上最好的政府形态之一"，而且"任何共和制的政府形态，都永远不会得到与此同等的祝福"；制宪会议制定的宪法，在很大程度上应当是对英国宪法的一个模仿，而当时英国实行君主制和两院制……虽然，他那设立君主制的主张在会议一开始就被大多数代表否决了。

但是，事实上，美国是从英国母体中脱胎而来的，却不能轻易摆脱英国的印记。例如，美国总统的设置就暗中模仿了乔治三世，故而最初总统的权力极大，几似"无冕之王"。也正是因为这一点，联邦党人不得不极力给予辩驳，使拟议中的总统权力缩减到更像总督而不像国王。其次美国国会的两院制也是以英国的上下两院为参照。代表们特意为参议员设置高额财产限制，目的就是保障只有富人才能当参议员；设立参议院的一个重要目的，是保障产权。值得注意的是，"全国议会应由两院组成"这一条款未经辩论就几乎全体通过了。在辩论的记录中，间接提及英国制度的就有24处；而直接提及的更是多达111处。

一方面又得按照实际创新。在这方面，平克尼代表提出了美国"好政府"的标准：好政府就是保障公民权利的政府。他认为，美国是一个"新兴国家"，其居民"是新兴国家的居民"。一个好的政府，就是给美国居民以公民身份的政府，而给美国人一个居民身份证的政府，就是给公民办道德证的政府。一个好的政府，也是个能够把美国人民具体地还原为一个又一个有血有肉的公民的政府，是保障公民"民事的和宗教的公民权利"的政府，是给美国公民带来幸福、尊严和安全的政府。

追溯历史，我们知道"民主"一词，最早出现于古希腊学者希罗多德所著的《历史》一书；而英文中"民主"(democracy)本身就由希腊语demos(人民)和kratos(权力或统治)演变而来，意指"人民的权力"或"人民的统治"。从古希腊雅典城邦共和国民主的实践看，"民主"包含了"主权在民"的思想。雅典执政官伯里克里在著名的《丧礼上的演说词》指出："我们的制度之所以被称为民主政治，是因为政权在全体公民手中，而不是在少数人手中。"就民主的具体方法而言，它让抽签和轮流退出了历史舞台，而只剩下选举这种方式。选举和抽签是不一样的：选举是一个拼智慧、拼财富、拼关系等全面较量的过程，胜出的总是某种意义上的精英；竞选的本质在于选出"出众"的人；当选的代表有任期保证，相对于选民有相当大的独立性，这也类似于过去的贵族；

所以代表就是现代的"贵族"、"选举的贵族"或者说"民主的贵族"。许多西方语言中"选举"（election）和"精英"（elite）具有相同的词根。

平克民提出了选举而来的议会与政府的具体的组成模式，他指出，毕竟这个宪法又同时规定了三权分立的方式，"政府由最高立法、行政、司法权力组成"。立法权属于议会，由"分开的两院组成"；对保护议员的基本权利，又规定了"议员在议会内的自由言论和自由辩论不受弹劾"。为保障公民的基本权利，则设置了议会与行政的互相制约关系。此外，设置最高法院的下级法院，对于议员和总统薪水谋划等也都——落实。也正因为好此，平克尼自己也骄傲到夸张的地步，说他的方案除参议院的安排外，"得到会议实质性的接受"。

——想想吧，一个不到30岁的年轻人，一口气提出了若干制宪条款，而不仅仅是一个条款的建议，而且最终构成了宪法的条款，的确值得他自豪与骄傲！因为，对于很多参与者来说，提出一个宪法条款并被采纳已经足够震撼世界的了！

这正如富兰克林在恳请全体代表在宪法上签字的发言中所说：

"我从未在外面窃窃私语。在此四壁之内，我的话语诞生，也在这里消失。如果我们每个回到选民那里去的人，都向他们报告自己对宪法的反对意见，力图获得一帮一派的支持，我们或许要避免大家采取这种做法，免得我们的崇高努力前功尽弃，我们真实或表面的全体一致，自然会在世界各国和我们自己人中间产生出高尚效果和巨大益处。任何政府，为了获得和保障人民的幸福，大部分的力量和效能，取决于印象，取决于民众对政府的良好印象，取决于对治理者的智慧和人格完整的良好印象。为此，我希望，作为人民的组成部分，为了我们自己，为了子孙后代，我们采取全心全意、

全体一致的行动，尽我们力所能及，推荐这部宪法，把我们未来的思想和努力，转向治国安邦。先生，总的来说，我禁不住想要表达一种愿望：制宪会议中每位对宪法或许还有异议的代表和我一起，就此机会，略微怀疑一下自己的一贯正确，宣布我们取得一致，在此文件上签上他的名字。"

当然，精英有了充足的理由参政，就难免缺少了平民的权利；为此，在会议上，梅森提议起草公民权利法案，将之列入宪法，但被会议否定。梅森确信这一否决是根本错误的，因为宪法中如果没有公民权利法案，联邦政府的法律又高于各邦的法律和宪法，仅仅依靠分散在各邦宪法里的公民权利法案，公民的权利就无法得到有效的保障。为此，梅森采取了几项行动：

——拒绝在宪法上签名。梅森说，"宪法弄成现在这样，他既不能在这里给予支持，回到弗吉尼亚，也不能投票赞成；在这里不能签名，到那里也不能支持。"在参加联邦制宪会议的55名代表中，他是3位拒绝签名者之一：他以断然拒绝签名的行为表明他捍卫公民权利的决心和勇气。

——把自己的反对意见公布于社会，力求获得社会舆论的支持。

——在弗吉尼亚邦的制宪会议上据理力争。结果，该邦的制宪会议要求补充公民权利法案作为批准联邦宪法的前提条件。此举引起其他邦的仿效，各邦制宪会议也提出了类似的前提要求，作为批准联邦宪法的条件。

梅森的拒绝、呼吁和游说没有白费：1789年9月25日，第一届联邦议会通过12条公民权利法案，其中后10条得到足够的邦议会批准，成为联邦宪法的前10条修正案，是为公民权利法案。梅森也因此被誉为"公民权利之父"。而随着公民权利法案进入宪法，构成一部宪法的

两根支柱———公民权利法案和政府权力架构终于树立起来，美国宪政
大厦的总体框架也随之基本确立。

不妨说，梅森争取民主的权利本身，就是通过合法的程序正义获得
的，它使1787宪法最终得以避免偏向政府的偏颇法案得以纠正。

3

我们这里，有句俗语，叫"真理总是越辩越明"，但事实上，我们
除了可以看到大专辩论那样的作秀以外，真正的公共生活中却是排除辩
论的。麦迪逊之所以在遗嘱中把他的制宪会议记录命名为《辩论》，就
是要表明：费城制宪会议的过程就是制宪代表们辩论的过程——他们就
是为着未来美国政治权力的规划而辩论的，是以一种和平的、理性说
服的方式来寻求共识、探寻共同接受的权力和利益安排。这一点，在汉
语语境下似乎就不是那么容易理解了：在汉语境中，鲜有对权力进行辩
论史例；权力从来只有较量之说，在武力较量中胜者统领天下、支配一
切，败者沦为人寇。正因为如此，对于中国读者而言，《辩论》的名字
的显得尤有深意了：辩论是如何成为可能的？是什么支撑着辩论的进
行？是什么促成制宪代表们就美国未来政体的各种声音在费城会议厅言
说、碰撞、辩论，并最终能取得共识（宪法）？透过《辩论》，解读代表
们辩论的言说方式，有专家认为，至少有两点值得引起我们的重视，因
为它能够保证辩论的顺利进行：其一是怀疑主义，其二是妥协。

通常，在有的国家里，年纪越大，越倾向于保守、僵化，总爱自以
为是坚持自己那一套。然而美国的精英们并不这样认为，富兰克林就说：

"年纪越大，越倾向于怀疑自己的判断，更尊重别人的判断。
的确，大多数的人，也和宗教里的大多数教派一样，以为他们自己

拥有全部真理，凡是别人的观点与他们不同，就认定是谬误。"

这就是一种怀疑的态度，就是要降低身份，直至把自身设定为无知，在"自我"之外有所敬畏，对"自我"能够反省，相互才能以开放的姿态就讨论对象进行信息的交流，辩论者的说话权利才会得到真正的尊重。华盛顿就是这样做的，他在会议期间，总共发言不过两次（一说三次），富兰克林特意挑明了这一点：

"值得一提的是，华盛顿，在制宪会议第一天即被众人选为制宪大会的主席。为了不使自己的意见影响制宪的进程，他尽力不在会场发表正式意见。整场制宪会议他仅有三次意见发言。但是其象征作用、气场影响力以及会后的活动与沟通对制宪成功仍功不可没。"

其次是妥协精神。制宪代表们意识到，制宪的目的不是创造一个十全十美的、正义民主的、能流芳百世让后人景仰的政治体制，而是为了寻求一种现实有效、能够及时挽救正在走向失败边缘的邦联的政治途径。参与制宪的代表本身就是代表着各州的利益，因而，他们形成了一个多元利益格局。要从多元利益格局中产生共识，就必须要有妥协合作的精神。

在会议刚开始时，麦迪逊就认为"他的观点最终会走到哪里，他现在也说不准"。而制宪会议结束时，麦氏认为"再没有一位代表，比他（汉密尔顿）的思想离宪法更远"。正是因为妥协的精神，即使最终产生的宪法远离了麦迪逊与汉密尔顿的设想，但他们都在这部新宪法上签下了名字。立宪者们的妥协合作精神并不仅仅停留于口头，事实上，几次使制宪会议陷于僵局的大小邦的席位、南北邦的人口计算等利益分歧最大的问题，就是靠代表们的实质性让步才得以解决的。

当然，这种妥协，必须得有相应的适当人，率先充当那调味的"甘草和润滑"才行，而富兰克林就是这样的一个角色，每当利益上出现巨大分歧时，例如南北邦的黑人票权等问题，都有他的身影出现。这应验了中国的那句古话：退一步海阔天空，忍一时风平浪静（看来世界的文明总是相通的）。概而言之，怀疑主义态度为制宪代表们提供了理性对话的可能性，与这紧密相连的是，会议程序和规则为对话提供了可具操作性的"制度"；对政治经验和政治知识的运用，使辩论成为有根之物；妥协精神，则使辩论背后的实际政治利益让步成为可能。如此，为制宪代表们的各种观点以及这些观点背后的各种利益的合理性提供相互质问与反思的平台就建立起来了。

经过会议的参与者——13个邦的精英与代表的充分讨论与辩论，从1787年5月25日到9月17日，长达116天的马拉松式的会议，最终达成了一个成文的文件，宪法——这一个历经辩论、争议和妥协产生的决议案，它绝非那种拿来好看的，而是必须要逐条逐条加以实施的，因而也是可以令人信服的宪法，保证了美利坚合众国的诞生。正如富兰克林的发言所说：

"先生，我承认，这部宪法中的若干部分，我现在还不能同意，但我没有把握说，我将来永不同意这些部分。活了这么大的年纪，我已经历过许多场合，由于获得更佳信息，或经过更周密的思考，责任心驱使我改变原来的观点……年纪越大，越倾向于怀疑自己的判断，更尊重别人的判断了。的确，大多数的人，也和宗教里的大多数教派一样，以为他们自己拥有全部真理，凡是别人的观点与他们不同，就认定是谬误。新教徒斯蒂尔在一片献词中告诉教皇，"我们两家教会"都对自己的教义深信不疑，彼此之间的唯一区别，是表述的方式不同：'罗马天主教一贯正确，英格兰国教从未错过。'虽然许多平民都认为自己一贯正确，资信程度之高，就和他们所属的教派一样，但是，很少有人表达得像一位法国太太那么自然，她与妹妹发生争执时说，'我也不明白这是怎么回事，妹妹，可是我从来没有遇到一个永远正确的人，除了我自己。'

"先生，从这种感觉出发，我同意这部宪法，连同他所有的瑕疵，如果它们确是瑕疵；因为，我认定我们需要一个总体政府，而现在还没有政府的形式，可是人民如能得到良好治理，或许是他们的福音。我进而相信，这一次可能治理的好若干年，不过最后还是会以专制收场，和以前的一些共和形式结局一样，人们一旦过于腐化，就需要专制政府，没有能力建成其他形式。我也怀疑，不论再开多少制宪会议，未必就能制定一部更好的宪法。

"先生，令我感到惊诧的是，现在制定的这套制度，如此接近完美，我认为，这部宪法也会使我们的敌人感到惊诧，他们正满怀自信地等着，以为我们开会也会和巴比伦人建造通天塔一样，每次总是劳而无功；以为我们各邦正处在分崩离析的边缘，此后每次见面开会，只不过是为了掐断彼此的咽喉。先生，为此，我同意这部宪法，因为我不指望还能更好，因为我也没有把握说，现在这部宪法就不是最好的。为了公益，我牺牲我认为宪法中还有谬误的私人之见。"

本来制宪会议的55个人，开完会在场的就只有42名代表了，其中39人签了名，3个人没有签。制宪会议的代表退场与否，签名与否都是政治精英，他们的精英理念必然会在辩论中显露出来，何况他们当时对民主还是有所恐惧和忌惮的。

如同乔治·梅森代表所说的那样：

"宪法是一种社会契约：打算组织政府的人们，在从人民手中拿走治理人民的权力以前，首先要保证把哪些权利保留给人民，作为交换条件，使人民有避免、揭露、抵制、制止政府作恶的手段。世界上永远不会出现不犯错误、不生罪孽的政府。因此，评断一部宪法的好坏，人民的权利得到多少保障是第一标准。社会上层阶级对人道做法和政策为何如此冷漠？须知，不论他们现在多么富有，地位升腾得多么炫耀，这种处境总不过是过眼云烟……尽管我们经历过民主带来的压迫和不公正，人民的情绪却赞同民主，而人民的情绪必须考虑。不能眼睁睁看着联邦制度被这个制宪会议弄得实际解体，人民委托我们来开会，是为了制定出一部更好的宪法。"

如同格里代表所说的那样：

"他们所经历的罪过（指独立后邦联的不给力和谢斯起义的爆发），都是源于民主过于泛滥。人民并不缺乏德行，但总是受到假装爱国的人蛊惑。"

如同富兰克林所说的那样：

"第一个被放在掌舵位置上的人，会是个好人。今后的后继者会是怎样的人，就无人知道了。这里也和别的国家一样，行政官的地位总是会不断提高，直到以君主制告终。"

如同麦迪逊所说的那样：

"一旦多数人在什么地方被一种共同情绪联合起来，有机会得逞，少数人的权利就会失去保障。在一个共和政府里，多数人一旦联合起来，总能找到机会，唯一的补救办法，就是扩大治理范围，把整个社会划分成为数众多的利益和党派。这样，第一，多数人不大有可能在同一时间形成那种背离整体利益和少数利益的共同利益；第二，万一他们形成了那种利益，也不大可能联合起来追求那种利益。"

如同威尔逊所说的那样：

"要准确地了解人民要哪些情绪，很难做到。一个人经常在一个特定的圈子里活动，往往把这个圈子里的情绪误认为是普遍的情绪。"

如同汉密尔顿所说的那样：

"一个政府要想站稳脚跟，需要一些基本原则支撑。一、要有支持这个政府的积极和持久的兴趣。二、授权。三、人民在情感上的习惯依附。四、强制力量。五、政府的影响力。政府提供的常规荣誉和薪水，会造成对政府的依附。民众一旦追求建立政府的伟大目标，这个目标就抓住了他们的激情，像野火一样燃烧蔓延，变得无可抗拒。"

麦迪逊还认为：

"不能信赖这种纸上的保障；必须引入权力和利益的平衡，才能保障纸上的条款。因此，把分权的理论写进宪法并不能使我们满意，这才提出给每个部门配备一套捍卫自己的权力，使这个理论能够在实践中运行。"

乔治梅森更对宪法的提出了反对意见的理由：

"没有公民权利宣言，总体政府的法律，高于各邦的法律和宪法。

这个政府将从温和的贵族制开始：目前还不能预见，在其运作过程中，是变成君主制，还是腐败的、虐政的（压迫的）贵族制；他多半会在二者之间摇摆若干年，然后以这种或那种形态告终。"

4

对于美国制宪会议真相的披露，有一种流行的观点，认为集中体现了这些"国父"对精英政治的推崇，以及对民主的攻击；美国国父们几乎是同声谴责了"民主"是一种摧残自由的罪孽，共通的倾向是强化"共和"制度——

民主：是指以制度的方式确保人民能够参与治理国家
共和：共和的底线是国家禁止权力的世袭继承方式

——美国的国父们为何会如此强调民主与共和的区别？因为在当时，依照《邦联条约》建立起来的高度民主的邦联政体，已接近崩溃的边缘，各种动乱势力都打着民主旗号来发动骚乱，"民主"这个词已经被搞得声名狼藉，充满暴力色彩了。

如果注意到制宪会议的一个背景——谢斯起义，那么就更能理解为什么会议的代表们非常忌讳使用"民主政体"等词汇，而把拟议中的政府定位为"共和政府"。谢斯起义加深了许多有产者精英的恐惧，他们感到，为了避免"群氓统治"和经济崩溃，需要一个强有力的中央政府。制宪会议设计的宪法不仅旨在防止来自上层的暴政，也旨在防止来自底层的暴政，作者们虽然使用的是共和政体一词，然而通过对民主政体、共和政府的调整和矫正，实际上设计了一种包含民主（平民）、贵族、君主三种因素的混合政体，即添加了君主制和贵族制的成分。

这一点，在制宪辩论中，鲜明地表现为国父们几乎是齐声炮轰"民主"，虽然也有对总统权力过大的担心——这是因为总统的权力设置既以英王为原型，就权力的集中程度而言，总统的权力主要有行政权、军权、联邦法官任命权、大赦权、立法复决权等，所以美国国父们难免担心，总统有"与英国国王有类似之处，它也同样类似于土耳其皇帝、鞑靼可汗"；换言之，总统一旦有了压制议会内的反对势力的权力，一旦在政体中的地位比议会明显高出了一截，就必须加以限制。

然而，更为担心或恐惧的却是"民主"，尤其是对"民主权利"的滥用，正如谢尔曼代表所说的那样，"老百姓眼下对建立政府的事还插不上手。他们缺乏信息，老是被人误导"。"美国宪法之父"、第四任总统麦迪逊代表也认为，政府若采取民主的形式，与生俱来的就是麻烦和不方便，人们之所以谴责民主，原因就在这里。德高望重的本杰明·富兰克林也痛心疾首地承认：我们都遭受过民主带来的迫害和不公正……

格里代表更是旗帜鲜明地炮轰民主：

"我们所经历过的罪过，都是源于民主过于泛滥。人民并不缺乏德行，但总是受到假装爱国的人蛊惑。马萨诸塞州的经历证明，一引动人精心炮制出各种虚假报告，到处传播，老百姓每天都被误导去做些最作孽的事，说些最作孽的话，这些虚假报告又无人可以

当场揭穿。一个主要的罪过，是说要对政府雇员实施正当程序，仿佛把公仆都饿死才是民主的极致……"

但难能可贵的是，虽然他们如此反感民主，但他们依然保持了清醒的头脑，并没有从一个极端走到另一个极端，没有彻底地把人民从国家的政治生活中排除出去。他们仍然坚定地主张共和政体的根本目的就是使这个政权、使各种权力最终奠基于人民之上。

总之，美国宪法可以说是对议会权力的一种极大的削弱和剥夺，而议会恰恰是国家机构中民主色彩最浓的一个机构。美国宪法设计的共和政体追求一种在大众、精英、领袖之间的平衡，追求一种在强大（效率）和安全之间的平衡，而且引入了宪政的原则，不唯人民的意志是瞻，对民主层层设防，充分利用而又加以驯化。

这样，不难看出，在美国宪法中，就行使民主的主体而言，we, the people（我们人民），实际上是指当时总人口中的少数，并不包括女性、黑人、印第安人，也排除了很多没有财产或者财产过少的人；就民主的运用方式而言，"间接民主"或"代议制民主"基本上取代了"直接民主"或"参与制民主"——应当说，这与当时的历史背景是密切相关的。

整个的制宪会议上，代表们辩论的激动情景和委员们的慷慨激昂，在这本"辩论"的书中，都被刻画得清晰可见。从他们的神情来解读这个会议，有人联系到了"阴谋、奋斗、妥协和共赢"这些词汇——为什么会如此，大约因为代表们责任太过重大了：他们需要完成的，毕竟是历史上第一部成文的宪法！是一个国家的根本大法，高于一切的法律啊！

这以后的历史证明，此后世界上的宪法，绝大多数都是以这本宪法为参照物或直接为蓝本的。而我们知道的是，在制定这部宪法的时候，这个今天称之为美国的地方还不是一个国家，而只是一个邦联，仅仅是13个半国家、准国家的联盟而已。所以，美国这个国家，不仅是在谈判与辩论中产生的，而且是与这部宪法的颁布同时诞生的和完成的。一个邦联，好端端的，开了一个会就变成了一个"美国"（United State of America），这种伟大的转变得以发生和实现，能不说它本身就是一个奇迹吗？确实，单看代表们的面孔与表现，确乎看似个个正义却又掺杂着私利的"阴谋"，再说得好听点就是历史的使命与私利的不期然"合辙并轨"了。

二、有比较才有鉴别

——两篇"葛底斯堡演说"的演讲现场及其影响

重庆跟许多中国的城市一样，市区中心不仅有"人民路"，而且有"中山路"；同时重庆还有三条更引人注目的路，那就是"民族、民权、民生"三路，不用说，它们的名字来自孙中山倡导的"三民主义"——当然，还有一条叫"邹容路"的，它来自为着践行三民主义而献出生命的民主革命家邹容……

孙先生的"三民主义"之说并非凭空得来的。早在上世纪20年代，就在多次演讲中援引了林肯的话，援引了著名的葛底斯堡演说，并且从林肯口中的 of the people, by the people, and for the people 中，提炼出了自己的语言，那就是民族、民权、民生的三民主义。在《三民主义之具体办法》的演讲中，孙先生说：

"兄弟主张的三民主义，大家知道是民族主义、民生主义、民权主义，它与美国大总统林肯所说的 of the people, by the people, and for the people 的话是相通的。这句话中文意思没适当的译文，兄弟就把它译作民有、民治、民享。林肯主张的这民有、民治和民享主义，就是兄弟所主张的民族、民权和民生主义。可见，兄弟的三民主义，不但是专为迎合现代的潮流，并且是很有来历的。"

中国人是善于"拿来"的民族，这无疑是一个生动的例证。那么，原汁原味的三个 the people，又是怎样诞生的呢？

1

事情得从120多年前的一个深夜讲起。那一夜，矗立在夜幕与寒风中的白宫，只剩下总统的书房还有些微的灯光。黑人男佣威廉·斯莱德悄悄推了门，刚要张口问总统是否需要什么，不料林肯却先一步开口了："你来听听这个，看看怎么样。"说罢他拿起那篇刚完成的简短演讲稿，大声地念了起来。斯莱德听罢，礼貌地说："很好，总统先生，听起来挺不错的。"

斯莱德没有意识到，他的这句不咸不淡的话，竟成为美国历史最有名的演讲词的第一个评语。虽然评价显得有些勉强，但毕竟出自这篇演说词的第一位听众之口。林肯自己又何尝不是这样？他也觉得不甚满意。第二天，在隆隆的火车声中，他还惦记着讲稿；甚至到了目的地——葛底斯堡的旅馆，他又掏出讲稿，仔细推敲了一篇。不过，他脑子始终乱成一锅粥：国家面临着一大摊子难题，他难集中精力在一篇讲稿里……

这就难怪，总统的演讲稿那么短。不过在林肯看来，这也说得过去。在纪念葛底斯堡战役的仪式上，主讲人不是他，而是爱德华·艾弗莱特；而且纪念仪式的主办官员，事先原本也没邀请他，只是出于政治上的考虑，才在两周前发了个简单的通知，请他在艾弗莱特演讲之后"讲几句话"。在林肯看来，这是很自然的事儿；毕竟艾弗莱特名气太大，作为曾经的美国驻英大使和哈佛校长，他当时已经出版了四本演讲集。林肯知道，在长篇大论上自己不是他的对手。

于是，以短敌长，林肯在不知不觉中定下了演讲的格局。

集会的主讲人艾弗莱特的演讲确实够长了。面对15000千名听众，他凭借英俊潇洒的外貌、得体的举止、高大的身材一下子吸引了全场的目光。他立在那里，伴随坚定的身影而起的是滔滔不绝的话语。他一口气竟讲了差三分两小时！他先向总统致敬，然后发表人们引颈以待的长篇。他谈到葛底斯堡一带的地理局势，三天战争的情形，还讲到欧洲希腊的权力问题，等等。整个演说体现出当时流行的那种华丽而冗长的风格。讲罢，听众报以响亮的、礼节性的、恰如其分的掌声。

现在轮到林肯了。他瘦削而疲惫不堪的身影，衬托出不修边幅的面孔，加上慢慢戴上老花眼镜、又从衣兜里慢慢掏出两张小纸片的动作，自然给人一种没精打采的难言慨叹。

林肯只是间或才有时间，用来认真地推敲他演讲中的措辞。而且就连这，也成了他放松自己的一种奢侈：到了这样的时候，他会开动脑筋想出最合适的表达方法，设法尽量抓住听众的心。除了就职演说和《奴隶解放宣言》以外，让林肯最费心思的就要算这个葛底斯堡国家烈士公墓落成典礼上的开幕词了。

顾不得许多，林肯往纸片上瞟了一眼，就开始用他那高亢激昂的声音演讲。他演讲花的时间是如此之短，以至于等在一边的照相机都没有来得架设好，演讲就结束了。

九句话，他讲了两分多钟，让所有的人猝不及防，许多人还来不及回味他的话，演讲者林肯已道了声谢谢，回到自己的座位上了。——怎么，就完了？人们纷纷用疑惑的目光左顾右盼，试探询问，当确定总统的演讲确实已经结束，会场上才响起几声稀稀拉拉的掌声——说客气点，应叫"礼貌的掌声"！

林肯不知道是不满意呢还是不服气。在回华盛顿的路上，他疲惫且沮丧，话在喉头里打转，他自言自语地嘀咕着："糟透了，令人失望……"事后的报纸也多是这样的看法，称演讲"无足轻重""简单得可笑"。有人甚至评论说：堂堂美国总统讲话如此愚蠢，是每个美国人的耻辱！不过，在一片嘲笑声中，也有人敏锐地看到了这篇演讲"出彩"的地方，认为它以朴实无华的风格、无懈可击的语言，准确地阐明了林肯毕生为之奋斗与献身的思想。作为当地演讲"对手"的大演讲家艾弗莱特也是肯定者之一，他写了张字条给林肯，说："恕我直言：我用了两小时才算接触到了你所阐明的那个中心思想；而你只用了两分钟就说得明明白白。"林肯给了他的评价这样的回应："你做简短的演讲人们是不会原谅的，正如我做长篇演讲人们不会原谅一样。你认为我那简短的讲话不是彻底失败，这一点让我感到高兴。"

2

林肯说得有道理。演讲篇幅的长短，确实是因人而异；不过，艾弗莱特说得更有道理：能青史留名的演讲，却注定不会以长短做标准。

在公务缠身、国家分裂的严峻形势面前，事实上林肯不只是没时间认真地推敲他演讲的措辞，甚至迫使他只能将起草讲稿的时间，权作奢侈地放松一下身体的机会。不过，从他立足"以短敌长"的思路开始，休憩当成了思考，同时也是他开动脑筋想出最合适的表达方法的时候：全美最知名的演讲家摆开了阵势在逼迫他，临时决定而没有从容地思考也在逼迫他，露天场地上成千上万的听众的肃然也在逼迫他，他必须找到最准确也最能激动人心的词语，才能够实现"以短敌长"，结果，他做到了吗？

先听听艾弗莱特演讲的开场白和结束语：

"站在明净的长天之下，从这片经过人们终年耕耘而今已安静憩息的辽阔田野放眼望去，那雄伟的阿勒格尼山隐隐约约地耸立在我们前方，兄弟们的坟墓就在我们脚下，我真不敢用我这微不足道的声音打破上帝和大自然所安排的这意味无穷的平静。但是我必须完成你们交给我的责任；原谅我，我祈求你们，祈求你们的宽容和同情。"

"……上帝保佑着联邦，勇士们在这里洒下的鲜血对于我们永远是亲切的。这是英雄们挺立和倒下的地方；这些巍巍群峰；这兴旺的村庄，它的街道上曾充满了战争中可怕的怪叫；这座山脊那边的田野，曾是雷诺将军牵制来犯之敌的地方，正是在那儿，他献出了自己的生命，由于他的深谋远虑和自我牺牲，保证了后两天战斗的胜利；山脚下溪水潺潺，在以后的年岁里，在这小溪旁漫步的在残酷的战争中使用粗糙武器的农夫，而今却将发现可怕的现代化火炮射出的炮弹；珊明纳瑞山、这桃树园、这公墓、卡尔普山、狼山、圆顶山和小圆顶山，这些平平常常的名字，此后都变得亲切和著名了——无论什么时候，无论在什么地方，你们都不会把它们遗忘。'整个大地'，在伯罗奔尼撒战争的头一年，培里克里斯站在他亲爱的公民的遗体旁说——'整个大地就是杰出人物的坟墓。'

再听听林肯的演讲：

"八十七年前，我们的先辈们在这个大陆上创立了一个新的国家，它是在自由的愿望中孕育产生的，它奉行'一切人生来平等'的原则。现在，我们正在进行一场伟大的战争，这是对我们这个国家的考验，这可以考验任何一个孕育于自由和奉行上述原则的国家是否能够长久地存在下去。今天，我们是在这场战争中的一个伟大的战场上集会。为了能使这个国家继续存在下去，烈士们滴尽了自己的最后一滴鲜血，而现在，我们来到这儿的目的，是为了把这个战场的一部分奉献给他们，作为他们最后的安息之所。我们理应这样做，而且这也是恰当的。

"但是，从更广泛的意义上说，这块土地我们既无权奉献，也不能神化，因为，曾在这儿浴血奋战过的勇士们——活着的和倒下的——已经把它神圣化了，这远不是我们的微薄之躯所能增减的。今后，全世界将很少注意到，也难以长时间地记起我们今天在这里所说的话，但是，勇士们在这里的所作所为却永远都不会被忘记！"

平心而论，艾弗莱特的演讲也很不错。它以景托人，以人抒怀。那些景致，长天、田野、群山，无不是死去的人——战士的坟墓的陪衬，二者构成了一幅庄严肃穆的图景。对于活着人来说，面对它们，只有"付出一切来报答他们"的义务，而没有玷污志士鲜血的权利。如此虔诚而抒情的演讲，使得它不仅在当时，甚至在以后很长的时期内，所有文学造诣深厚的人都认为艾佛莱特的演讲是个中珍品。

相比之下，林肯的演讲实在是太短，就其篇幅而言不过只相当于艾弗莱特的一头一尾而已，演讲者甚至没能留下个身影儿，然而，林肯的演讲却为葛底斯堡这个名字留下了永恒的纪念，一起被写进了教科书中，写在所有有关美国历史的书中；其手稿被珍藏在美国国会图书馆里；虽然很多人并不知晓那场战役以及战胜的将军姓甚名谁，甚至连美国本土、葛底斯堡的当地人也无人问津这个，但是，以这个地方命名的一篇简短的演说，却使得这个小小地名名垂青史！

就这样，演讲史用自己的逻辑证实了一个真理：没有阿喀琉斯，荷马仍是位伟大的诗人；但是如果没有了荷马，世上将根本没有什么阿喀琉斯！同样，没有葛底斯堡演说，林肯依然伟大；但如果没有了林肯这两分钟演说，人们却根本不会知道什么葛底斯堡！

3

美国第28任总统伍德罗·威尔逊在世的时候，有人问他："准备一份十分钟的讲稿，需要花多少时间？"他回答："两个星期。""准备30分钟的讲稿呢？""一个星期。""准备两小时的讲稿呢？""不用准备，马上就可以讲。"

这段对话分明在告诉我们：篇幅越短，准备越要充分，短而精是精彩演讲的一大特点，没有大量的资料的去伪存真、删繁就简的过程是达不到短而精的。林肯的《葛底斯堡的演说》只有九句话，600来字，所用的时间不过两分多钟，却准备了两个星期。不用说，他演讲的思想博大精深，结构紧凑严谨，才使之成为让人能长久地记忆的演讲的；反观讲了两小时的艾佛莱特的演讲，早已被人忘到九霄云外去了。

林肯的秘密何在？这肯定与他生平的积累与素养分不开。本来，他在律师任上，用来看书的时间就少得可怜，不过，最令他高兴的事情却却是与儿子塔德一起读书。在引用莎翁的话时，林肯的口气中总带着点讽刺意味，比如他经常嘟哝起《理查三世》中的诗句，这样评论说：

"莎士比亚的一些剧本我闻所未闻，而有些剧本，我则和其他非专业人士一样经常阅读：比如《李尔王》《理查三世》《亨利八世》《哈姆雷特》，特别是《麦克白》。我觉得，《麦克白》无可比拟的精彩。此外和你们专业作家不同，我认为哈姆雷特以"啊！我的罪恶臭气熏天"开始的独白，比"生存还是毁灭"那一段更为精

彩。请原谅我在您面前班门弄斧，妄加评论吧！"

这短短的几行字包含了多少内容啊！值得人们去再三仔细咀嚼，回味。

林肯还有一长处，那就是他为人谦逊，对自己在某些方面的无知，从不避讳。身处在一群虚荣的政客当中，他时常面临痛苦的深渊，不满于自己的现状，这样使他带着一种自然而然的对反面人物的偏爱，设身处地为麦克白去着想——令人惊讶的是，他竟认为麦克白是"值得理解的"！

林肯还非常重视日常的谈话训练，认为它常会闪现出思想的火花。比如一个偶然机会，这种火花被捕捉到了：一次，林肯一行人乘车兜风，有人为树的名称争论了起来。这时，林肯开口说道：

"请允许我这个内行来给大家讲讲吧！关于树，我几乎无所不知，因为我就是在树林里长大的……树和树彼此很相似，有时就像人与人一样，难以辨认清楚，只有懂得相面术的人才能够判断出它们的品性。你们不觉得，如果在学校里开这样一门实事课程，效果会很好吗？因为只有以一种变化的眼光来看待他，才能洞察他的性格和才能，现在我指的是人，不是树，观察树木可要比观察人容易得多了。

"我只是突发奇想而已。在学校里教授实事课程，在学生们步入社会之前，就让他们经历一些人为的困难，经受一些磨难。这样，他们一定能成长为百折不挠的斗士，成为不仅聪明过人，而且也不会受骗，又能应对一切环境的政治人才。这种想法只要是可行而且有益的，我们就应该去试试，哪怕失败会让我们暂时迷失方向或是大失所望也在所不惜。因为没有什么比分析一个人最危险也最宝贵了。"

　　由于没有人记录，肯定还有很多类似的想法无从查寻了。从林肯兜风时所发的奇想我们可以预设，他那种想法若是得以发展，将会带来何等重要的影响啊；我们甚至可以这样说，如果上帝能让林肯再多活几年的话，那他一定会在教育方面也取得不小的成绩的！

　　俗话说，机会是为有准备的人提供的；同样也可以说，演讲是为有良好语言文学修养的人所提供的——它是机会，也是一方宽阔的天地，一个并不狭小的舞台。

<h2 style="text-align:center">4</h2>

　　回头让我们再关注一下葛底斯堡演说的第一位听众的情形。演讲现场最后那稀稀落落的掌声，不可避免地给他的黑人男佣威廉·斯莱德带来某种不悦，因为这实在是他预先应当提醒总统先生的一种结果，一种让人觉得有平淡无味的感觉！"以后，我可得注意些！"——注意随时提醒他的主人嘛！毕竟，他是他的第一位听众，有话就应当说出口啊。

　　然而林肯并无责怪他之意，他本来就来不及多想什么；一次演讲对他而言算不了什么，他的出发点是率性而为，他的目的也是想使人们听着快乐一些——至少，这些是他原先的演讲目标。回顾以往，他原想做个通俗演说家，结果在这方面却是挫折连连，有一次，在某镇甚至没有任何人来听他的演讲！

　　不过，他在别的演说上却意外地成功了，其中有一些已经成为人类语言中的精品。原因何在？主要的是他在这些演说里晓得自己要达到的目标，并晓得如何使自己的演讲具体化。而这正是被众多讲演者所疏忽的，他们不能将自己的目标与讲演的对象这二者结合起来、相互配合，以至于手忙脚乱、言语谬误、拙口笨舌，自然其结果是失败。罗宾森在他的著作《林肯的文学修养》一书中写道："这位自修成功的人物，用真正的文化素材把他的思想包扎起来，可以称之为天才或才子。他的成就过程，和艾默顿教授描述文艺复兴运动领导者之一的伊拉斯莫斯的教育情形一样，他已离开学校，但获得的唯一的一种教育方法是教育自己，并获得成功，这个方法就是永不停止地研究与练习。"

比如说，林肯在一次有关尼亚加拉大瀑布的演说中，就运用了这种方法，他的每一个比喻都比前一个更为强烈，他把他那个时代拿来分别和哥伦布、基督、摩西、亚当等时代相比较，因而获得一种累积效果：

"这使我们回忆起过去。当哥伦布首次发现这个大陆，当基督在十字架上受苦，当摩西领导以色列人通过红海，甚至当亚当首次自其造物者手中诞生时，那时候和现在一样，尼亚加拉瀑布早已在此地怒吼。已经绝种但其骨头塞满印第安土墩的巨人族，当年也曾以他们的眼睛凝视着尼亚加拉瀑布，正如我们今天一般。尼亚加拉瀑布与人类的远祖同期，但比起第一位人类来却更久远。今天它仍和一万年以前一样声势浩大。早已死亡，而只有从骨头碎片才能证明它们曾经生存在这个世界上的史无前例的巨象，也曾经看过尼亚加拉瀑布。在这段漫长无比的时间里，这个瀑布从未静止过一分钟，从未干枯，从未冻过，从未合眼，也从未休息。"

林肯还认为，不会删减自己的谈话内容以适应这个快速时代气氛的演说者，将不会受到欢迎，而且，有时候还会受到听众的排斥。

此外，还有警句的运用，一般人以为，这篇演说稿结尾的那个不朽的句子，是林肯创造出来的；但是，真是他想出来的吗？林肯的律师伙伴贺恩登在葛底斯堡演说的几年前，曾送了一本巴克尔的演说全集给林肯。林肯读完了全书，并且记下书中的这句话："民主就是直接自治，由全民治理，属于全体人民，由全体人民分享。"而巴克尔的这句话可能又借自韦伯斯，因为韦伯斯在一封写给海尼的复函中说："民主政府是为人民而设立的，由人民组成的，对人民负有责任。"有人认为，韦伯斯则可能借自门罗总统，门罗总统在几十年前发表过相同的看法……这样，类似的说法，可能一直可以追溯到古代雅典的政治人物中去。无论如何，是那个意思，是通过各种渠道，早就潜伏于他的内心深处。而林肯呢，只是在恰当的时候，运用恰当的方式将它表达了出来而已——多么经典的"而已"！

但他也说得太过于轻巧了，是吧——不管怎样，林肯的葛底斯堡演说全文，已经被铸成金文存放于英国牛津大学中，也写成了金字镌刻在国会大厦的大厅里，它被视为英语演讲的最高典范而被推崇。它的巨大影响，在美国，除了马丁·路德·金的《我有一个梦想》以外，无人能出其右，而金就是这样说：

"100年前，一位伟大的美国人——今天我们就站在他象征性的身影之下——签署了《解放宣言》，这项重要法令的颁布，对于千百万灼烤于非正义残焰下的黑奴，犹如带来希望之光的硕大灯塔，恰似结束漫漫长夜禁锢的欢畅黎明。"

三、初升的太阳与牛犊面对黑暗与虎

——富兰克林舌战欧洲老牌群顽

新胜旧，后来胜从前，晚辈胜前人……这些事例，早已经在我们的语言里凝结成了一连串的经典警句：青出于蓝而胜于蓝；长江后浪推前浪，世上新人胜旧人；初生之犊不怕虎；千门万户瞳瞳日，总把新桃换旧符；后生可畏，后来者居上……

何以见得后来者一定会胜过前人呢？无他，只因他（她）是独特的，无可替代的"这一个"！

不妨说，在中国特别畅销的励志书《富兰克林自传》，就是一种类似这样的读物，其中的一个"初生之犊"的故事，更是人们耳熟能详的：

1785年，托马斯·杰弗逊接替富兰克林出任驻法全权公使。当法国外长接待他的拜访时，这位外长问："您代替了富兰克林先生？"

杰弗逊回答说："不，我是接替他，没有人能够代替得了富兰克林先生！"

外长不解地说："在我看来，您和他都是美国建国时期的伟大人物。流传千古的《独立宣串》就是由您执笔，经富兰克林先生修改而成的。

你们两个人双峰并峙，交相辉映，互相尊重，亲密合作，是分不出高低上下的。"

杰弗逊又回答说："不，我代替不了他。富兰克林先生除了在思想、政治领域之外，在众多其他领域也都取得了巨大的成就。在这个意义上说，确实没有人可以代替得了他。"

——是谦逊，抑或是作秀？当二人都是名扬天下的伟人之时，我们更难以判断。不过，就职业外交而言，富兰克林肯定是不输于同时代的任何人的⋯⋯

1

在法军和印第安人的联合进攻下，节节败退的英军让费城的总督束手无策，不得不求助于受人民信赖的富兰克林——富兰克林呢，一面号召大家尽力给英军提供支持，一面组建了一支足以保卫费城的民兵队伍，并亲自指挥。当他从前方的泥泞中回到费城时，英国总督和议会为财政问题闹得不可开交。

这些矛盾的焦点就是筹款问题。按道理，作为殖民者的业主们有保卫宾州的责任，应该为宾州防务工作做贡献。但实际上，宾州的防务费用大部分是宾州人民自己承担的。一面是宾州议会强烈要求向殖民者业主们征税，一面是总督在业主们的指使之下，拼命加以赖账。双方僵持不下之时，宾州议会决定派富兰克林前往英国，向枢密院陈述征税的理由，希望能争取到向业主征税的权利。

1757年4月，年逾50的富兰克林在长子威廉·富兰克林的陪同下到达伦敦。他先拜会了枢密大臣格兰威尔，但此人却坚决站在殖民地业主一边，他根本没把富兰克林这个殖民地的代表放在眼里：

"枢密院位居所有殖民地之上，你们最好是将争论提交给它，由它来裁决。否则，你们就不能得到公正。在立法机构中国王是殖民地的立法人，英王陛下的训令传达到那里，即成为那块土地上的法律。"

这种蛮不讲理的荒唐说法令富兰克林十分气愤，他当即顶了回去：

"勋爵先生，这种说法我可是闻所未闻。根据我们的宪章，我一直认为我们的法律由我们各殖民地的议会制定，呈请国会批准。只要批准了，即使是国王也不能加以废除或更改。既然议会不经国王的批准不能制定永久性法律，那么国王不经议会的同意同样不能制定法律。"

格兰威尔说了一声"你全搞错了，先生！"就扭过头去，谈话没法再进行下去。富兰克林心下明白了：英国政府完全站在业主们一边，到这里要想说服英国政府同意议会向业主征税是不可能的。于是他当机立断，径直找业主接触一下。

那是个晴朗的夏日，富兰克林在托马斯·佩恩豪华的庄园里会见了业主代表。当然，托马斯对这个威胁他们的财产和特权的议会代表是恨之入骨的，但他在表面上却一面装作非常客气的样子，一面又将其视为家臣一般。富兰克林在心底里也不承认这位封建领主，他是殖民地的全权代表，与对方完全平等，但此时，他只能压抑住自己的情绪，拿出大方的举止，不卑不亢地同他交涉——

富兰克林："根据您父亲制定的宪法，宾夕法尼亚州议会享有一个议会应享有的全部权利和特权。因此，它理应有权决定是否在其管辖范围内征税。"

托马斯："我父亲是根据皇家宪章的要求这么做的，如果我父亲没有赐予殖民地宪章，没有赐予议会特权，那么，就不能据此要求这些权利。"

富兰克林反驳说："假若你父亲无权赐予特权，却又佯装赐予特权，并向全欧洲公开宣布他赐予的特权，那么，那些因相信你父亲赐予特权，并期望据此享受这些权利而迁居该地的人们，显然是被欺骗了、诈骗了和出卖了。"

托马斯得意地说："那只能是他们自己的错！"

此时托马斯的神情就像一个卑鄙的骑手，听说马票买主抱怨被他欺骗了的时候，而显得扬扬得意的样子一般；看着他这副愚蠢的神态，富兰克林就不愿意再和他谈下去了。

但是，整个伦敦却几乎没有人同情或支持殖民地。富兰克林只好救助媒体，他给报刊投稿，驳斥那些辱骂殖民地的匿名文章——那类文章不是出自业主之手，就是雇佣写手的伪作。这样，便使他临时决定自费出版一本书来加以反驳对方了。次年，这本名为《对宾夕法尼亚州宪法和政府的历史回顾》的书出版了。在书中，富兰克林将矛头直指业主们：

"这些业主是谁？是什么人？在该地区他们是不够格的臣民和不胜任的勋爵。在家里确实是绅士，但如此自私自利的绅士，在上流社会难得见到，在法院、办公室、英国议会，也同样见不到。"

这本书把托马斯·佩恩气得发疯，他恨死了富兰克林。这时候，宾州议会通过一项法案，决定向业主征税10万英镑，并以这笔钱为基金发行10万英镑纸币，在市场上流通。这一不顾一切的做法，让顽抗的业主们和枢密院着了急。枢密院指责这一法案"公然对抗自然赋予的正义，英国的法律和皇家的特权"。富兰克林却主动向枢密院解释征税的必要性和执行该法案的紧迫性：

> **"如果强迫议会废除法案，那么已发行并在市场上流通的10万英镑纸币就会作废，这对殖民地经济是一个毁灭性打击，对业主及英国利益也是极不利的。"**

慢慢地，枢密院的顽固立场开始松动了。在调解之下，富兰克林代表议会与业主们最终达成妥协：业主们承认议会有征税权，议会则承诺对未经测量的土地不予征税，对已经测量过的土地征税不能高于其他同类土地的税额。

经过长时间斗争，富兰克林终于顺利完成了出使伦敦的艰巨任务。

2

富兰克林还希望推动废除印花税法，但他找不到盟友。国会和政府中有影响的人都不同意他的计划。他只好转而向那些普通的政治家做工作。他以一个思想家的声望，以他关于美洲事务的渊博知识以及循循善诱的劝说艺术，广泛地争取到各类人的支持。他最主要的支持者，自然是那些英国制造商、运货商以及零售商，正是这些人，成为印花税法的受害者。当时政治家们普遍看不起商人阶层，而富兰克林不仅本人属于这个阶层，同时他也理解他们。尽管他们在议会里的席位少得可怜，但是，富兰克林有决心让其舆论的影响一步步扩大、增强。

正在这个时候，富兰克林意外地成了一位美英联合机构的美洲发言人。1765年年底，国会就是否废除印花税法案进行了首次讨论，随后进行了长时间的辩论。作为旁听议会辩论的人，他观察到，尽管小皮特等人赞成废除法案，但他们影响太小，难以说服国会；次日，富兰克林应邀出席了下院的听证会。议长按部就班地询问："姓名？居住地？"听得出来，议长实际上是警告他：小心这是什么地方！但富兰克林沉住气，平静地回答了议长，然后就得面对议员们刁钻的提问了。提问人中有友有敌，他的回答虽不像雄辩家那样旁征博引、气势宏伟，但他力求每一句话都经得起推敲，从而显得逻辑严密，推理正确，令人折服。

此时，挑刺儿的人出面了，他是印花税法的制定者格兰威尔，他向来仇视富兰克林。

> **格兰威尔**："哦，你觉得美洲应受这个国家的保护而又不为这个国家花钱合适吗？"
>
> **富兰克林**："首先，这不是事实！在最近的七年战争中，殖民地招募了2.5万人，并负责他们的衣服和津贴，花了数不清的钱。"
>
> **格兰威尔**："他们不是得到国会补偿了吗？"
>
> **富兰克林**："在你看来我们是得到补偿的，但这只是我们应摊部分以外的垫付款，这些补偿只占我们支出的少得可怜的一部分，尤其是在宾夕法尼亚州，支付了约50万英镑，而全部补偿还不足6万英镑。"
>
> 格兰威尔无话可答，耸耸肩，不再吭声。这时另一个不相识的议员A突然跳了出来。
>
> **议员A**："就殖民地的境况而言，他们不是完全交得起印花税吗？"
>
> **富兰克林**："依我看，殖民地连交一年印花税的财力都没有。"
>
> **议员A**："那你不知道从印花税上多收的钱将全用于美洲吗？"

富兰克林："我知道，根据这个法令，所征收的税收要用在驻有士兵的被占殖民地里（加拿大和佛罗里达），而不是用在交税的殖民地里。"

这时，议员们议论纷纷，又有议员大声说，若对印花税法案加以修订，就可平安无事，然后与富兰克林交上了火。

议员A："如果印花税适度，你不认为美洲人民会承担纳税义务吗？"

富兰克林坚决地摇摇头："不，决不！除非靠军人来强征！"

旁边的议员B插嘴："如果你愿意的话，你能帮助我们以美洲人不太反对或根本不反对的方式来修正这项法令吗？"

富兰克林一笑："我必须承认，我已经考虑好了一个修正案。如果你们愿意提出它，印花税法就可能保留，而美洲人也会安静下来。它只是一个很小的修正，只是一字之变。"

议员C："嗨，你指的是什么？"

富兰克林："我要提的修正是那个从1765年11月1日起税法生效的条款，只要把1765年的1改作2，这个法令的其余条款都可以保留不动。我相信它不会使任何美洲人感到不安。"

富兰克林既幽默又果断地给了对方以迎头还击。他知道，只有利益才是最打动人的，所以他向议会反复阐述了这样一个观点：国人从贸易里遭受的损失将大大高于他们得到的税收。他引用无可怀疑的统计数字说服了他们。他的回答几乎不能算作演讲，但它们给他带来演讲者般巨大的成功。富兰克林的答辩被记录下来，在伦敦、纽约、费城等地发表。人们说，富兰克林征服了议会。终于，废除印花税的法案得到上下两院的通过，无奈的国王只好也批准了。消息传到北美，整个殖民地都沸腾了！在费城，咖啡馆向那艘带来这个消息的船上的每一个人赠送礼物。富兰克林成为废除印花税法的英雄，宾州总督和费城市长请来300个绅士在议会大厦为他干杯。

3

在北美的13块英国殖民地分别被其业主和总督统治时，相互之间并无多少政治的联系。本杰明·富兰克林几乎是全美洲最早考虑殖民地联合和独立的人士了。早在1753年富兰克林任殖民地邮政副总监时，他拟订了第一个关于殖民地联盟的计划纲要。不过，当时他提出联合的目的不是为了和英国脱离关系，而是为了防御印第安人的进攻。

当莱尔与印第安人部落联盟缔约之时，他就考虑到殖民地的联盟，他说：

"六个愚昧的野蛮人部落尚能制订出一个关于联盟的计划，并且能够坚持数年执行它，表现出一种持久的稳定性；可是，对十多个英国殖民地来说，同样的联盟却不能够建立，这真是一件奇怪的事情……"

次年，他在报上发表了一幅自己画的漫画：画面上是一条被分成数段的蛇，每一段都标着一个殖民地的名称，漫画上方写着"不联合就死亡"——据说，这可能是美洲第一张漫画。

从此，富兰克林总是将各个分散的殖民地视作一个整体。那时他还只是认为，殖民地应作为一个整体成为不列颠帝国的一部分，所以应当在英国国会内拥有自己的权利。一个叫皮特的人非常赞同富兰克林的观

点：激烈的措施往往促使一个大帝国崩溃；但他又觉得，要推翻现政府
还不太可能；因为在当时，大部分英国人都认为，做得太过分了的是美
洲人，他们迟早会要求独立的。

对皮特的拜访使富兰克林意识到，在伦敦支持美洲的力量是非常微
弱的，反而他自己的处境十分危险：一旦英军和殖民地人民开战，他就
会被逮捕。很多人劝他离开英国，他拒绝了。在这关键时刻，殖民地人
民更需要一位代表在伦敦奋斗。

1773年12月的波士顿倾茶事件，立即波及伦敦，英国内阁对富兰
克林态度更冷淡了。听说第一届大陆会议召开后，内阁对他的态度又来
了个大转弯，他们一致认为，富兰克林是能让他们摆脱困境的最佳人
选。

于是，内阁开始活动起来。他们指使富兰克林在伦敦的一位好朋
友、医生福瑟吉尔和富兰克林的另一位英国朋友巴克利，来和富兰克
林商谈妥协方案。但对于英国政府的计划，富兰克林事先并不知晓。所
以，巴克利拜访了富兰克林时，先和他谈了与美洲做生意的一些商人向
议会提交的一份请愿书，而他本人就是一位与美洲关系密切的商人：

> **"现在，内阁坚持惩罚美洲，美洲人也在抵制英国货。事情已
> 经僵持很长时间了。这样下去形势只会越来越危急！如果有一个人
> 能通过某种方式设法阻止这种可怕的灾难并促进和解，对大家都有
> 好处。"**

说到这里，他满怀希望地看着富兰克林，但富兰克林毫无反应。巴
克利决定把话挑明：

> **"以您对英国和北美的了解，以您的性格和在北美的影响力，**

以及您在商务上的能力，您肯定能担当重任，没有人能比得上您。"

富兰克林："能够做些工作有助于完成这项重大事业，我将非常高兴。但是，我认为希望非常渺茫。"

巴克利："为什么呢？"

富兰克林："有意而且准备接受任何平等的条款，但他们不会接受一个内阁的领导。英国内阁只希望激怒北美殖民地人民，引起他们的公开反抗，这样就可以很有理由地通过军事管制来控制他们。"

巴克利："把内阁想得太坏了。我敢保证，内阁中许多人将非常高兴不论以什么条件摆脱窘境，只要能够保全政府的名誉和尊严就行。"

巴克利再三劝说富兰克林考虑这一建议，富兰克林只好同意，但他表示：他认为这一切努力都将是徒劳的。三天以后，巴克利和福瑟吉尔邀请富兰林小叙。在福瑟吉尔的一再要求下，富兰克林起草了一份《谈话提要》，提出了与英国和解的17条要求。其中的第一条要求就是：波士顿可以答应赔偿茶叶损失，但英国政府也应赔偿封锁港口给波士顿带来的损失，富兰克林说：

"茶叶事件发生后，英国有权要求赔偿，同时它也可以选择另一种方式，即以牙还牙施以同样的损害。但是英国无权既要求赔偿又施以报复。如果英国要求赔偿茶叶，它就必须对封锁港口的损失作在出赔偿。"

巴克利和福瑟吉尔知道英国政府把倾倒茶叶一事当作主要问题看，坚持要求赔偿，他俩没料到富兰克林反而向英国政府提出赔偿要求，而且比这多得多：恢复马萨诸塞州的特许权；废除《波士顿港口法》；由殖民地议会重新修订航海法；不再从英国派遣海关官员，而由总督任命当地人担任；和平时期美洲应保持自己的军事编制，英国不得征用；非经当地议会同意，不得在任何地方建立要塞；英国军队撤出美洲；英国国会放弃其在殖民地内部立法方面的全部权力……

富兰克林认为他提的要求都是合情合理的，既不苛刻也不软弱。巴克利和福瑟吉尔却认为富兰克林的要求太过分，富兰克林拒绝做任何妥协，他说："如果你变成羊，狼就会吃掉你……美洲必须不屈不挠，斗争到底。"

英国政府转而又通过另一渠道与富兰克林接触，希望能拉拢这位殖民地的总代理人。有位英国皇家学会的朋友给富兰克林介绍说：有一位姓豪的子爵夫人，想和富兰克林下国际象棋，而且她肯定能赢。富兰克林真的和豪夫人下了几盘棋，豪夫人果然棋艺高超，而且谈吐机敏，举止优雅，她给富兰克林留下了很好的印象。无意中，豪夫人似乎是很偶然地谈到了英国和北美的争端。

后来，在圣诞节那天富兰克林拜访了这位豪夫人。豪夫人说："我弟弟豪勋爵很想认识您。他是个好人，我相信你们俩会合得来。"富兰克林听说过豪勋爵。豪一家和美洲都有较密切的关系：他的哥哥在英法七年战争中在北美战死，他的弟弟也参加过魁北克的战争。豪本人是海军少将和国会议员，对美洲事务很热心，这样，富兰克林就同意了。豪来了之后，双方很快就谈起了美洲的事情。

豪说："我知道您最了解美洲事态的发展。内阁对您的态度不太好，这我知道，希望您别往心里去。如果您不便于直接与内阁大臣们接触，我很愿意充当中间人。我保证严守秘密。"

富兰克林看了豪夫人一眼，转而对豪说：

"阁下提到对我个人的伤害，现在，我认为有必要说一下，美洲受到的伤害要大得多，我现在不屑去提起它。……另外，我一向坚持这么一个原则，即不要把个人事务与公共事务搅和起来。为了公共事业，我可以和自己的敌人联合起来。或者，为了公共利益，和公众联合起来一起为那个敌人工作。"

豪请富兰克林列出能使英国和美洲言归于好的条件。富兰克林婉言拒绝了。他说请愿书上已写得明明白白，还拿出随身带着的请愿书抄件，读了一段。几天后，富兰克林又在豪夫人家中见到了豪。这次，豪从口袋里拿出一份文件，微笑着问："如果我要求不过分的话，我可不可以问一句，您知道这纸上的内容吗？"富兰克林当然知道纸上的内容，那是他给巴克利和福瑟吉尔的《谈话纪要》。但是，他很恼火自己同巴克利的协议透露出来，没能守住秘密。

　　豪说："**我很遗憾地发现文中表达的情绪是您个人的。本来我打算尽力帮助调解，现在看来希望不大了，因为我有充足的理由相信内阁不可能接受这些建议。**"
　　豪接着说："**您能否再考虑一下，拿出一个比较能够接受的计划？……如果您的计划能给国家带来利益，我相信政府会给予您应得的报酬。**"

这话让富兰克林感到一阵恶心，一切都明白了，英国政府企图通过豪及其夫人来贿赂他拉拢他，引诱他让步，这种做法太可耻了！
　　与豪的谈判破裂。富兰克林交给巴克利和福瑟吉尔的《谈话纪要》

也没有得到内阁的同意：对富兰克林的17点建议，他们拒绝了3点，采纳了4点，其余的做了不同程度的改动。当然，富兰克林拒绝做出任何让步——他是个有原则的人！

但是，富兰克林出使伦敦，在舌战中他有理有节地为殖民地力争的风骨与辩才，也给了人们良多的启示。比较遗憾的是，他的自传还没来得及写完他就与世长辞了，余下部分，当由北美殖民地的人民继续下去，以此告慰这位北美独立的先驱者！

四、伟大的废除奴隶制运动中的双子座

——林肯与道格拉斯的辩论与演讲

在清朝统治中国的末期，也就是《辛丑条约》签订的那年，"不懂外语的翻译家"林纾先生因其"触黄种之将亡，因而愈生其悲怀"，促使他将这一本叫作《汤姆叔叔的小屋》的书译成中文；但他在将这把"火"拿过来的同时，将译名改为了《黑奴吁天录》——之所以这样做，他显然是想以小说警醒国人：类似的国家分裂有可能在中国发生！毕竟，那时国人的意识里，一个国家的分裂，也仿佛跟灭亡不远似的。

关于那本小说，还与这样一句名言相关：一个小妇人引发了一场美国内战。说这话的是伟大的林肯，而小妇人指的便是此小说的作者斯托夫人了。就在美国内战爆发后不久，林肯接见了她，诙谐地对她说："你这个小妇人挑起了一场战争。"这位总统肯定了斯托夫人的这部小说——正是它，在当时起到了吹响铲除奴隶制度的进军号的不可估量的历史作用。

那么，这是怎样的一本书呢？那个闻名的内战，毕竟是白人之间的争斗啊，而且国民死亡达60万人之巨，大片的国土尽成焦土，战争却是为了与白人毫不相干的黑人而打，有谁思考过其中的情理逻辑？林肯打这场战争的真正原因是什么？他对奴隶制的态度经历了怎样的转变？他为什么要签署《解放黑奴宣言》？面对这些疑问，我们且循着林肯的几次演讲与辩论的轨迹寻找答案吧。

1

俄亥俄河（Ohie）既是一条大河，也是一条界河，它源于印第安语oheo，原意为"美丽河"。傍着它建立的辛辛那提市（Cininnati），于1832年，迎来一位20出头的、同这河名一样美丽的少女——哈丽叶特·伊丽莎白·比彻·斯托（Harriet Elizabeth Beecher Stowe）。

她是随同父亲的搬迁来到辛辛那提市的。应当说，少女哈丽叶特配得上这城和这河的名字。辛辛那提原意为"金立河河口对面的城市"，金立河是俄亥俄河的支流，而城市名则源于法国总督圣克莱尔将军，他以古罗马将领辛辛那提斯（Cininnatus）命名的一个团体的主席。而罗马人辛辛那提斯又以有能力、质朴和善良著称于世。

这样，当少女哈丽叶特成长为斯托夫人时，在两方面——辛辛那提斯的善良和能力，俄亥俄的美丽——都使她无愧于自己成长的那条河、那座城。而更重要的是，那座城市与南部蓄奴州仅一河之隔，俄亥俄河这一端，是自由的北方州，而南部，则是蓄奴州。

家庭的教养，给了年轻的哈丽叶特一颗善良、同情弱者的胸襟。她的父亲是个基督教牧师，后出任辛辛那提市兰氏神学院院长，是当时美国最有权威的清教徒教士，主张废奴。斯托与兄弟、姐姐自幼受到父亲清教思想影响，笃信宗教，关心道德、宗教和社会问题；她有三个哥哥后来都成为著名的传教士，并且是废奴运动积极分子。这些，都对她废奴立场的形成，起到了重要影响。

以后，哈丽叶特担任了教员，并开始练习写作。善良和正直的性格，驱使她经常过河去南方，与黑奴直接接触。在这一过程中，她耳闻目睹了黑奴们所遭受的残酷压迫和非人待遇，也激发了她用笔杆子揭露奴隶制度的残暴罪恶的决心。

再后来，哈丽叶特嫁给了斯托教授，虽接连生了七个孩子，但她内心中始终牵挂着黑人的不幸与痛苦。在繁劳中继续搜集素材和资料，躬身倾听了许多黑人自身遭遇的诉说和对奴隶主残酷压迫的控诉，且又得到了同样怀有正义感的丈夫的鼓励。1851年，她终于完成了那本名为《汤姆叔叔的小屋》的小说，最初在华盛顿的《民族时代》上分期连载时，就引起了注意。1852年，小说的单行本正式出版，引起轰动；评论家称："小说以其巨大的感召力，激起了废奴运动的新高潮。"

美国著名艺术家爱德华·霍珀说过："一个国家的艺术，只有当它最充分反映本国人们性格时，才是最伟大的。"斯托夫人《汤姆叔叔的小屋》就是这样一部作品。它以一个诚实善良、逆来顺受而又笃信上帝的黑奴最终被奴隶主活活打死的血淋淋的事实，无情地揭露了奴隶制度的滔天罪恶，使所有正直的人们在感情上根本无法容忍奴隶制度的存在。小说成为畅销书，对社会触动极大；激发了废奴浪潮的空前高涨，给予废奴运动巨大的道义上的声援，从而成为那个时期拥有最多读者的一位作家。

> **"我在这场战争中的最高目标是拯救联邦，既不是保全奴隶制，也不是摧毁奴隶制。如果我能拯救联邦而不解放任何一个奴隶，我愿意这样做；如果为了拯救联邦需要解放一部分奴隶而保留另一部分，我也愿意这样做。"**

这是1860年美国当选总统林肯在演讲中的一段话，可见，当时他的态度并不是十分积极主动地要废除奴隶制的，尽管如此，南方各蓄奴州还是预感不妙，各州也纷纷宣布独立，以不惜分裂国家来维持奴隶制度在南方的存在。这样，废奴运动激化了南北利益集团的矛盾，并成为1861年内战爆发的导火线。

2

1836年12月5日，伊利诺伊州第十届州议会开幕，这次州议会以77票对5票的绝对多数通过了一项决议案，称"极不赞成组织废奴协会……按照联邦宪法、各蓄奴州对奴隶的所有权是不容侵犯的……"这个决议认可了蓄奴州继续拥有奴隶的权利。在投反对票的五名议员中，林肯与另一名叫丹·斯通的议员联名提出了一份书面抗议，称"奴隶制度是建立在非正义的错误政策之上的"。同时，林肯还激烈地反对为奴隶制谋利的墨西哥战争，在任国会众议员期间，凡是谴责墨西哥战争的议案都投了赞成票，正如他发言时说的那样：

"总统发动对墨西哥的战争是没有必要和违反宪法的。"

但是，林肯又是比较现实的，当他感觉到有必要团结多数人时，就开始变得有些保守了，不再坚持激进的反奴隶制立场。这样，在1848年年底的国会期间，林肯对在哥伦比亚特区立即无条件禁止奴隶制的提案投了反对票。尽管林肯在公开场合变得"温和"起来，但私下里他却承受着巨大痛苦，在给斯皮德的一封信中，他道出了自己的矛盾处境："我极不愿意看到那些可怜的人被追捕，被捉住，被抓回去，再过那终日横遭鞭打、被迫做无偿苦役的悲惨生活；不过，我还是要一直紧闭嘴巴，保持缄默……"

1858年6月，林肯发表了名为《家庭纠纷》的著名演讲，他说：

"一个分裂了的家庭不能持久，我相信，这个政府不能永远维持半奴隶半自由的姿态。"

他的这个比喻，生动地告诫人们，奴隶制问题上的分歧，不可能持续得太久。果然，没过多久，林肯和道格拉斯二人就参加了伊利诺伊州的国会参议员竞选，从而掀起了一场关于奴隶占有制问题的大辩论，这次辩论会异常激烈，各大报刊都刊载了辩论的全文。其时，道格拉斯是民主党全国性的风云人物，而林肯出了本州岛则默默无闻。论战的中心论题是：政府有无权利使奴隶制在新的地区合法化或者加以禁止。

斯蒂芬·A·道格拉斯："这个国家是建立在这样的基础上的，即每个州都有权根据自己的意愿决定奴隶制的存亡。"
亚伯拉罕·林肯："这场争论的真正问题在于……一派的观点将奴隶制度视作邪恶，而另一派的观点不把它视为邪恶。"

道格拉斯(1813—1861)生于佛蒙特州，虽然身材矮小，却以"矮小的巨人"而闻名，也是一名天才的演说家。他进入参议院后，便狂热鼓吹领土扩张；但由于西部领土扩张引起了在新的准州里是否允许实行奴隶制的激烈争论，在他牵头下，议会制定了《堪萨斯-内伯拉斯加法案》，允许当地居民自行选择。林肯争辩，说奴隶制不该扩展到现存的奴隶州以外的地方去了。而道格拉斯同样坚决地说：国家的生存要求尊重民众的主权，即便这会使奴隶制扩展也无妨。林肯最终赢得了公众投票，但竞选却失败了(当时参议员由立法机关选举产生而不由公众投票产生)。但那次的辩论使他成为共和党全国领袖人物，以及1860年总统大选的竞争者。

以下的交锋于1858年10月15日在伊利诺伊州的阿尔顿展开。成千上万人——农民、工人、职员，等等——前来观战、提问、向自己的一方喝彩。辩论仅集中于一个问题：奴隶制，是废除还是保留？

道格拉斯在开场白中说：

> "在芝加哥的演说中，林肯甚至比过去更进了一步，发表了关于黑人与白人平等的观点……他坚持说《独立宣言》在肯定人人生来平等的条款中包括了黑人；并且居然还说，要是允许一个人认为本条款不包括黑人，那么别人也就可以认为它不包括其他人。他说应该摒弃所有这些人与人的区分、种族与种族的区分；我们应该采取《独立宣言》的立场，宣告人人生来平等。

> "我分析林肯先生的三个主张，并指出我认为这些主张中包含的根本错误。第一，针对他的关于这个政府违反了上帝之规即分裂之家无可持存这种信条，我反驳道，这是给我们宪法的不朽缔造者脸上抹黑。照我看来，我们的政府能够按照我们祖先将国家分为部分自由州部分蓄奴州的方式永世长存——每一个州都有权根据自己的意愿决定是禁止、废除还是保存奴隶制，这个政府是建立在各州主权的坚实基础上的，各州有权调整自己的地方体制以适应其具体情况……我们祖先创建这个政府时就知道，在幅员如此辽阔的国家里，由于土壤、气候和利益如此多种多样，就必须有相应多样的地方法律、政策和制度使各州适应于自己的情况和需要。由于这个缘故，这个国家建立的基础就是：每一个州都有权根据自己的意愿对奴隶制及任何其他问题做出决定，而各州不应指责兄弟州的政策，更不应对此横加干涉。"

林肯对他的回答是：

　　"关于将奴隶制作为邪恶处理并遏制其蔓延这个问题我还有话要说。除开这个奴隶制度以外，还有什么其他东西威胁过这个国家的生存吗？在我们中间，什么东西是视为最珍贵的呢？是我们自己的自由和繁荣。除开这个奴隶制度以外，还有什么东西威胁过我们的自由和繁荣呢？

　　"如果这是事实的话，那你又怎能通过扩展奴隶制——使之蔓延，将其壮大——来改善事物的现状呢？你身上长着一个囊肿毒瘤，但无法将它割除，因为这样做会使你流血致死；然而，治疗的方法却肯定不是将毒瘤繁衍、使其扩散于你的全身。这不是处理被你视为邪恶的东西的恰当方式。你再看看这种处理它的和平的方式——抑制它的扩散，不让它蔓延至原先它所不存在的新的准土里去。这是一种和平的方式、传统的方式。我们的先辈将这种方式的运用给我们树立了典范。"

　　这场辩论的结果，虽然道格拉斯当选为参议员，但林肯反对奴隶在新地区合法化的观点，得到了广大民众的支持和理解，他的学说才能也被广泛赏识和欣赏，之后不久，他就以"劈栅栏木条候选人"的绰号，被提名为1960年共和党的总统竞选人。

3

　　1860年的大选，选举的结果将直接关系到奴隶制的命运问题。而林肯在奴隶制问题上的主张，符合资产阶级利益，他在劳工问题上的主张也深得工人的拥护。他的寒门出身也为他在广大劳动人民中间积累了广泛的支持。更重要的是，当大选越来越近的时候，民主党的内部却严重分裂开来，分别成立了南北两个民主党，它们各自有自己的纳税人，各自有自己的候选人。这无疑为共和党的取胜造就了极为有利的条件。最后结果揭晓：林肯以近200万张选票当选美国第十六任总统，而在南部的10个州里，他没有得到一张选票，他的当选成为美国开国以来最具有地方性色彩的一次。

就在此时，南北双方围绕奴隶制废除与否的争执也几近白热化，随时都有爆发更大冲突的可能。当就职仪式结束之后，人们马上逐字逐句地研究就职演说全文，尤其是南方各州，这关系到他们的切身利益。这篇就职演说的原稿上，林肯原先有两句话充满强烈的火药味道：

> "你们能容忍对政府的攻击，我却不能从捍卫它的立场上后退。'和平还是战争'——这个严肃的问题得由你们而不是由我来回答。"

但是，正式演讲时，他根据行政班子的意见做了修改，使语气变得和缓多了：

> "各位心怀不满的同胞，内战这一重大问题，不系于我的手里，而系于你们的手里。政府不会攻击你们。只要你们不当侵略者，你们便不会面临战斗。你们没有对天发誓要毁灭政府，但是我却将做出最严肃的誓言，要'保存、保护和保卫'它。"

这里，林肯用了同义重复的手段，将preserve, protect, defend并列，强调了自己责任的重大；这就比先前的peace or war这种相互对立的选择，相对要和缓多了，而且又表明自己坚定不移地捍卫联邦统一的观点。

尽管如此，就职以后的林肯，态度却明显变得保守起来。他撤销了一些将军私自解放奴隶的命令，还希望把黑人迁移到世界其他地方去居住。总之，从人道上他们反对奴隶制，但他们又不愿意与黑人生活在一起。难怪有人说：林肯打算将黑人赶出美国的做法是他一生的污点。不管评价如何，林肯此时就是希望能挽留住那些吵着要脱离联邦的蓄奴州。

前面说过，林肯在接见《汤姆叔叔的小屋》作者斯托夫人时，称她为"写了一本书，酿成了一场战争的小妇人"。而这本书，说到底，不过是增加了北方人对奴隶制的反感而已，那话只是林肯当时为赞赏作者的一种夸张说法；而真正触发内战的导火索，还是应数"斯科特案"。

斯科特原本是个黑奴，他随主人在两个自由州生活了四年，1854年，他突然向州法院递诉状，要求给予自由的身份，理由是他们一家曾经是自由州的州民。本来，这个案子的焦点是一个技术性的法律问题：曾在自由州生活的奴隶，是否应该得到自由。然而斯科特的主人桑福德却绕开这个问题，指出黑人根本不具备公民资格拥有诉讼权利。最高大法官坦尼也拒绝了斯科特，其理由是：美国原本是由各州组成的联合体，在联邦诞生前，只有州公民一说。宪法通过后，美国成为一个联邦国家，州公民才自动上升为美国公民。然而在美国宪法诞生时，黑人连州公民都不是，自然就不是美国公民了。这个在法理上能说通、却缺乏对现实政治的周密权衡的判决，使得南北双方的矛盾迅速激化了。

反奴主义者在此案败诉之后，已经容忍不了这样的状况继续存在；最高法院的判决意味着历史的倒退，黑人现在连公民都不是了！而南方也容忍不了这样的争论继续下去，既然当初建国是自愿加入美国大家庭，既然北方看不惯奴隶制，大不了南方主动退出这一大家庭，省得整天吵闹，各过各的生活，互不干涉，岂不更好？北方人显然不能接受南方人的逻辑，一场对于奴隶制废除与否的争论，上升为对联邦统一的论战，而作为合众国总统的林肯必须站在绝对维护联邦统一的立场上，并不惜一战。

4

哈佛大学英文系的教授、美国文明史项目主任约翰·史托弗(John Stauffer)写了一本书,名为《巨人:弗雷德里克·道格拉斯与亚伯拉罕·林肯平传》。这本《巨人平传》,着重介绍了两位巨人的关系,尤其是对二人之间的独特关系及相互影响进行了详细的介绍、对照与评述。

作者史托弗承认,在开始这项研究之前,他从未想到过道格拉斯和林肯之间除了出身卑微这一共同点之外,居然还有许多其他相似之处。两人用以自学和不断重塑自我的核心阅读资源都是《圣经》、莎士比亚、拜伦、彭斯、《伊索寓言》以及《哥伦比亚演说家》(当年最流行的一部供男孩子学习的演讲集)。两人开始时都只会说家乡的土话,不知文雅英语为何物,最终却都成为极富感染力的演说家。两人都深信,无论是男人还是女人,都可以通过艰苦奋斗和教育改善自己的境遇,但改善自我的最终目的并非个人发财,而是改良社会。两人的婚姻,严格意义上说,都算不上理想:道格拉斯娶的是文盲,林肯太太是有名的女强人和悍妇,但两人始终未发生婚变。两人均烟酒不沾,而烟和酒是那个时代几乎每一个男人共同的嗜好。甚至两人的身高和力气都惊人地相似:道格拉斯1.86米,林肯1.95米,即使在今天,也都算得上是孔武有力的"猛男"。

但是,这些表层的相似之处并不能掩盖两人之间本质上的区别,道格拉斯和林肯是属于完全不同性格的两种人。面对公共事件,道格拉斯能迅速而果断地做出反应和决定,但其策略却常有变化;林肯则总是很慢才能做出决定,而一旦决定做出,就难得改变。道格拉斯是激进的革命派,是自始至终坚持自己的信念并毫不动摇地为之奋斗的战士;他绝不会和敌人交朋友,除非对方能改变自己反过来支持他的事业。林肯则是折中主义的调和派，他总是希望尽可能地争取各方力量的支持，他坚持认为，"要想赢得人家对你事业的支持，首先得让对方相信你是他真诚的朋友"。

宽泛说来，正是这种和稀泥、搞折中，使得林肯更容易周旋于政坛，尤其是周旋于形形色色人物之间，与各个不同的意见打交道时，更需要这样的个性。林肯最大的理想是维护国家的完整统一，对他来说，代价空前巨大的那场内战之所以不可避免，是因为他不愿看到美利坚民族被分裂为南北两国。废除奴隶制从来就没有被安排在林肯的日程表上，他甚至一生的大部分时间都在计划让美国成为一个没有黑人的国家。只是当他意识到，无论自己如何努力讨好南方或对奴隶主们做出妥协，国家终不免分裂的危机，而奴隶制最终证明就是维护国家完整统一的最大障碍时，林肯才下定决心正式签署并发布了他的《解放黑奴宣言》。

正是这一点，决定了道格拉斯与林肯之间有些若敌似友，拿史托弗的话说，是始于"敌"而终于"友"的关系：在林肯容忍奴隶制在南方的存在以及在是否彻底废奴的问题上迟疑不决的那些日子里，道格拉斯毫不留情地不止一次公开称对方是"种族主义的代表"，是"美国通向自由的道路上最大的障碍"，是"一条出色的黑奴猎犬"。但当道格拉斯发现，林肯是能够帮助他完成废奴伟业的唯一有效而强大的力量时，他又不遗余力地给对方以支持和助推。而当林肯最终站到他的立场，从法律上彻底废除了奴隶制之后，道格拉斯则毫不吝啬地对这位伟大总统发出由衷的赞美。林肯也对道格拉斯的勇气、才干、热忱、人格等表示敬佩，在几乎没有任何白人会让一位黑人迈进自家门槛的时代，林肯却先后三次向这位黑人英雄敞开了白宫的大门，显示出大政治家的人格魅力和高尚道德。

《巨人平传》将一个半世纪以来一直被供奉在万神庙高位上的林肯

请下了神坛。传记认为，从某种程度上说，倒是道格拉斯在一生的大部分时间里，无论是作为演说家、作家、鼓动家还是一位公众人物，似乎都以其勇往直前的果敢形象，令在种族问题上犹豫不决、内心充满矛盾的调和派林肯相形见绌。虽然林肯最终签署了《解放黑奴宣言》从而在法律上宣告了奴隶制的终结，但《巨人平传》却暗示我们：真正艰苦卓绝、不懈努力促使奴隶制终结的不是林肯，而是道格拉斯，他以自己不断的演讲、写作和社会活动义无反顾地向奴隶制及其一切形式的保护力量宣战直至其寿终正寝。虽说林肯最终的废奴决心主要来自现实的动机，即要想保全这个国家，就必须废除奴隶制。但不可否认的是，林肯的决策与决心和道格拉斯在整个过程中的推力与拉力有着密不可分的关系。由此看来，虽然当初以及后来的绝大多数普通黑人确实视林肯为自己的救世主，但将其描绘成基督式的神灵就不无讽刺了，不仅道格拉斯难以接受，作者史托弗也显然不能认同，尽管他和这位黑人之魂以及千百万热爱这位巨人的人们一样，确信林肯是一位道德高尚、襟怀宽阔、高瞻远瞩、具有非凡人格魅力和巨大悲情力量的伟大的民族英雄。

言语暴力狂欢下的法兰西

04

一、革命者的选择题：路易应当死，因为祖国必须生

——与法国大革命有关的言说道具

那全是帆，没有一根锚。——格言

众声喧哗中，从幕布后面喷涌出一面面摇曳的旗帜、一杆杆交叉的长枪短铳，伴随着着一阵阵的厮杀声、搏斗声和辩论声，组成一幅暴力的场景。倏地，几乎布满舞台的一面硕大红、白、蓝三色绸带，自舞台顶部抖落而下，舞台灯光如同硝烟、红雾一样；石块和钢架构造出堡垒样的舞台道具，丹东、马拉、罗伯斯庇尔高低错落各占一隅，面对观众滔滔雄辩……如此乱哄哄的群像，构成了话剧《九三年》的序幕。

——这是2004"中法文化年"首都舞台上令人炫目的一场戏，它改编自雨果小说《九三年》，据说，有人劝编导将罗伯斯庇尔、丹东、马拉这"三巨头"角色全砍掉，但被拒绝了。编导认为，如果拿掉他们，雨果的思想就流失了一大部分。"我们三个人代表革命，我们是刻耳柏洛斯的三个头"被改成"我们三个人代表革命，我们是看守地狱大门的怪犬的三个头"。

又有指出：如果说"三巨头"是象征性的，干吗道具是写实的呢？尤其是那断头台、钢架堡垒，金属质地的铡刀闪着寒光，高耸于堡垒之

上；每次行刑，利刃从绳索上沉重而迅疾地坠落，铡刀到底的一刹那，刀起人头落的音效让观众的心也跟着沉到了底……

1

英语里，那个专砍人头的备受责备的怪物叫坐"脚手架"，浪漫的巴黎人给它起了个名字"吉洛坦"（guillotine），看似一个普通的人名，可它却同一个令人恐惧的名字相联系——断头台。今天，它就要用来砍掉法兰西的"敌人"——路易十六的头。

这是1793年1月21日的清晨，冬日的小雨滴都显示出一种冷峻和凌厉，它滴落在国民自卫军的士兵的刺刀尖上，使刀刃蒙上一层狰狞的蓝光。在香榭丽舍大街的尽头，是个八角形的广场，今天它已由原来的"路易十五广场"更名为"革命广场"。

广场中央，一个佩戴着绶带的人，正向周围的人们激动地宣讲："公民们，我郑重地许诺，以后再也没有暴君了……"话语未了，一片"共和国万岁！自由万岁！"的呼声从成百上千只喉咙一齐蹦出，广场顿时沸腾起来。

几乎与此同时，押送国王路易十六的囚车来了，人群立即涌了过去。国王是在准备跑出国境时，被人认出，然后拦截回来的；随后，又在王宫里发现一个秘密壁橱，里面藏匿有国王通敌卖国的文件。国王的罪行再也无法隐瞒了，在雅客宾派的推动下，国民公会对路易十六进行了审判，结果决定判处死刑。

这时，广场上飘荡起前不久马赛国民自卫军带进巴黎的"莱茵军团战歌"：

前进，前进！祖国的儿女，光荣的一天已经来到！暴君对我们

举起，充满鲜血的旗帜……

2

提起"马赛曲"和小红帽，中国人并不陌生；在赵丹和张瑞芳扮演的影片《聂耳》中，男女主人公聚会时，那群"小资"就曾集体唱着《马赛曲》跟资本家斗争；而张饰演的革命者，跑去启发聂耳的觉悟时，头上戴的正是那时髦的小红帽。

现在，我们把目光转移到过去，200多年前的1779年。那个冬天真严寒啊，市长迪特里希家的生活过得十分窘迫，桌上只有战时配给的几片面包和火腿，然而，迪特里希还是将最后一瓶酒拿出来，与家人共同庆祝一个爱国主义的盛典；趁着酒兴，他吩咐儿子德·利尔：多喝几杯吧，写出一首能鼓舞人民斗志的歌曲来！

午夜时分，寒气袭人，德·利尔兴奋地回到房间，一会儿先谱曲后填词，一会儿先作词后谱曲，一会儿又随意哼哼几句，可是依然出不来"灵感"；他困了，一倒头便伏在那架旧钢琴上睡着了。

天明了，不知是什么原因，一夜没放下的那首歌曲，就像幽灵一样闪现在记忆里——对了，那是他夜里闯入的一个梦境的旋律啊，那里有战鼓咚咚，惊雷阵阵——这就是"灵感"吗？他屏住气，凭借着记忆，一口气写下歌词，然后打开钢琴盖子，尽兴地弹了起来……

当德·利尔拿着歌单，叫来自己的夫人和女儿，一支小小的合唱乐队就拼凑起来了。真是热炒热卖，由迪特里希的长女伴奏，德·利尔激昂地唱起歌来。迪特里希和他的夫人、女儿们以及年轻的军官朋友们听罢曲子，一个个哭着拥抱在一起；他们在欢呼：祖国的赞歌找到了！

"这支歌，叫什么名字？"有人问他。

德·利尔怔住了，叫《祖国颂》吧？——不好，太空洞；还是叫

《战地进行曲》吧?——不不,太空泛了!朋友们在一旁,你一言我一语,总算凑合成了一个像样的名字——《莱茵军进行曲》。

1792年4月24日,由德·利尔在斯特拉斯堡首次演奏此曲,不久它就传遍了全国。数月后,法国第二大城马赛的工人队伍高唱起这首歌曲,浩浩荡荡地开进了巴黎;此后马赛俱乐部每次召开会议,开始和结束时都必定演奏它。于是,自然而然地,人们开始称这支《莱茵军进行曲》为《马赛曲》了。1795年,《马赛曲》正式定为法国国歌;以后,这支歌曾被拿破仑一世、路易十八和拿破仑三世废止过;但是百年之后的1879年,它终于成为法国至今唯一的国歌。

现在,这支歌伴随着几多汹涌的人流,仿佛水银洒地,空气流动,水漫金山一般,在全国各地、各个不同的场合飘散开来,终于形成一阵震耳欲聋的雷鸣之声——“绞死国王!”

3

1月21日的8点多钟,押送前国王去刑场的1200名骑兵到了丹普尔堡外,人喊马嘶中,路易十六认出这些人中,有一个是教士;前国王拿出一份致国民公会的书信,请他代为转交,但被教士冷冰冰地拒绝了:“我只是来送你上断头台的!”

路易一下子沉默了。他自认是虔诚的天主教徒,可此刻的革命教士,早就和被罢黜的国王划清了界限。“这些野蛮人!”国王在心里骂道。他忽地忆起他们曾在罗马的劫掠,惹得罗马将这些好斗的野蛮人称作“高卢人”。而在拉丁语里高卢还有另外一个意思——雄鸡。雄鸡,法国人的图腾与徽记。

后来,经历好多征战和阴谋,终于轮到国王的家族统治法兰西了,到路易十四成功地建立了君主集权;那时,在太阳王光环的笼罩下,法兰西人进行了没完没了的征伐和战争，路易十四已经慢慢地榨干了法国人的财富，路易十六清楚地记得，老国王路易十五去世时，从他的寝宫里的一面窗户上，他倏地瞥见一支燃着的蜡烛熄灭了，那是预定的信号啊！顿时，"国王万岁"的呼叫声响彻整个大厅，一群人从楼梯上涌向他——新国王，当第一批互相拥挤着到达的人，突然发现他和玛丽在一起跪着哭泣时，不禁愣住了。新国王见了他们，抽泣着说：

"我的上帝！保佑我们吧，庇护我们吧，我们当政还太年轻啊！"

从此他开始写日记，他也成为唯一一位每天记述自己生活和行动的国王，而且从不间断：他记下了26年时间里，一共洗过43次澡，患过2次消化不良；14年内共捕杀野猪和别的猎物共189256只，捕获公鹿共1274只……

4

那一天——1792年12月3日，有人告诉被囚禁中的国王：雅各宾领导人罗伯斯庇尔在国民公会会议上的一次演讲中，称什么"路易应当死，因为祖国必须生"；路易十六听罢又沉默了。

但他的心却吊了起来，他仿佛听到了那个唾沫四溅的雅各宾党人的声音——

"当一国国民被迫行使起义权时，对暴君来说，国民回到了自然状态，暴君怎么还可能引用社会公约呢？他已经把公约销毁了！……法庭、司法程序只是为了社会成员才设置的，设想旧宪法

可以支配国家的这种新秩序，这是一种明显的谬误；这会被设想为该宪法本身还在生效，取代这一宪法的是什么法律呢？是自然法，是作为社会本身的基础的法；人民的获救、惩处暴君的权利和废黜暴君的权利是一回事，并无形式上的不同。起诉暴君就是起义，对他的判决就是他的权力的崩溃，对他处刑是人民的自由所要求给予的处分！人民不像法院那样进行审判，他们并不做出判决，而给以霹雳般的打击；他们不给国王们定罪，而让国王们归于毁灭！这种裁判不亚于法庭的裁判，如果这是为了他们的获救，他们武装起来反抗他们的压迫者的话，他们又怎么会坚持采取一种对他们有新的危险的惩处方式呢？"

路易十六有多么恼悔啊！他清楚地记得，准备逃亡的那天，他正要离开凡尔赛宫，拉法耶特和巴黎市市长意外地来找国王谈事，因此而贻误了出逃时机，以至后来国王和王后在边境被抓获——这会不会就是他的宿命呢？

此刻，他气得发抖了吗？——笑话！他嘴角隐隐一翘，继而喷起一个冷笑般的嘲讽（当然是在心里）：哼，走着瞧吧！

然而，几乎所有雅各宾俱乐部的领袖，都赞成判处其死刑；唯一不同的声音是拉法耶特发出的，以后还有吉伦特派的领袖们——他们试图干吗？不管怎样，他们总是同面前那帮所谓雅各宾人唱对台戏，至少不视他为什么"洪水猛兽"——路易十五不就说过：我死后，哪管他洪水滔天！

忽然，马车外面传来一阵欢呼声。然后，路易十六下了车，扑面而来的，是更大的震天动地的吼声："处死卖国贼！砍下他的头！"放眼望去，那是望不到边的武装士兵和群情激昂的公民们。

法国人的断头台在不远处突兀着，它上面的三角形铡刀闪着阴冷的光。让人感慨的是，这个铡刀的样子还是一年多前，由这个前国王亲手让一个叫吉约坦大夫(Guillotin)的人制造的，结果它反而成了断头台的名字guillotine；而今天，居然轮到了在自己头上一试锋利！

——这是宿命吗？也许吧，上苍在看着呢！

三个刽子手围上来，试图脱掉国王的外衣，但被拒绝了：永远不动手的人，这回却主动自己脱了外衣。当刽子手想把他捆绑起来时，国王愤怒了："你不能绑我！执行你的命令吧，我没意见。但我永远不允许你捆绑我！"

这时，断头台下出现了一阵骚乱、喧闹。一个叫作德巴特兹的男爵，在人山人海的刑场上拔出剑来，大吼一声："跟我冲啊，去救国王！"——可是周围回应他的只有一片冷漠。

"先生们！"国王的声音响起。这时候的广场鸦雀无声，甚至都能听到旁边塞纳河的水声流淌，"我是无辜的。我没有犯我被指控的任何罪责。我原谅所有把我送上死路的同胞。我祈求上帝，法兰西从今以后永远不要再有流血。"

——国王发了一辈子圣旨，只有最后这一道"圣旨"错了，彻底地错了；他死之后，还真如他的先人所预测的那样：法兰西一片混乱，真个是"洪水滔天"，血流满地，经久不绝！

突然，几个声音唱起了《马赛曲》，紧接着，就变成了响如春雷的大合唱：

> **"前进，前进！祖国的儿女，光荣的一天已经来到！暴君对我们举起，充满鲜血的旗帜……"**

他竖起耳朵在听，一遍，又一遍，他清楚地记得，这支歌，被广场的合唱团一共唱了七遍。

——这怎么可能，德·利尔的《马赛曲》明明是六段啊？

——是的，德·利尔的曲子的确是六段；那多出来的一段，歌词有点儿不同：

"我们将挑起重任，继承父辈未竟的事业……"

它出自何人的手笔？很长时间以来一直是个谜。后来总算弄清楚了，《马赛曲》的第七段的添加者，是另一个人，维恩市的一位神甫。

1792年7月，维恩市政当局在得知开往巴黎的马赛义勇军即将路过该市的消息以后，便决定举行隆重的欢迎仪式，人们搭起一座牌楼，街道两边张灯结彩。7月14日，马赛的义勇军唱着那首著名的军歌，气势磅礴地进入维恩。这时，维恩中学的一批学生在佩索耐尔神甫的带领下，也唱起了这支曲子，但却添加了最后一段神甫自己写的歌词。本来，他写的是一段"应景之词"，但在当时的气氛下，一经学生们唱出，竟收到了意想不到的效果，从此成为正式国歌的一部分不说，还救了神甫一命——这段历史，即将成为刀下鬼的国王自然不知道……

那是1784年元旦，共和历二年雪月12日，里昂的公安委员会根据一些人的揭发，下令逮捕维恩莫里斯教区的安托尼-多罗丹·佩索耐尔神甫。神甫知道自己未来的命运是什么，他不企望能获得宽恕，因此他在法庭上没有丝毫的懦弱与胆怯，他不隐讳自己是神甫和中学语文老师，对革命不感兴趣。正当法庭准备宣读判决书的时候，一群学生突然挤在窗前，唱起了佩索耐尔神甫写的那段歌词。神甫听见，不禁泪如泉涌，他趁机对法官们说："你们将对我的一生做出判决，我恳求你们同意让这二十几个学生唱完这首感人肺腑的歌曲，陪我走进刑场吧……"

——于是，奇迹出现，他最终被改判无罪，他回到维恩，受到教民们的热烈欢迎。王朝复辟之前，他就一直担任神甫，直到1835年去世，后来维恩政府将他住的那条街道，以他的名字命名。

5

国王以前在大庭广众之下的讲话，从来都是畏畏缩缩的，但今天却表现得这么威严、镇定。民众反而惊讶起来。他似乎想要说什么，似乎又正在说什么，但没人听得到了……

一位骑着马的指挥官举起手中的剑，周围的鼓手们一齐擂鼓，于是路易十六的临终遗言被淹没在震耳的鼓声中了。

神父口中念叨着："圣路易的子孙，你升天吧！"

此时是10点15分，铡刀落下了。恍惚之间，时间也停在那儿——喧嚣的人山人海，突然之间静默下来，一切都保持定格状态，死一样的沉寂维持了好几秒钟。直到一个士兵走上前，一把抓起国王的头颅，高举着向四周展示。

顿时，原本寂静无声的广场上，忽然爆发出山崩一样的欢呼声："共和国万岁！自由万岁！"

路易十六被处死三天后，人民已然变成了"最野蛮的民族"——《泰晤士报》义愤填膺地评论道：

> **"每个凶残的巴黎野蛮人，以至每个法国人的名字，都让我们心生厌恶……他们残忍的弑君行为证明他们不能与这个文明世界为伍，当然也不能指望与我们文明人和平共处……法国人的名字将被视作野蛮人的名字……"**

随着路易十六人头落地，被激怒了的全欧洲的王室成员，普、奥、俄、英、西等国组成了第一次反法同盟，国民公会宣布了总动员令，宣布全国处于紧急状态，大量法国青年又在《马赛曲》的雄壮歌声中，开赴前线。不到一年的时间，战场已经转移到国境之外，1795年，法兰西第一共和国正式确立《马赛曲》国歌的崇高地位。

　　巴黎著名的凯旋门，是为拿破仑征战欧陆大地而修建的。但是，在一次次的胜利之后，最后一次终于失败了——随着欧陆战场形势的急转直下，凯旋门的建设也一度停滞不前，直至1836才竣工。1840年，拿破仑从圣赫拿勒岛回到巴黎，人们列队从那凯旋门下通过，迎接到的只是这位皇帝的遗体了……

　　拿破仑可以死，《马赛曲》却不能死；凯旋门右侧门柱的浮雕也被命名为"马赛曲"，其中象征自由、正义和胜利的自由女神右手持剑，左手高举，号召人民向她指引的方向前进；而在女神那宽广的羽翼下面，一群战士或高歌猛进，或负重前行，他们随《马赛曲》的号角声，回应着香榭丽舍大道每天的朝阳初升与落日余晖，一同走过了200多年。

　　弗朗索瓦·吕德完成凯旋门的雕塑任务时已经52岁。这位与德拉克洛瓦齐名的雕塑大师，既有古典主义的严谨，又有浪漫主义的激情，为那段辉煌而悲壮的历史刻下了与音乐同名的经典，他的雕塑将同德拉克洛瓦的名作《自由引导人民》一起永垂不朽。

二、玩弄"罗式语言魔方"的人
——罗伯斯庇尔和他的鼓动才能

1

　　马克西米利安·罗伯斯庇尔的名字总是激起人们强烈的情感，对现在很多西方人来说，他是法国大革命高潮时期令人厌恶的暴君，正是他把成千上万人送上了断头台。法国人对他的所作所为始终无法释怀，虽然无数个革命者被后人用雕塑来纪念，但罗伯斯庇尔却得不到这样的待遇。时至今日，他在巴黎故居的门牌上，越挂越高，为的是避免有人将他的名字抹掉。要说纪念物，在巴黎似乎只有一个很不体面的小地铁站，是以他的名字命名的。

　　罗伯斯庇尔1758年生于阿拉斯，巧合的是，这个名字在佛兰芒语中写作Atrecht，它的词根trebo，原意就是"人民"——在大革命中，罗氏不就口口声声代表"人民"实行的红色恐怖吗？

　　但是，这个"人民"的代表在少年时期，却接连遭受了不幸的打击。他六岁的时候，母亲去世，不久之后，父亲离家出走，从此杳无音讯。罗伯斯庇尔家的孩子们由亲戚抚养，这些亲戚一有机会就提醒孩子们：他们寄人篱下的处境和他们的父亲不负责任有关。罗伯斯庇尔学习勤奋，拉丁文和希腊文成绩优秀，得到"罗马人"的外号。1781年他获得法学学士学位，同年回到家乡成了一名律师。1789年，当大革命风暴来临时，他刚三十出头，劲头十足，因为他瞅准了革命是改变个人命运的机会，但没预料到的是革命风暴也会吞噬了他的余生。

在5月召开的三级会议中，他被选为第三等级的代表，以后，他极力把自己塑造成大众代言人的角色，一个捍卫"主权在民"原则的人。在他作为雅各宾派领导人的统治时期，个人生活是无可指摘的：他没有居住在宫殿中，没有积攒财富，也不像拿破仑那样与皇室联姻。他靠自己的工资过着简朴的生活，到任何地方去都没坐过马车而是步行，他喜欢在乡间散步，唯一"奢华的享受"是与他的房东共同分享晚会舞曲。

"我们的目的是什么？享受自由和平等，最高正义的法则不是写在大理石上，而是写在包括奴隶和暴君在内所有人的心中。"

这是罗伯斯庇尔在一次演讲中说的话，在他看来，恐怖有时比赢得内战有更深远的道德意义：它能为大众带来利益。于是，他得出这样的结论：为了实现共和国的理想，必须消灭革命的反对者。在他的同一个讲演中，为了证明恐怖的正义，他说：

"如果说在和平时期政府的根基是美德，那么在革命时期就是美德加恐怖，没有恐怖的美德是有害的，没有美德的恐怖是无力的，恐怖就是严厉不可动摇的正义，它是美德的源泉，恐怖不仅仅是一个原则，它是民主原则的结果。"

一旦恐怖政策被摆上桌，便没有放回去的理由了。到后来，几乎所有他以前志同道合的友人，包括他学生时代的朋友卡米尔·德穆兰、支持他的战友乔治·丹东，也都被"恐怖"逼上了断头台。1794年3月安全委员会决定逮捕丹东和德穆兰的时候，罗伯斯庇尔运用个人对这两人的了解，有力地支持了官方审判；换句话说，他的证词决定了朋友的生死命运。德穆兰的妻子露西尔想解救她的丈夫，但是她也被以阴谋反革命的罪名被捕，并于4月随她丈夫之后上了断头台。露西尔那心碎的母亲恳求罗伯斯庇尔网开一面的信，却如石沉大海，音讯渺茫……

2

有人说，魔方语言是一种对意识形态的操纵术。意识形态作为一种现代信仰体系，试图以最少的答案解答最多的问题，其理论家的典型做法是：点出某几类人群是败坏世界的祸因，比如"人民公敌""阶级敌人""敌对分子"等，然后再点出一群人将是世界重生的原动力，比如说"爱国者""左派""积极分子""精英"等。

法国大革命正是这样，以莫里松、孔多塞等人为代表，在1791年宪法里规定：国王人身神圣不可侵犯，因而反对国民公会审判路易十六；对此，罗伯斯庇尔现场给予了严词反驳：

> **"仅仅国王这个名称，就会给动荡的国家招来战争灾难，无论坐牢或流放，都无法让他的存在不危及公共幸福。我不得不宣布一条必然的真理：路易应该死，因为祖国需要生！"**

结果，他赢得了如雷的掌声，可怜的国王路易十六，就在这掌声中被送上了断头台。

这种"罗式语言魔方"，最初崭露头角是在八年以前的1783年，时任律师的罗伯斯庇尔在家乡代理了一起普通案子，被告是位叫弗朗索瓦·德特夫的制鞋匠，原告是昂山修道院的多姆·布罗尼亚尔修道士。修道士指责鞋匠偷了修道院的262个金路易。罗伯斯庇尔受委托为德特夫辩护时，真相实际已很清楚了：布罗尼亚尔监守自盗，又打算诬陷德特夫以摆脱嫌疑。

未费多少周章，罗伯斯庇尔就为鞋匠还以清白，但他没有就此止步，而是想要整个昂山修道院付出代价——赔偿德特夫误工费、精神损失费，等等。为此他撰写了一篇针对昂山修道院的起诉书，人们在其中第一次见识到未来的"罗式语言魔方"：起诉书没有计较于案件本身和多姆·布罗尼亚尔其人，而是集中火力，严词指责全体修道士是盗窃犯的"同谋"——

"那位修道士常在修道院接待轻浮的女人，如果教规严格执行，他怎能如此荒淫？修道院为何不予惩戒，反而提拔他？如果修道院没有让他掌管财务，他怎能盗用公款，又怎能诬陷德特夫？所以修道院要为多姆·布罗尼亚尔的劣行负责。

"我们要求一切冤屈得到洗雪，不管造成冤屈者身份、地位如何。但愿再也不会看到压迫者用任何借口无视羸弱的被压迫者的呼声！"

这些话，竟然出自一位律师之口（对此指控我们也并不陌生）！然而他却脸不改色心不跳地在法庭上侃侃而谈；因为他知道，他只要打着为了"人民的利益"说话，是为着"正义和人道主义精神"辩护，就没人敢指责他。在他眼里，那罪犯不仅是犯了错的修道士，还有修道院、还有现存的司法制度，还有整个社会——后来的历史将证明，这是一种多么危险的思维方式！

尽管罗氏式的语言魔方具有某种催眠与蛊惑的效果，但首次推出便折羽而遭到败绩：被告人德特夫拿到6000个利弗尔后就与昂山修道院达成和解，放弃了起诉。尽管被"打脸"了，但罗伯斯庇尔毫不反思，对他来说，反正来日方长，他的语言魔方有的是表演的机会。

果然，仅仅过了八年，法国大革命的爆发，将这种"罗式语言魔方"转瞬推上了时政舞台，仿佛他的雄辩口才就是为着大革命而生的一样，成为风暴中最耀眼的一道电闪，最响亮的一声霹雳——旧制度在1789年突然彻底崩溃，权力出现真空；没有王权的人人平等，意味着一切权威的消失，社会只能通过意识形态进行重组，合法性话语成为权力核心，谁掌握它，就能代表"人民"，谁就掌握了权力。于是，顷刻之间，罗伯斯庇尔获得了一种以他的魔方语言换取无限权力的良机。

作为卢梭的信奉者的罗伯斯庇尔，他在演讲中宣称——

"惩罚人类的压迫者是仁慈的，原谅他们是残暴的。
特赦背信弃义的代表将意味着对罪恶的保护，对美德的窒息。
大革命是反暴政的自由的专制。
恐怖不是别的，而是即时的、严厉的、不屈不挠的正义。因此，恐怖是美德的宣传机。
没有美德的恐怖是邪恶的，没有恐怖的美德是软弱的。
……"

这些话，一面血腥味儿十足，一面又煞有介事地以"辩证法"为能事：一方面如何，另一方面怎样……真可谓"墨索里尼总是有理"了！

可我们知道，虽然卢梭反对私有制，并认为只有用暴力推翻专制才能恢复人们的自由平等，但他还有人性的顾虑，他说："如果没有对弱者、罪人和整个人类的同情，那么慷慨、仁慈、人性会是什么呢？"雅各宾派自以为是，他们对卢梭的那么一丁点的顾虑也抛开了，肆无忌惮地用"暴力语言＋暴力"的公式来建立起一种新的专制，狂傲地把恐怖与美德、惩罚与仁慈、自由与专制混淆起来，以便践踏人性，弘扬兽性。这种语言和修辞的策略，无情地征服了人心中原有的同情心与理性，从而最大限度地放纵了践踏人性的行为。

此种语言暴力的作用不可小觑，历史上野蛮屠杀的事例不少，但无不呈现出先以语言暴力开路的特点，它首先导致的是全民的道德丧失，继而发生整个民族、国家的群体施暴。全国性的犯罪是最可怕的，雅各宾派就开创了这样的先例，乃至于它的领袖们也控制不住自己掀起的杀人狂潮，这才有未经审判就被处死的人，竟多于审判处死者一倍以上的悲剧。宣传煽动起来的兽性，远胜于原始遗留之兽性。此术为以后的墨索里尼、希特勒、东条英机、斯大林、波尔布特们所继承与发扬，他们将罗氏语言的魔方的蛊惑发挥到极致，令狂热的人群刹那间被截然分成敌和我、恶与善、红与黑、左与右等相互对立的两派；于是，在红旗红袖章红领巾红标语编织而成"红海洋"中，红色恐怖应运而生，也让人性在20世纪遭到空前绝后的践踏与屠戮。

可罗伯斯庇尔在演说时却尽是"荣誉与善良"的托词："我希望我的荣誉只是为了我的国家的利益。"他宣称他只是"渴望留给子孙后代毫无瑕疵的名声，以及所有善良人们可模仿的榜样"——然而，法国的先贤祠并没有给雅各宾派的领袖们以任何地位，因为他们给法国历史留下的只是暴力、非法、玷污的痕迹。

可悲的是，他们蛮横的语言暴力，200多里时光并未涤荡尽它的语素和音节，反而成为愚昧落后地区的许多人的楷模，却取得了意想不到的效果。雅各宾派传人的僵尸一个接一个地被供奉在"圣殿"里，接受愚昧至极的膜拜，它已经沦为人类历史与文明的笑柄。

1792年9月2日至5日，由于前线告急，巴黎市民害怕监狱里的犯人暴动，自发组成了私刑队伍，冲进各监狱内去杀人。未经任何司法程序审判，1100多名囚犯被处死了，这就是"九月大屠杀"。有人指责罗伯斯庇尔在大屠杀中扮演了鼓动者的角色，甚至有人怀疑他要搞独裁；11月5日，罗伯斯庇尔慨然前往国民公会，为自己辩护。当有人质问此屠杀事件时，他反而面无愧色地反驳道：

"我们怎么能以一个一成不变的尺度去衡量如此巨大的动荡所带来的后果？……整个世界，还有我们的子孙后代都只会把这些事件看成神圣事业的辉煌成果……为自由的敌人叹息，这种情感是可疑的！"

3

雅各宾派统治时期，恐怖第一次成为官方政治，不像后来，人们用"恐怖主义"一语所指的那样是一种反对政府的手段——法国大革命中的恐怖本身就是指政府的恐怖统治，是由议会投票通过的恐怖立法。像罗伯斯庇尔一样，雅各宾政府中的很多成员都是律师出身，他们自然要给自己的恐怖统治披上合法的外衣了。但罗伯斯庇尔从来就不是政府的首脑，也不是唯一的恐怖主义者，国家安全委员会的其他成员和他一样，也需要为恐怖政策负责。他们有的野心勃勃，并不像罗伯斯庇尔一样不可腐蚀。他们甚至嘲笑他关于建立一个有德行的政府的梦想。

在罗伯斯庇尔生命的最后几周里，他把自己关在房间里，不参加任何会议。在这期间，恐怖政策变本加厉，已然失控，死刑执行得更加紧锣密鼓：基于1794年6月10日颁布的法律，不允许被告辩护，不需要确实的证据，不经过法庭审判，就可以给人判以"反革命"的罪行。

奇怪的是，罗伯斯庇尔也有倡导反对恐怖政策的地方，比如他反对无套裤汉强行关闭修道院、禁止一切宗教行为等彻底的非基督化政策。

1794年6月，基于启蒙思潮的自然神论，他组织了"最高存在节"，试图统一广泛的宗教信仰；但此事使他在无神论者中成为一个笑柄，更不能安抚长久以来被打击的虔诚教徒。罗伯斯庇尔也指责某些与军队一起，派往各省监督国家安全委员会政策执行的某些专员，这些人运用手中的权力逮捕、恐吓、奴役当地人民，罗伯斯庇尔认为塔耶、富歇、弗雷龙和巴拉斯就是这样的人。

　　1789年7月26日罗伯斯庇尔死前第三天，发表了他最后的演说：

　　"共和国的敌人说我是暴君！倘若我真是暴君，他们就会俯伏在我的脚下了。我会塞给他们大量的黄金，赦免他们的罪行，他们也就会感激不尽了。倘若我是个暴君，被我们打倒了的那些国王就绝不会谴责罗伯斯庇尔，反而会用他们那有罪的手支持我了……"

　　当然，罗伯斯庇尔也有清醒的时候，不过那是当断头台也摆放在自己面前的时候，他才如是叹息：

　　"美德！没有美德，一场伟大的革命只不过是一种起哄而已，是一种罪恶摧毁另一种罪恶！"

　　——是的，那剥夺教士、驱逐贵族，民众暴乱、多数暴政，断头台、大屠杀，议会独裁、雅各宾专政，全民皆兵、军国主义、阶级斗争、恐怖主义……正在轮番上演，谁也不知道几时得以画上休止符。

　　那些打倒罗伯斯庇尔的人，其实是一些比他更无情的恐怖主义者。从本质上来说，他们希望恐怖政策继续下去；然而他们发现，这一政策太不得人心了。6月26日法国对奥地利的战争取得决定性的胜利之后，恐怖政策在军事上的必要性已然消失。这些恐怖主义政客们迅速转向，他们说："只有罗伯斯庇尔是恐怖主义者，而他们自己一直专注于战争，保卫法国。"于是，在大众的心目中，罗伯斯庇尔很快成了恐怖主义政策的体现者，而罗伯斯庇尔从来没有对社会和政府有决定性影响的事实，反而被人遗忘了。毕竟，雅各宾派的政策是通过国家立法批准的。这也正是罗伯斯庇尔感觉如此受中伤的原因：法国社会为了避免正视那不堪回首的往事，所有人的黑暗的内心，必然会抓住一个人，让他为所有的恐怖政策负责。可以说，罗伯斯庇尔正好是那只可爱的替罪羊。

雅各宾统治时期，巴黎的死亡人数是2639人，整个法国（包括巴黎）是16594人，除了巴黎外，大多数执行的死刑是在贵族和教士反叛的地区，像旺代省、里昂和马赛。地区间死亡人数的差异很大。雅各宾派在保存死刑记录上是很详尽的。但是很多人没有正式诉诸法庭审判就被处决了，还有些人在等待审判的过程中，死在拥挤而窒息的囚牢里。

为了更好地体现大革命的人道主义精神，迅速、不痛地处决死囚，1791年6月议会宣布以后所有的死囚一律执行斩首。于是，一台被路易十六指定造就的、被称作"国家剃刀"的断头台guillotine诞生了，这个"国家剃刀"砍掉一个人的脑袋只需百分之二秒，而被砍下的人头人约需要30秒钟才能完全失去知觉。出于"革命的需要"，新断头台很快得到了国会的认可，并立刻成为法国大革命恐怖统治的象征。当然，最后所有这些人，无论是吉伦特派还是雅各宾派，全都和路易十六一样上了断头台。而把路易十六、丹东、罗伯斯庇尔送上断头台的人是同一个人：刽子手夏尔·桑松——多么了不起的一个刽子手啊！

三、一个无法说在明处的卓越预见

——丹东在法国革命中演说与谈话

"勇敢，勇敢，再勇敢"，不过是一句简单的同义重复之语，它却在中学历史课本上一度立住了脚跟。因为说这话是一个名人——丹东。

同罗伯斯庇尔一样，早在大革命前的1787年，年仅27岁的丹东，已经跻身成功的律师行列之中了。他出生在位于法国东北部的小城阿尔西，父亲是检察官，母亲对他疼爱备至。成为律师后，他拥有一位挚爱他的妻子和一个温馨的小家庭，以及一份可观的收入。然而，这一切都没能阻挡他内心的那个魔鬼——暴力与恐怖的冲动。自然，还有先见之明的预言……

1

当1789年的空气弥漫开来时，"丹东主人"——丹东当时的自称——在内的中产阶级正处在抉择的重要关头，他显然已经嗅到了革命和暴力的气味。受自由精神和古典理想浸染已久的他，毅然地加入了革命者的行列，正如他所说的那样："我看到一股不可逆转的潮流席卷而来"。

　　三年后，在带领民众推翻了法国王室之后，丹东被任命为司法部长，他因而成为国会中一名一言九鼎式的人物。1793年，他投票支持处决国王路易十六，并指挥了对欧洲列强的反法联盟的战争。在巴黎"无套裤汉"的眼中，丹东就是革命的象征。

　　然而，仅仅一年之后，他却被自己的法庭送上了断头台！

　　这样一位在偏僻的香槟省农乡长大的人，一个其貌不扬，且具有失读症的人，是什么原因造就了他的人生戏剧性的大起大落呢？这并不是一个容易回答的问题。撇开他的影响力，丹东本身就是一个谜：他的笔风拙劣，他的口才一流，他的文章空洞，他的欲望与享受却异常丰盈，并且无时无刻不在胸中膨胀着……

　　许多丹东传记的作家都认为，他性格暴躁，刚愎自用，活脱脱一个飞扬跋扈的政客。但与此同时，他又是个记忆力非凡，内心敏感的人，且口才极佳，既善于蛊惑人心，又有鼓动性和号召力。在演讲台上，他抨击对手、鼓动群众，能言善辩，让对手的攻击变为徒劳。为了听他旁征博引、激动人心的演讲，那些听众甚至能等上一整天。在革命者中，他是毫无争议的不二喉舌。

　　1792年9月2日，他发表了其一生最重要的演讲。当时的巴黎正处在列强军队的威胁之下，民众战战兢兢，丹东坚毅地号召大家：

　　"国民公会委员们将庄严号召公民们拿起武器，奋起保卫祖国。在这样的时刻，你们可以公开宣告，首都巴黎值得全法兰西的尊重。在这样的时刻，国民公会成了真正的战争委员会，我们要求你们和我们一起指挥这场伟大的人民运动，指派特派员支持并协助实施这些重大措施。我们要求把任何一个拒不供职或拒绝提供武器的人判处死刑。我们要求对公民发布正确的指令以指导他们的运动。我们要求派信使到各郡去，把你们在这里发布的各种命令通告他

们。我们将要敲响的不是危险的报警信号，而是向法兰西的敌人发起进攻的冲锋号。为了战胜敌人，我们需要勇敢，勇敢，再勇敢！这样，法兰西的安全就能得到保障。"

从此，要"勇敢、勇敢、再勇敢"成为一道箴言被广为传诵，成了丹东的一个显著标签和符号。就在当天，狂热的无套裤党屠杀了1600名囚犯。但此后，道德上的负罪感便缠上了他，直至死亡。——丹东是一个危险的煽动政治家吗？人们习惯性地把他与克伦威尔作比，把他们连在一起，相提并论。

一滴水可折射出太阳的光辉，假若是一滴鲜血呢？同样可以折射出刀光剑影的凶残——丹东就是这样一个人。不妨说，他的性格中既有仁慈的一面，更有着恐怖的一面。1793年年初，正在比利时与一个变节的法国将领艰难谈判的丹东，收到了一条来自巴黎的噩耗：他的妻子Gabrielle在分娩第四个孩子的时候，不幸过世了。悲痛欲绝的丹东抹干眼泪，急速地返回巴黎，却仍未赶上妻子的葬礼。无法克制悲愤的他，带上一个困惑的雕塑家，借深夜潜入了墓地。守墓人惊奇地发现，来者竟是深受群众拥戴的革命领袖！守墓人服从并满足了他的要求：掘出Gabrielle的尸体，给雕塑家做模特儿！四个月后，在一个已被禁止的罗马天主教教堂里，丹东迎娶了一个年仅16岁的女孩为妻——他原是孩子的一名保姆。

当然，在关键时刻，丹东还是有所作为的。当法国的边境要塞龙维被普军攻陷，敌军长驱直入的时候，巴黎政府一片混乱，许多官员都主张迁都布鲁瓦，逃往外省，只有丹东挺身而出表示反对：

"巴黎乃法国之化身，你们放弃巴黎，就是认输投降，就是举法国而降敌！"

他不仅阻止了官员溃逃，而且主张采取恐怖手段打击国内外敌人，以这样一种方式来捍卫法国的安全。

在许多关键时刻，丹东总是同罗伯斯庇尔站在同一个战壕内作战，例如，在审判路易十六时，他也主张处死国王；丹东参与救国委员会后，同意罗氏的主张，建立一支由国家支付薪饷的人民卫队，对付共和国的敌人；针对吉伦特派"12人委员会"迫害革命者的行为，他也大声喊话：

> "我们和暴君没有任何妥协的余地，只有砍掉国王的脑袋，才能真正打击国王……所以，我赞成处死国王！"
>
> "对任何主张与敌人进行和谈、实行投降者，不管是谁，一律处以死刑！"
>
> "我要正告你，只要有人对我们进行无耻的压迫，我们就要反抗。"

一位《经济学人》杂志的记者，曾在其新书《恐怖的温柔巨人》这本关于丹东的传记中为我们讲了一个扣人心弦的故事：相比于冷酷无情的罗伯斯庇尔，从未亲手杀过人的丹东无疑是一个"天使"。1791年，丹东曾向选民宣称"让过激的爱国主义与理智相结合"，然而到了1793年，他却在革命法庭和公共安全委员会上公然宣扬暴力，叫嚷"要以暴制暴"——事实上，正是他创造了一部吞噬了千余人性命的"政治机器"。

与此同时，生活中的丹东却是个快乐的人。他爱妻儿朋友，他同时事评论者Desmoulins的友情尤其深厚。与罗伯斯庇尔的"道德纯洁"的治国理想不同，他倾向于走一条实用主义的道路，去追求法国的复兴，因此，他与普通民众一直保持着真诚的联系。

后来，比起罗伯斯庇尔，他又有所变化，作为雅各宾专政的领导者之一，他公开主张与英国议和，以求挽救祖国，这样，他终于无可奈何地走上了与罗伯斯庇尔决裂的道路。在侵略与反革命的威胁中，当罗伯斯庇尔的极端路线变得越来越有蛊惑性和号召力的时候，丹东又明显地失去了对事态的控制能力，他与巴黎民众的关系也日趋衰弱。1793年，当革命的局势发生了血腥的转折时，丹东当初发动的恐怖主义已经演变成了一场疯狂的屠杀，成了杀戮的狂欢；这时他公开站出来了，指责这种滥杀无辜是错误行为，并呼吁罗伯斯庇尔"克制一些"。他对罗氏说，他已经有所预感——

"如果我们不能一道阻止事态的恶化，那么你我都将成为牺牲品。"

这话不幸地言中了——正如他对另一些事的预言一样——当屠杀与非正义的现实越来越频繁时，也让丹东越来越坐立不安，直到绝望。在声称对人性已经厌倦的同时，他干脆退居到乡下。罗伯斯庇尔则趁机巩固了自己的势力。之后，丹东又重新回到巴黎，走上了他一手创建的革命法庭的审判席……一代革命者变成了一名保守的反动派！

2

终于，"救国委员会"不想放过他，将矛头对准了他，他们密谋策划搜捕丹东，有人偷偷告诉了他这一消息，劝他立即逃出国境，然而丹东回答说：

"走？！能把自己的祖国也放在鞋子底下一起带走吗？"

——此种语式的话我们再熟悉不过了。于是，丹东就这样坐着等待着，束手就擒、坐以待毙。

1794年4月的最初两天，丹东受到"通敌卖国"和"危害共和国"的指控。但他不服，在革命法庭上，他开始了自我辩护。

一开始，法官装模作样地问了丹东的姓名、住址，然后宣布控诉书；法官问，你需要聘请律师吗？丹东拒绝了，他称"让我为自己做辩护吧"——

"'太虚'不久将是我的居处。至于我的名字，你们可以在历史的'万神殿'里找到。人民将永远对我的头颅表示尊敬，因为它是在刽子手的屠刀下掉下来的。

"让我们讲话，我要叫你们大家都羞得无地自容！如果法国人民确实像他们应有的那样，那我还得向他们祈求原谅我的原告呢。

"我的声音曾经千百次为人民的幸福，为保护和支持人民的利益而回响，现在也不难驳倒诽谤者。

"诽谤我的胆小鬼敢当面控告我吗？……让他们站出来，我要当场羞辱他们，使他们罪有应得。这是我的脑袋，它对一切负责。

"一个人待人粗暴无礼自然应当受到斥责；不过从来也没有理由责备我是这样的人；但是国民的粗暴无礼，这在革命中不但是容许的，甚至是必要的。我曾多次做出这方面的示范，我曾多次借助这一点来为人民服务，我为此而自豪。当我看到这么残暴、这么不公平地指控我时，我能压下心中燃烧着的对诽谤者的怒火吗？难道能够希望我这样的革命家做不痛不痒的辩护？"

显然，他已经知道判决的结果了。这在当初他经历过许多，他那时候判处别人的态度是什么，别人现在就对他怎样下手，这才叫"公平"

或"再平衡"！

法庭上，检察官指控他"卖身投靠美色"云云，他冷笑了一下，说：

> "我卖身？我？我这样的人是无价之宝，是买不起的。这样的人的额上有用火烙上的自由和共和的印记！你们指控我匍匐在卑鄙的暴君之下，说我一向是自由党派的敌人，要我在不可逃避的、不许求饶的公正裁判前做出回答！
>
> "我完全有意识地向我的原告挑战，请他们和我较量一下。让他们到这里来，我要把他们送进十八层地狱，叫他们永世不得翻身！卑鄙的诽谤者，你们站出来呀！我要撕下你们不受社会鞭笞的伪装！
>
> "虚荣和贪婪从来没有主宰过我，从来没有支配过我的言行，这种情欲从来没有使我背叛人民的事业；我对我的祖国赤胆忠心，我把我的整个生命都奉献给了她。"

法庭已经和丹东较量两天了，明天他希望能长眠在光荣的怀抱里；他从来不乞求怜悯，人们将看到他问心无愧地、凛然地昂首走上断头台……

在没有任何证据和证人的审判之后，丹东走上了断头台。这是他的宿命——像那句俗话说的一样，开弓没有回头箭。

3

还是国民公会选举的前夕，奥尔良公爵——昂利·菲力普·路易，即法国国王路易·菲力普的儿子，被选为1871年国民议会议员。那天，他来到选民登记站，表示也要行使公民的选举权。

这下把政府人员给难住了，因为，根据制宪议会的一项法令：任何人都不得再像过去封建时代那样，用地名作为自己的姓名，而"奥尔良公爵"这一名称本身，恰恰违反了这条法律。登记处人员显然为此问题犯了难，一时不知道如何处理是好。

奥尔良公爵挠挠头，二话不说，径直来到市政厅，冲着工作人员大呼小叫道：我是奥尔良公爵，要求给改换一下姓名。那儿的工作人员先是一愣，后来问清了情况，笑了，当即便捉住鹅毛管，给他改了个雅号："爱加利丹"。

这是法语中的"平等"一词。奥尔良公爵一看，顿时觉得很可笑，但是，他生来胆小怕事，这种情况下更不敢与人争辩什么，就乖乖地同意了——殊不知，这改名的后果是严重的，几乎所有知道他的人，都给了个撇嘴的表情。保皇党对他恨之入骨，说他这等于"变节"；革命派也嗤之以鼻，说他"不识好歹"；就连他的长子沙尔特公爵也因之被人瞧不起。

他的儿子沙尔特公爵其时只有19岁，在瓦尔蜜战役中（1792年法军在此击败了普鲁士的干涉军队）立了功，后来他向巴黎政府汇报时，顺便向部长提了个要求：继续留在军队中，不去地方政府任职，但他遭到长官的拒绝。这时，旁边有个长相古怪的人，把沙尔特拉到一旁："明天你来找我，我会替你安排妥当的。""你是谁？""司法部长丹东。"

丹东？他相信这个名字，第二天亲王果然去了，丹东说："事情已经办妥，您将保留您原来的职位，但是不再在凯勒曼的手下，而是在杜木里埃的手下，行吗？"沙尔特听后非常高兴，连忙道谢。丹东接着说："在您临走之前，我要对您提出个忠告。您很有才能，想必能胜任这一职务。但您必须克服爱发议论的毛病。我知道，您在巴黎只待了

24小时，但已经好几次指责'九月事件'了。"——那是一次巴黎市民上街闹事的事，司法部长以严酷的手段平息了那场风波。

"那是一场屠杀，难道不是一场可怕的屠杀吗？"沙尔特直言不讳。

"那是我干的，"丹东反驳说，"人可以对什么都满不在乎，但必须用鲜血把他们同那些流亡贵族隔开来。您太年轻，对这类事情还不太懂。今天，像您这样身份的人，应当回到军队里去，你们的岗位在那儿，您的前途远大，但是不要忘记：言多必失。"

然后，他顿了一下，拍拍沙尔特的肩膀，补充说：

"这一点，我的将军，都是我们的事，与您毫不相干。您的任务不是搞政治，而是像您迄今为止所做的那样，为祖国奋勇杀敌。我深深地感到，这个刚刚宣告成立的共和国不会持久。还将流很多血。法兰西将因为她身上固有的恶习，也许还因为她身上的那些优点，而重新建立君主制度，但这绝不是照搬原有的君主制度。旧制度已经寿终正寝！我们绝不会倒退，革命成果绝不会丧失，它们将永世长存。我们将建立民主的君主制度。法兰西将永远不会接受你们的家族世袭制。不过，你作为三色国旗下的一名战士，很可能登上王位。因此，您的责任是静待时机。我的话无疑会使您感到惊讶。然而，我们恐怕不会再见面。您肩负的任务十分艰巨，您必须给法国人民带来秩序和自由，这是他们最渴望得到的，但也是他们最不知道珍惜的两件东西。

"此外，您还有一项艰巨的任务，那就是保卫国家的独立，由于巴黎所在的地理位置，我们的国家一直受到外来的威胁。您亲身参加了1792年的那场光荣的战役，您一定知道，哪里才是我们最脆弱的地方。这就是巴黎。请你记住，巴黎是整个法兰西的，您必须做您尚未来得及做事情：巩固巴黎的地位。现在，将军，你可以

回到杜木里埃那儿去了。狠狠地揍那些奥地利人吧！"

沙尔特公爵内心非常激动，然而一句话也说不出来，他向司法部长鞠了一躬，退了出来。丹东的这番颇具远见卓识的话，被公爵永远记住了。亲王参加了把奥地利人全部赶出法国的热马普战役；后来，他流亡国外，保持缄默，等待时机。直到1814年，法国国内局势发生突变，沙尔特公爵才回到阔别了22年的巴黎，他重新游历了一遍皇宫，走过一位目瞪口呆的瑞士籍卫兵的面前，然后，就在宫殿前宽大的阶梯下，双腿下跪，虔诚地吻了吻第一节台阶，嘴里喃喃嘀咕道：

"亲爱的宫殿，我回来了。感谢上帝，感谢22年前丹东的忠告——愿你的英灵安息，你这个远胜于诺查丹玛斯的预言家啊……"

四、女刺客与革命家的对话

——从两幅刺杀马拉的油画谈起

这是两幅同一题材的油画，对于中国人来说，更为熟知的自然是前者大卫的《马拉之死》，它那么有名，甚至在中学生的历史课本上也有此插图，老师在讲到法国大革命时，也都会提到，并声称他是一位遭到敌人暗杀的革命家和英雄。

1.大卫：马拉之死（图片来自网络）

2.波德里亚：刺杀马拉之后的科黛

可对于外国人而言，这样的看法也太过绝对了。有人甚至认为，马拉其人，实在就是一个嗜血成性的刽子手！他说这话的时候，往往会以另一幅名画《刺杀马拉之后的科黛》作为证据之一，它的作者是波德里亚。跟大卫不同的是，他的表现手法和视角全然不同，让女刺客不仅站立，而且光彩照人，显示出他对那位女刺客的同情与赞颂之情。

作为法国大革命中的一个重大事件，马拉之死不但被每一部法国历史著作关注，也为艺术家们的创作提供了激动人心的素材。可是，到底事实的真相如何呢？

1

　　作为激进的雅各宾派成员，大卫曾经是该派领袖罗伯斯庇尔的朋友；在1792年新成立的国民公会上，大卫作为新入选的代表，和罗伯斯庇尔及马拉有同样强硬的立场，也投票赞成处死路易十六，这态度为他赚得了一个"凶恶的恐怖分子"（ferocious terrorist）的外号。马拉被刺后两小时内，大卫赶到了现场，为他的这位朋友画了速写，并组织了一次场面宏大的葬礼，将他安葬在先贤祠——只是，后来人们又将其移出了先贤祠，这是后话。

　　奇特的是，由于马拉是在书写之时死在浴盆里的，大卫也希望能在葬礼的整个过程中，将他的尸体重新沉浸于浴盆里。但尸体已经开始腐烂，前来吊唁的人又多，不得不定时给尸体喷水，使开裂的创口润合。之后，大卫又创作了一幅《马拉之死》的油画。他如此描述创作的动机：

> **"公民们、人民都在召唤他们的朋友，他们忧伤的声音都可以听到：大卫，拿起你的画笔……为马拉复仇……我听到了人们的声音。我听从了。"**

　　大卫那幅马拉画的特点是，他极力将那次政治上的牺牲，描写成一次真正的谋杀。在他的笔下，马拉形象是理想化、浪漫化的：周围的一切都非常真实，马拉被刺杀在浴盆里，凶器掉在地上，鲜血从马拉的胸口流出，脸上露出愤怒而痛苦的表情，左手仍握着"反革命分子"的名单，连字迹都清晰可见。但看不出马拉患有影响他形象的严重皮肤病，他那原本丑陋的脸也给美化了，显得清秀可亲。大卫在画中力求用他的笔，唤起观众对他心目中的这个革命家的崇高敬意。难怪有研究者认为，作品具有一种圣像画的风格；有人还评论说，这幅画是"一位艺术家的政治信仰的直接表露和生动证明"。

与之形成对比的是保罗·波德里亚同一题材的画作，即创作于1861年的《刺杀马拉之后的科黛》。作者波德里亚成名于意大利，常画关于宗教和古罗马的题材。此乃作者唯一的一幅表现历史题材的作品。这足以表明，刺杀马拉这一历史事件，在他脑海里留下多么深刻的印象；即使在事隔多年以后，他还忍不住要用画笔来抒发他的感想。对于波德里亚来说，从名称与画面的构图中，即可看出他最崇敬的人并非马拉，而是杀手科黛；当然，他不隐讳科黛杀死马拉是一次谋杀，但他没有像大卫那样，不让科黛出现在画面上，虽然事实是，她当时就没想到过离开现场。在波德里亚的画中，她就站立在被害人的身旁，表现对自己行为的负责精神，是一位正气凛然的女英雄。

2

英国作家托马斯·德·昆西，写过一本名为《论谋杀》的书，其中有一篇名叫《谋杀，一种优雅的艺术》，顾名思义，作者并不认为谋杀是一种残暴的政治手段，而是一种艺术的表现形式！看过那两幅有关马拉的画之后，你就明白：斯言不假！

昆西认为，人类第一桩谋杀事件，始作俑者应当说是该隐，弥尔顿在《失乐园》中，是这样描述"该隐杀弟"这一事件的：

"因为他内心愤怒，所以当他们谈话时，用石头向他的腹部猛砸过去。正是这个重击结束了他的生命：他倒下了，脸色苍白。他的灵魂在做最后呻吟。鲜血从他的身上涌出。"

据说，画家理查森据其诗意，这样评论说：正是一种思想使得该隐用那块巨大的石头击倒了他的弟弟亚伯，终止了他的呼吸，而弥尔顿展现了这个过程，还在该隐弟弟身上添加了一个巨大的伤口。

你看，多么原始的谋杀，该隐使用的武器居然是石头。多亏了画家理查森，他用温暖的红色色调加以润色和充实，才避免了武器过于粗糙，画面过于野蛮的弊病。

这就是所谓的"艺术"！艺术是从人的感官出发考虑的，既要表达残忍和血腥，又不能过于直白，于是有了人类的艺术，包括谋杀的艺术。不过，凡是艺术，没有不产生争论的，而"该隐杀弟"也是这样。首先，它在内容上就有争论：有人说，该隐和亚伯的争端，起因于一位年轻的女子；至于该隐谋杀的工具也各有说法：有说是他自己的牙齿；有人说是使用了驴的颚骨，还有的说是用的草耙，有的画家则用了镰刀，有的用了剑，有的则用树篱戟——即哥哥嫉妒弟弟的圣洁，用弯曲的树篱戟戳破了弟弟的喉咙……真是千奇百怪。

再说"谋杀"（ｍｕｒｄｅｒ）这个词，一般认为它和"刺客"（ａｓｓａｓｓｉｎ）一样，都是从《山中老人》（*The old man of the mountains*）故事中演绎出来的古老词汇。

现在，回到马拉之死中的那个刺客科黛身上，要是凭借作案条件，她还真的够不上"刺客"这个词儿。虽然她是蓄意谋杀马拉的，却根本不像一般刺客那样，谋杀之后安全地撤退，然后隐姓埋名，改头换面。根据那幅《刺杀马拉之后的科黛》，她是如此的镇定，并不急于逃亡、藏匿；她行得光明，走得正大，仿佛是要借此扬名一般。

事情的本来面目真是如此吗？

事情不像想象的那样云遮雾罩，来龙去脉非常清晰明了：科黛出生于一个没落贵族家庭、自小在修道院里长大。跟别家的孩子一样，一直在小城康恩快乐地度过童年和青春岁月。如果革命没有爆发，她也许会像姑母一样地嫁人，并继承一笔小小的遗产，安然度日，或偶尔到图书馆里看看书。

但是，革命来了，革命改变了一切，也改变了她。继而，她成了一名共和派，不喜欢国王，更不喜欢暴力，一心只想追求温和的共和。但是，当主张温和的吉伦特派失败以后，她的梦想也随之破灭了。

据说，科黛顶多花了五天时间就定下了刺杀马拉的计划，这也许是因为她聆听了吉伦特派流亡者的演讲。吉伦特派的领导者布里索，把他的一个朋友孔多塞介绍给与会者。接着，那些具有雄辩才能的吉伦特成员，开始了滔滔不绝的演说。孔多塞不无诙谐地说，他早几年前就关注过妇女权利，现在还有人提倡"没有财产资格限制的普选制"，不是太落伍了吗？接着，孔多塞又回忆起他早年所写的那篇《论予女子与公民权》的论文，自称他和她们站在同一战线上，他俨然已经是一位女权论者（feminist）了：

"我是从政治权利的角度，来强调两性权利平等的。就像《人权宣言》里讲的那样：人生来是而且永远是自由、平等的。可是，有的人却偷偷地剥夺了女子们的权利，他们也悄悄地剥夺了女子制定法律的权利，这个一切法律之母的权利啊，多么明显：分明也剥夺了女子的公民权利，这不是公然违反了权利平等的原则吗？

"如果有人问，妇女们凭什么有那些权利，我要请他回顾一下妇女姐妹们在这场斗争中的表现。君不见，在反封建王权的斗争中，女子——尤其是那些在沙龙中的女子，不也为革命做出了贡献吗？难道你看不见她们在科学发现中的才华吗？对，还有艺术才华，这自不用说，就说智力素质、推理能力等方面吧，女子也不比男子差。"

然后，他扳起指头，一一细数着那些金光闪闪的卓越女性的名字：

"英国的伊丽莎白、俄国的叶卡特琳娜、奥地利的玛丽·泰雷兹……和其他女子，只要有机会，她们有能力同男子一样大有作为，而且还超过男子。因为，如果有特别优秀的男子，那么同样有特别优秀的女子；正像有较差的男子，同样有较差的女子一样。所以剥夺女子的选举权是没有道理的。在我看来，权利平等，也是指人具有能力就能享有权利，却并无男女之别。女子占人类总数的一半，她们有能力，自然应当享有权利，也就是说，女子应当享有公民权，两性应当享有同等的权利。"

听罢这番演讲，科黛大为振奋。须知，孔多塞提出的这种主张，比一般所认为的近代女子解放、妇女参政的首倡者约翰·密尔要早了70多年。然而，回到现实，科黛又止不住叹了口气，心想：唉，那些雅各宾派也更令人失望了！他们不仅毫不关心妇女权利，而且全然以不屑一顾的态度对待她们；更恼人的是，在他们心目中，仿佛跟世界上的万事万物都有仇恨一般，国外有敌对者，国内也有；男人大可怀疑，女人也不例外……总之，没有一天让人安生过，特别是那位凭借三寸不烂之舌起家的所谓革命家马拉……

正想着，突然，她胁下夹的一本书掉了下来，那是她随身带来的普鲁塔克的名著《希腊罗马名人比较列传》，就在拾起书的那一刹那间，她瞥见打开的沾了泥土的书页上几个名字——

恺撒……布鲁图……元老院……暗杀……暴君……

顷刻之间，这些字眼化作了明晃晃的一道剑光，令她眼不开眼睛！她几乎是跟跟跄跄跑回家的，在她的思想里，突然将"暗杀者"（assassin）这个词儿，跟马拉Marat相联系起来；而两个名词中间，靠什么做介质呢？

——刀子！

对，刀子！她拿定了主意，发誓要像那些杰出女流一样，做出一桩轰轰烈烈的事儿来。

3

1793年4月，马拉被选为雅各宾俱乐部主席，紧接着，他下令各地雅各宾俱乐部请愿，撤换掉试图拯救路易十六的那些国民公会代表，要求逮捕国民公会里的敌对分子及所有嫌疑分子。吉伦特派于是指控马拉阴谋颠覆国民公会。两派斗争的结果，马拉输了，因此被审判。但是，由于法官和陪审员都是雅各宾派，只是在运动场地随便询问了马拉几句，就将其无罪释放，马拉得以安然过关。同年6月2日，马拉卷土重来，伙同雅各宾派其他领袖，煽动群众，最终推翻了吉伦特派，雅各宾派取得了政权。

山雨欲来风满楼。由于马拉等人的存在，雅各宾的暴政已经变得近在眼前；与此同时，一个悲剧也悄然来到了马拉身边。

这年夏天，通过看报纸、听演说和旁人议论，24岁的夏洛蒂·科黛了解到社会的真实状况以后，决心做一名爱国的复仇者，一名共和事业的殉道者。科黛受到的是传统教育，熟读普鲁塔克、伏尔泰和卢梭的经典著作。她是一名共和制的捍卫者，她把共和制看成改造法国的一条途径。科黛认为雅各宾派正在破坏革命，而她的观点是吉伦特派的，与雅各宾的暴力之徒们势不两立！

做出刺杀这一最终决定以后，她用了几天时间处理琐事，写了一封信，解释了自己为什么要杀死马拉：

"一个人只能死一次，在我们的恐怖处境中，如果以我之死能

换来他人之生，那于我将是莫大的欣慰。"

接着，她买了一把长五厘米带木柄的餐刀；还考察了国民公会开会的场所。

刺杀发生的前一天晚上，她告诉一个这几天一直照顾她的吉伦特党人赶快离开巴黎，"再晚就来不及了"。对方没有听懂她的意思，她便哭着哀求他，最终也无济于事。

一切准备停当之后，那闪耀史册的一天到来了。

7月11日，科黛搭乘马车从冈城抵达巴黎。13日早上，她动身前往皇宫。科黛原希望能当众将马拉杀死，就像布鲁图刺杀恺撒那样，但是没有机会，只好转而去马拉的公寓去找他。她大约上午11：30分来到马拉寓所，当时马拉正患着皮肤病，由于他曾躲藏在巴黎的污水管中，使得皮肤病严重恶化，只有在投放药液的冷水浴中，他的痛苦才可缓解一些，因此他将浴盆搬到办公室。他的妻子将科黛挡在了门外，称马拉染病不能接待访客。于是科黛说，自己给马拉写了一张简短而且他感兴趣的便条，声言她带来了镇压潜逃的吉伦特派成员的计划和名单。

到了下午7点，科黛返回此地，以另一张便条请求面见马拉，这次被同意了。于是，她在有人来送面包和报纸的混乱人群中，来到楼梯的顶端，在门外与人大声谈论发生在冈城的叛国事件；正在沐浴的马拉听到后，请她进屋来。科黛坐在离浴盆不远的一张椅子上，称她给马拉提供了一份阴谋反对雅各宾派的冈城居民名单。"很好，"马拉说，"几天之内，我就会将他们全部送上断头台。"这时，科黛抽出那把刀来，猛然刺进马拉的胸部，一刀，又一刀。马拉沉进水中，血从伤口中喷涌而出。

马拉大声叫喊，他妻子闯了进来，见状立即顺手抓起一把椅子向凶手砸去。一名邻居也听到喊叫声，穿过街道跑进来了，试图为马拉止血。然而，几分钟之后马拉便死了。刺杀发生后，科黛心满意足。她镇静地坐在原地，等着人们来逮捕她。自然，她被捕以后受到了百般凌辱和殴打，胸衣被撕开，伤口遍布双手。不过，面对审判，她一直骄傲地微笑着。据说，她甚至希望，巴黎的百姓在看到她的头颅被挂出来示众时，会提起自己的名字与为他们流的鲜血……

但这只能是妄想。人们为马拉举行了隆重的葬礼，而对那个勇敢的凶手发出愤怒的咒骂。马拉在历史里被长久吹捧着，而她却作为一个杀手被唾弃着。

六名警察当时就在马拉的公寓里对科黛进行了审问，科黛并不想推卸或否认她的责任。她说，她从冈城来到这里的，唯一目的便是杀死让·保罗·马拉，她是独自行动的，没有人是同谋，她是想尽量不牵连到别人。但无论是群众还是革命法庭的法官们，都确信科黛背后必定有其他人参与了这次暗杀行动。雅各宾派的乔治·考东坚持认为："毫无疑问，这个披着女人外衣的恶魔是冈城所有谋反者的一个使者"。但是，科黛只承认曾读过吉伦特派的报纸。审判长雅克斯·蒙塔内问道：

——你为什么要刺杀马拉？
——为了平息法国的暴乱。
——这件事你计划很久了吗？
——从5月31日国民代表被处死之后我就有了这种意图。
——那么你是从报纸上知道马拉是一个无政府主义者吗？
——是的，我知道他在扰乱法国……

接着，她就像罗伯斯庇尔要处死路易十六国王时说的那样，大声说道：

"我是为了拯救十万人而杀了一个人，我是为了拯救无辜者而

杀了大恶人，为了使我的国家安宁而杀了一头野兽，在革命前，我就是共和派，我从来就是精力充沛，无所畏惧的。"

科黛安静地答道，字字清楚，句句无误。法庭迅速对科黛做出裁决，她被判处死刑。当得知被判处死刑以后，她经历了短暂的惊慌，但旋即镇静下来，并于1793年7月17日从容不迫地走向刑场，走向断头台。

据说，刽子手出于同情，故意挡在她面前，不让她看见断头机的样子，她却请求让她看一眼，因为她从没见过这东西。

最后这种从容，为她赢得了许多人的尊重。一个受科黛牵连而被处死的吉伦特党人临死前说："她杀死了我们，但也教会我们如何去死。"

为法国带来不幸的，并不单是马拉或其他什么人，而是践踏法律的政治和不经审判的屠杀。科黛杀死了马拉，却让这段历史多了点儿血腥。她杀死了该死的人，却是以错误的方式——为正确的目的而作恶，结果上演的只能是一出崇高的悲剧。

科黛死后，雅各宾派暴政变本加厉，但是就在一年以后的7月28日，以罗伯斯庇尔为首的雅各宾暴政最终被推翻。

和科黛一样，马拉和他的同伙们，也是怀着崇高目的实施暴力的。他们宣称杀戮是为了救国，为了人民的幸福。甚至，他们杀死法国国王路易十六的理由和科黛杀死马拉的理由也如出一辙：杀死一个人，可以拯救千万人。

4

本来，马拉夫人是有所觉察的，当刺杀发生那一瞬间，她就在浴室的隔壁，也是她第一个听到丈夫那凄厉而的呼唤；但是，当她进浴室一看，一切都太迟了……

马拉夫人本名叫西蒙娜·埃芙拉尔，父亲是造船工人，她生于1763年，大革命来到时才26岁。1790年，他她从姐夫口中得知，拉斐德将军手下的警察正在追捕一名作家，据说此人是个危险分子，名叫让·保罗·马拉。被警察追捕得紧的马拉，只得四处逃亡、躲藏，无法按时出版《人民之友报》（L'Ami du peuple）了。这时埃芙拉尔的姐夫、卡特琳娜的丈夫遇见了他，并接他到奥诺雷大街来住下。这样，埃芙拉尔便结识了马拉。

埃芙拉尔，只是一名小小的钟表女工，怎么会对一个正遭到通缉的报纸编辑产生好感呢？何况马拉身高不到五尺，不成比例地长着一颗奇大无比的脑袋，脸上无肉，塌鼻子歪嘴巴，难看极了。这一点，在很长时间内，是家人心中的一个谜，也是周遭邻居和朋友难解的一个谜。

现实地看问题吧，尤其是男女之间的问题。埃芙拉尔，这个贫穷的勃艮第姑娘，是自告奋勇地与他结合的，而且为这个无处栖身的男人牺牲了自己的休息、声誉。当然，他也带来了并不算菲薄的薪俸。此后，她更加心甘情愿地为他做饭、服侍他了。他答应同她结婚，但以一种十分奇特的方式履行了这一诺言：由于他讨厌那些繁文缛节，一天，他把埃芙拉尔叫到自己房间的窗前，拉着她的手说：

"面对广阔无垠的大自然，我向你起誓，我将永远忠实于你；就让缔造万物的主做我们的主，做我们的证婚人吧。"

痴情于他的西蒙娜·埃芙拉尔答应了、顺从了！她守住家门，不让人打扰他。直到那天晚上，一位手执扇子、肩披粉红色围巾的美貌女子前来找马拉。这时，西蒙娜心里多少有点嫉妒，并且在这位年轻姑娘身上，本能地觉察到某种危险……但是，此时正在浴盆里洗澡搔痒的马拉，却吩咐让陌生人进来，西蒙娜忐忑不安地服从了。不一会儿，突然从屋内传出一阵惨叫，她跑进去，只见那位衣着漂亮的刺客呆呆地站在前厅的门帘旁，她猛地抓了一把椅子朝她掷过去，接着，又扑上去死死揪住刺客的头发不放，直到四周的邻居闻声赶来……

马拉死后三个星期，国民公会请西蒙娜出庭，这本是她申请大笔救济金的好时机，但她却压根儿没提出什么要求，也不接受任何帮助，一开始就明确宣布：她将拒绝一切经济上的资助。在这个喧闹的大厅，在那些赫赫有名的演说家面前，她居然发表了一篇严谨的讲话，就连那些善于咬文嚼字的人，恐怕也自叹弗如：

> **"公民们，站在你们面前的是马拉的遗孀。我到这里来，绝不是出于贪婪或贫困而向你们乞求布施的，马拉遗孀所需要的只是一块坟地……"**

接着，她向"法兰西人民和全世界"揭露那些在报刊上大肆吹捧科黛的无耻之徒，表示她即使是在风烛残年，也要致力于替最勇敢、受迫害最深的人民利益的捍卫者，去伸张正义。

后来，西蒙娜·埃芙拉尔搬去与马拉的妹妹阿尔贝蒂娜一起居住，两位孤苦伶仃的女人相依为命，直到1795年一起被关进监狱。在拿破仑的执政府时期，由于发生了定时炸弹爆炸案，她俩也再次受到牵连。后经调查，她们与雅各宾派的破坏活动毫无关系——她们作为马拉的妻子和妹妹，竟然没有参与这类报复的阴谋中，这对于政府来说，确实是难以想象的。但是，她们毫不掩饰对于死者的崇拜。是的，马拉在她们眼中是"肩负复兴世界使命的人"，她们认为，世界不可能有第二个像马拉那样的人。她们生活在对死者缠绵的眷念之中，对于她们来说，失去马拉，就意味着失去了一切。西蒙娜·埃芙拉尔则永远不能原谅自己……可是，谁又能料到，那位衣着时髦的漂亮女子，竟会下如此毒手呢？——这也是她们心中的一个永恒之谜！

对于外人来说，西蒙娜之所以委身马拉，反而是个不解之谜；然而对于她自己来说，那谜底可是一捅就破的。

她被他施行了蛊惑之术，那迷魂药或许只是一个短语，由一个带有磁性嗓音发出的短语——血腥的暴力！此外，还有他作为贵族中的一名宫廷医生的丰厚收入——马拉在巴黎开诊所时，凭借一位病人的侯爵丈夫的帮助，得以任职路易十四的幼弟、即后来的查理十世阿图瓦伯爵私人卫队的医生，从此，他就跻身于贵族之列……

是的，迷惑少女心的因素，不止一个。而让·保罗·马拉的独特嗓音显然是原因之一——当然，还有伴随那嗓音而来的蛊惑人心的演说词。比如：1789年8月，制宪会议批准了取消封建义务的法令，农民个个信以为真，因为马拉毫不犹豫地对"八月法令"做了这样一番抨击：

"贵族们只不过在焚烧着他们城堡的烈火之下，表示了区区的宽宏大度而已，只不过让对手持武器夺回了原本属于人民的自由而已，只不过他们放弃了些许束缚他们的特权而已！"

不过的不过，而已的而已！当一种暴力的呼唤，却以一种貌似反抗之声，总在耳旁回响之时，谁又能逃出它的蛊惑呢？

五、一个人权宣言，两个国家的英雄

——显隐无常的拉法耶特传奇

一个发生在 1776 的北美独立战争，一个发生在 1789 的法国大革命，两件历史大事仅仅相隔十几年时间，难道此中没有关联吗？

有的！不从理论上讲，就从具体人与事上来说吧，两件事都跟他相关。此人名叫拉法耶特！

记得吗，多年前，台湾有一个军购案，被媒体沸沸扬扬地炒了很长一段时间，在他们笔下，这桩军购舞弊案简称为"拉法特案"或者"拉法耶特案"，实际上名称都源自法国一艘海军护卫舰，而该舰艇又源于一个叫作拉法耶特 La Fayette 的人的名字。

其实，在美国，有好几个地名也都跟拉法耶特有关，比如拉斐特城堡、拉斐特路、拉斐特公园等，他们都源于一个共同的名字 La Fayette。有位中国游客，到法国旅游采购，在"老佛爷"百货公司发生了有辱中国游客的事件，弄得"老佛爷"道歉，中国人抵制，一时间闹得不可开交——这个所谓的"老佛爷"，与慈禧太后无关，它实际上也是拉法耶特的一个外号。

拉法耶特，在历史长河中留下了自己的印记。当年，正是他与《人权宣言》的关系，使得他无论是在美国独立战争中，抑或是法国大革命中，都留下了独特的印记。

一个人，能以"分身术"的方式，跻身于跨越大西洋两岸的、进而影响到世界历史进程的两桩伟大事件之中，而且以自己的方式去与两国重要人物和事件"联姻"，这可说是世所罕见的。

而拉法耶特，就是这样一个人——这样的一个名字，能不让人产生联想与遐思吗？

1

真实的拉法耶特其人究竟是谁呢？他是个200多年前的一个法国人，人称"拉法耶特侯爵"——可见其出身的高贵；据说，他的家族源头可以追溯到罗马帝国恺撒时期。拉法耶特2岁时，父亲在"七年战争"中被英国炮弹炸死；13岁时母亲和祖母去世；14岁时按照传统，当兵都是贵族的事，他也就加入了法国皇家陆军；16岁时娶了一位公爵的女儿。过了三年——1776年，19岁的拉法耶特偶尔看到了美国的《独立宣言》，他立即热血沸腾，再也坐不住了；他要到北美洲去，要帮助美国人打仗。——有人认为，由于法英的长期矛盾，用拿破仑的话说就是"600年的世仇"，再加上他的父亲死于英国人之手，国仇家恨使得这名年轻的法国贵族决定前往美国。也有人认为，他是受到法国启蒙思想家们的影响，被卢梭、孟德斯鸠的那一套民主、平等、自由等理想所感染，才决定到北美大陆去、将理想变为现实。可不管怎样，他去做了。

不过此行并不顺利。就在招募雇佣军的时候，他的举动就被英国人发现了。英国立即向法国交涉，要求制止拉法耶特前往北美洲。英国人正生着气呢，正好趁机敲打一下法国；而当时的法王路易十六也碍着英国人的面子，下令将拉法耶特抓起来，禁止他离开港口。他的法国朋友也劝他别去了，以免在北美抵抗不住英国人而成了俘虏……

然而，拉法耶特不愿听这话，在监禁的时候，就在看守们的眼皮底下，他竟然坐着船逃跑了；英国人派了两条军舰追捕也没追上。19岁的拉法耶特，就这样与他怀孕的妻子告别了，和一些贵族朋友一道，踏上未卜的北美征程。

当他自己装备的那艘"胜利号"舰只停泊在波士顿港口时，他的身份也变成了一名美国革命的志愿者。他提出的特殊要求是：不领军饷，不要军衔，只参加战斗，为理想献身！拉法耶特的激情，让美国人很是感动。结果，他被授予少将头衔，而且被任命为华盛顿将军的志愿助手，从此，他和华盛顿将军形同父子。以后，他不仅没有拿过军饷，而且同行人的军饷还由他代为发放，他还卖掉自己在法国的城堡，捐款给美国革命。

好一个拉法耶特法国上尉、美军少将！须知，此时他还不到20岁啊，然而已经是北美大陆军的最高军衔了！即使作为大陆军总司令的乔治·华盛顿，也是到了1798年才被授予中将军衔的！不用说，贵族，当时还是北美人眼里的香饽饽，他们十分看重拉法耶特的这一身份，加之北美人也需要拉法耶特这种在欧洲大陆有广泛社会关系的人。反过来说也一样，拉法耶特以贵族身份加入北美独立战争，也有利于美国革命的档次提升。不幸的是，没多久拉法耶特就因腿部受伤而不得不暂时修养，伤愈之后，华盛顿更是让他带兵一个师！比拉法耶特年长25岁的华盛顿，对于一个从小失去父亲的年轻少将来说，确实像个父亲。而且，华盛顿司令本人也是当时美国首富之一，少有的百万富翁。于是二人一拍即合，做了养父子，这事儿一直被传为美谈。后来，拉法耶特被授予美国荣誉公民。这种传统一直延续至今——2002年，在法国人根深蒂固的反美高潮时期，拉氏的后代却再次被授以同样的称号！在美国受此隆重礼遇的，自美国建国以来只有6个人！

2

通常，人们都知道法国大革命产生了《人权宣言》，却未必知道，类似的宣言远不止一个，而且这类宣言并不都是大革命的纲领性文件，恰恰相反，有的还是革命者反对的重要目标哩！

在大革命中，法国人在一帮子雅各宾派的煽动下，于1792年8月10日举行了暴动，不仅废黜了君主立宪制，也一刀两断地否决了1791年《宪法》以及《人权宣言》；同时制定了一个新的《人权宣言》作为新宪法的前言——而在大革命后的86年时间中，法国就制订了14部宪法！一场以立法修宪为中心的暴行闹剧，没完没了地在那片土地上演着。

直至1830年七月革命，法国才建立起初步的民族国家。法国大革命的涟漪尚存，法国竟成了各种理论的试验场，其成功之处在于，人权理论也曾有过张扬的机会；失败之处在于，它并没有导致美国革命那种妥协共存的局面，反而导致了雅各宾派残暴践踏人权的专政。于是，法国社会便像走马灯或者脸谱大赛一般，生旦净末丑五类俱全，还好比一锅"五味汤"，辛辣甘苦麻各有千秋。

幸运抑或不幸的是——拉法耶特回到乱哄哄的法国以后，竟然成功地说服了路易十六资助美国革命，法国派出了志愿军参加美国革命，但这却造成了法国财政困难，反过来这成为导致法国大革命发生的原因之一。问题是，路易十六为何要这样做？显然跟凡尔赛宫对贵族全方位的开放有关——贵族依附于宫廷，在互相间的亲密交往中，贵族也在影响宫廷。而拉法耶特这样的贵族在当时不是一个两个，在他身后是一帮人！

拉法耶特的另一个贡献，却是那个反对国王擅权的《人权宣言》。

事情是这样的。拉法耶特回到法国，就忙于奔走于欧洲的宫廷和沙龙，传播美国的自由、民主思想，为新教徒争取合法的权利。1789年5月，他作为奥弗涅省的贵族代表参加了"三级会议"。早在1302年，"三级会议"这种形式刚出炉时，就遭到专制王权的排斥。如今，四百年过去了，法国国王想增加税收，才又想起了停顿已久的"三级会议"来，可他又担心方案不被批准。于是，路易十六想投机取巧一下，决定召开"显贵会议"代替"三级会议"。但是，"显贵们"却站在各自的立场上，对于国王想多收钱的方案很不满意，结果弄个不欢而散。

此后，巴黎为了钱的事情，又闹了好久，拉法耶特就在这时候出现了！他给国王路易十六上书，认为还是召开"三级会议"好，只有通过"三级会议"才有可能合法解决问题。结果，1789年5月5日，"三级会议"重新召开了，拉法耶特是贵族等级的代表，也参加了会议。会议开了很长时间没有结果，法国社会反而更加混乱了。6月，第三等级，也就是资产阶级，宣布将"三级会议"改为"国民议会"，并称自己拥有制订税收方案的权利，还要求制定宪法。路易十六为此很生气，双方矛盾越陷越深；到了7月9日，"国民议会"进而又改名为"国民制宪议会"了……

这时的拉法耶特同意搞君主立宪。"国民议会"成立后，他参加了宪法起草工作，7月11日，也就是攻打巴士底狱前三天，拉法耶特递交了一份《人权宣言》草案，这份草案基本上是根据启蒙运动的思想、仿照他年轻时候读到的美国那份出自杰弗逊手笔的《独立宣言》而写成的。拉法耶特的这份草案，成为后来正式发表的《人权与公民宣言》的蓝本之一，也就是法国第一部《宪法》。无论如何，拉法耶特的这一版《人权宣言》，都是立足于君主立宪制的，它保留了国王作为国家首脑，用国民自卫军保卫宪法和国王，等等。

　　除了制定《人权宣言》，在攻占巴士底狱的那些日子里，拉法耶特参与的却是另一方的"战斗"。当时，他不顾国王的反对，自封为维持巴黎秩序的国家卫队指挥官，并在大革命初期发挥了决定性的作用。10月，当巴黎人民向凡尔赛进军时，无能为力的拉法耶特任凭起义者冲入了城堡、残杀保卫王后居室的卫兵，而他却在混乱之中，救出了王后——玛丽－安托瓦内特，他俩一起出现在国王寝宫的阳台上，而国王已同宫中诸人前往巴黎，并且再也没能回到凡尔赛宫。自此之后，拉法耶特夹在革命者和保皇派之间举步维艰，并因此受到了所有人的怀疑。在恐怖时代，他不得不逃往国外——而此前，他一度试图阻止路易十六和玛丽－安托瓦内特被处决的，可惜没能成功。

　　7月15日，在巴士底狱被攻占后的第二天，拉法耶特将军被任命为"国民自卫军"总司令，任期两年。紧接着，拉法耶特设计了新的法国国旗，也就是现在的"三色旗"。——有人说，他突出了"三色旗"中的白色，因为它代表了法国王室，事情可能真的这样的——从中不难窥见到拉法耶特的某种政治倾向。

　　轰轰烈烈的法国大革命，就这样神奇般地拉开了序幕。拉法耶特无疑是最初革命浪潮中的一个重要人物，难怪有人说，这期间他在法国的影响力仅次于国王。1790年，拉法耶特宣布放弃贵族头衔，全身心投入革命。这一年，为了纪念攻占巴士底狱一周年，他还主持了"联盟节"大会。次年他的总司令职务被解除了，但是，当欧陆"反法联盟"大兵压境时，拉法耶特出面重新组织军队，准备抗击入侵者。直到1792年8月，拉法耶特才突然离开了军队，离开了法国。结果，他在奥地利的监狱中被关了五年。而此后，法国政坛上也不见了他的踪迹。

　　拉法耶特，这个名字和人，一旦出现就引起轰动，一旦消失就深藏不见了——那么，这个美国革命的热情支持者、参加者，法国大革命的积极参与者和鼓动者，为何突然半途而废？

有一种传言必须纠正，有人认为1789年法国《人权宣言》的作者拉法耶特，同时也是美国《独立宣言》的作者，此乃错误的。事实上，美国《独立宣言》系杰斐逊（Jefferson）起草，1776年7月4日大陆会议通过。而作为支援美国独立战争的志愿者拉法耶特于1777年7月才到的美国；12年后，法国大革命爆发，拉法耶特负责起草《人权宣言》，他邀请了当时任美国驻法国公使的杰斐逊帮助起草，从中可以看出，是美国革命影响了法国革命，或者美国的《独立宣言》影响了法国的《人权宣言》，而非相反。

值得一提的是，当1792年暴动彻底推翻国王以后，雅各宾派即开始制定包括《人权宣言》在内的各种纲领，但尚未完成之时，雅各宾派又一次暴动了，其理由是，曾经颁布《人权宣言》、制定宪法、完成了废黜封建专制、实施普选产生了国民公会的吉伦特派，不愿意和他们一起"继续革命"了。1793年6月2日，雅各宾派拘禁了吉伦特派29名议员，随后73名吉伦特派领导人被判处死刑。"无套裤汉专政"——巴黎的第三等级专政开始了，这也是后来"无产阶级专政"的前驱，其实也就是对于《人权宣言》中合理部分彻底的否定。

在这种形势之下，跟吉伦特派一个鼻孔出气的拉法耶特能不避其锋芒吗，而合适的借口正是"被捕"……

3

1989年7月14日，法国庆祝革命200周年的庆典上，法国总统密特朗说了一句真实的话：

"路易十六是个好人，把他处死是件悲剧，但也是不可避免的。"

的确，路易十六与他的前任国王比起来，算是比较开明的一个。他期待渐进式改革，但最后带来的是自己的毁灭。这与当时雅各宾派领导者们有直接关系。以罗伯斯庇尔为首的那个派别，对于君主立宪制，彻底的共和主义者和宪政民主主义者等，都抱之以警惕、防范或干脆坚决反对的态度，认为它们全是民主向专制妥协甚至完全屈从的产物，或者干脆就是披着宪政外衣的专制政体。然而，法国大革命的奇特之处就在于，在近一个世纪的辗转反侧中，法国宪政进程先后经历了一次帝制、两次波旁复辟、一次波拿巴第二帝国的政治闹剧，而无论是帝制的建立还是王朝的复辟，都是在共和体制无法维系的窘境中取而代之的。

当时制宪会议通过的纲领性文件《人权宣言》，全称叫作《人权与公民权宣言》；拉法耶特希望，它能像在美国那样，发挥应有的作用，将启蒙运动宣传的政治学说以法律的形式确定下来。这个只有17条的宣言，后来经过多次修改，到1791年通过宪法的时候，被作为该宪法的前言。它的第一段这样写道：

"组成国民议会的法国代表认为：无视、遗忘或蔑视人权是公众不幸和政府腐败的唯一原因。"

这份法国革命理想文件，被历史学家们称为"新制度的诞生证书"——

第一条：就权利而言，人人生而自由、平等，且始终如此。除了依据公共利益而出现的社会差别外，其他社会差别，一概不能成立。

第二条：任何政治结合的目的都在于保护人的自然的和不可动摇的权利。这些权利即自由、财产、安全及反抗压迫。

　　第三条：整个主权的本原，主要是寄托于国民。任何团体、任何个人都不得行使主权所未明确授予的权利。

　　第十七条：私人财产神圣不可侵犯，除非当合法认定的公共需要所显然必需时，且在公平而预先赔偿的条件下，任何人的财产不得受到剥夺。

　　——多么理想！何其浪漫！第一条"消灭社会差别"，就既笼统又不切实际，实际上将一个大大的泡沫吹了起来。

　　对于《人权宣言》的实践效果，对于法国革命的进程和结局，一位才智卓越的英国人早有预见。早在民众屠杀和恐怖统治到来之前的1790年，埃德蒙·柏克就轻蔑地评价《人权宣言》是"胡乱编造出来，却又可耻地收回了形而上学宣言"。据说，柏克最初曾一度对法国革命叫好，但当他读到《人权宣言》的文本，就发现，"他们把经验鄙夷为文盲的智慧……（因为）他们有'人权'。不可能有什么药方用来反对这些人，这些人是不承认任何节制和妥协的"。对于没收贵族和教会的财产，柏克说，"除非是一个暴君，谁能设想整个行业、成千上万的人在不经起诉、不经听证、不经审判的情况下，被全部没收财产呢？""再度使用军队——屠杀、酷刑、绞刑！这就是你们的人权！……你们制定了带有普遍效果的形而上学命题，然后你们又试图用专制主义来限制逻辑。"

　　于是，仿佛宿命一般，"柏克预测"成了大革命的最后谶言：

　　　　"（革命政府）力图成就一种纯粹的民主，但我认为它不久就会直接变成有害的、卑鄙的寡头统治……完美的民主制是世界上最无耻的事情，由于它是最无耻的，所以也是最胆大妄为的……这是一场绝望的游戏……从拒绝服从最温和的限制开始，以建立一种闻所

未闻的专制主义而告终。"

的确,《人权宣言》对于正当程序、无罪推定、免受酷刑、言论自由的规定完全沦为一纸空文。国民公会的一位议员公开声称:"少数派总是有罪的!"圣鞠斯特认为不仅反革命分子应该处死,不积极参与革命的人、对革命和祖国表示冷漠的人也应通通处死;而丹东——凭借三寸不烂之舌,更是鼓吹"恐怖即是今天的秩序",否则政府将失去活力。马拉——这位狂热的煽动家,公然如是宣称——

"仅仅对罪人判处死刑太温和了,应该用烙铁烙他们,斩断他们的拇指,割下他们的舌头!"

还有卢梭弟子罗伯斯庇尔,不无正气地凛然说道:

"惩罚是仁慈的,宽恕才是残暴的,赦免坏人就是保护罪恶、窒息美德!"

这难道不是一场地道的暴力语言的狂欢吗?但这恰恰是雅各宾之路上竖立的一块醒目的路标!不难设想,道德一旦陷入相对论中,就意味着丧失与沦丧,良知泯灭之后,无耻也就成为相对道德的一部分。大街上恣意横行的流氓,不正是这位罗伯斯庇尔以民族主义煽动起的民族的狂热吗?他在演讲中说:

"法国人民比其他民族领先两千年。这是一个诱人的结论,法国人组成了一个与众不同的民族。
"法国是世界上第一个真正建立民主的民族。"

此话后世可听明白了，它正是"法国例外论"的先声，在新世纪交替之时，曾做过法国总理的诗人多米尼克·德维尔潘(Dominique de Villepin)的这个盾牌竟然时兴一时，并得到了一些人的尽情赞美与喝彩！

既然巴黎陷入狂热之中，清醒的拉法耶特只得出逃奥地利，谁知又被奥国作为革命家关押了五年。这期间，他的五位亲人被送上了断头台，他算是初步看清了自己的下场。想当初，他是何等的意气风发啊。当他从美国凯旋而归的时候，回到法兰西宫廷之中，夜里在大特里亚侬宫（Grand Trianon）沉浸于灯红酒绿，与玛丽·安托瓦内特王后等共跳四对舞；尽管这位年轻人秉持的是进步观点，但路易十六对待他却总是和蔼亲切……但此时，他却只能以逃亡之身，躲进奥地利的牢房里了。真是"受得富贵耐得贫贱"啊，他居然一口气在那里度过了五年非常严酷的监禁生活，最后才回到奥弗涅城堡隐居起来，而且还做了最后一次的美国"胜利之旅"。在大洋彼岸，美利坚对他的热情，他又怎能忘怀？直到1830年，老迈的拉法耶特才得以再度复出，再写辉煌——他为路易·菲利普竖起了新的蓝白红三色国旗，这也是1789年他为他的国家卫队制定的徽章的颜色。

可是令他耿耿于怀是，过去他们攻打的巴士底狱，那曾被视作国王暴政之罪证的地方，不过才关押了七名罪犯。而在恐怖革命之中被处死的罪犯、嫌疑人、无辜者却何止成千上万！以致断头台也不够用了，就干脆在河里沉船溺死。这样的革命进程，本身就在反证着《人权宣言》，同时也是对它的肆意嘲弄和侮辱！可悲的是一代代"革命者"却并不认为他们背叛了《人权宣言》，相反，他们自以为这是在捍卫一个新兴的共和国家、缔造一个美妙的平等社会。最后，面对人人自危的革命烂摊子，伟大的法国，也只能由骑着战马、端着刺刀的拿破仑来收拾残局了！

4

巴黎荣军院是路易十四于1671年建立的，为的是收留残疾军人和无家可归的退伍军人。这儿也曾收留过6000名左右的法国荣誉军人，直到现在，据说还有退伍军人住在那里。而多余的空房则成了军事博物馆。在楼上的一个小角落，用玻璃隔出一块插着美国国旗的小展区，这就是拉法耶特的办公室。他在美国是一个多么了不得的英雄！据说，二战时期，美国从诺曼底登陆，艾森豪威尔将军登上法国领土后就大喝道：

"拉法耶特，听着：我们来了！"

那回声响彻大洋两岸，那分明就是拉法耶特的回声啊。但是，这位跨越了两个国家革命的传奇人物，在自己的家乡法国，他的历史地位反而有些说不清道不明的味道。这种困惑造成的原因之一，恐怕跟法国人对自己那一段漫长而混乱的历史，有一种割舍不了的"法兰西例外"情结有关，它像一个魔咒似的销蚀着法国人的政治，仿佛否定它，就意味着肯定一种灾祸一般。

这一切，又与拉法耶特的一个死对头——那位大革命的产物罗伯斯庇尔不无关系。早在学生时代，罗伯斯庇尔就十分崇拜卢梭了，称他为"圣人"，并曾经见到过他——这在他的《回忆录》中有记载，那崇敬之情溢于言表——

"在你最后的日子里，我见到了你。这段回忆是我骄傲和乐观的源泉。"

法国大革命爆发后，罗伯斯庇尔一直处于亢奋状态。在开始的阶段，它就被赋予了很多美国式的理想化色彩，而且依循着一种拉法耶特式的轨迹在发展：简单地说，随着《人权宣言》颁布，民主制度开始实施，在拉法耶特没有离开的那个时期内，法国人也曾试图实现一种民主，一种与拉法耶特所主张的英国、美国式一样的民主，具体的就是所谓的"君主立宪"。而当时的法国，对于选举权和被选举权，也设立了同英国、美国一样的财产标准：国民议会按财产和教育程度等条件，将法国人分成两种，一种叫"主动的公民"，另一种叫"被动的公民"，前者就是有权有势者，后者就是穷人；前者享受选举和被选举权，后者则没有——这在当时是符合实际的，因为贵族、教士、资产阶级在某种程度上，也都希望保留国王的权威，只要这个权威对自己有利就行。所以，拉法耶特虽参加了法国大革命，却站在保皇的立场上，不愿意废黜国王。

但是，随着革命形势的发展，保不保留君主就由不得他拉法耶特了。此时，卢梭的信徒罗伯斯庇尔已经站了出来。在罗氏的心目中，似乎只有一个标准：凡是敌人反对的，我们就得拥护；革命的敌人，也就是我的敌人。偏偏这时候，他无论是走在大理石般巍峨嶙峋的王宫，还是穿行于华丽的香榭丽舍大街，或者是停留在僻静的塞纳河畔，都仿佛能看到拉法耶特那略显瘦削、高挑的身影，以及伴随那身影的嘹亮嗓音，它们似芒刺一般，无可救药地刺激着他的每一条神经，激起他的心中无来由的愤慨，止也止不了，于是他在议会中就一遍遍扯破嗓子疾呼起来：

"凡是有自由事业的敌人的地方，拉法耶特就是最危险的敌人！我们应该对拉法耶特开战！"

无须讳言，法国大革命正是在启蒙运动的自由民主思潮之下发生的，也是美国革命（独立战争）的榜样的一种回应。启蒙思想具有一种魔力，它用暴力的语言蛊惑人心，让群众着魔似的陷入一种狂欢式的激动之中，就像那穿了红舞鞋的蓓姬姑娘一样，不得不疯狂地舞蹈。美国革命的模糊先例，让法国老百姓开始争取"人人自由""人人平等""人人民主"，这时候，作为美国和法国两次革命之间的一个关键性的纽带人物拉法耶特出现了，这位被称为华盛顿和杰斐逊的挚友，被誉为"两个世界的英雄"的人，活跃在法兰西政治舞台上，似乎无处不在，无远弗届。他坚定地主张君主立宪制，当1791年群众请愿要求国王退位的时候，拉法耶特不干了，身为国民自卫军总司令的拉法耶特下令向示威的民众开枪，结果造成50人伤亡，这严重损害了他的声望，也成为他在两年的总司令期满以后，就被解除职务的一个原因。

拉法耶特向群众开枪，事实上给雅各宾信徒制造了有利的借口。终于，从1793年3月开始，在罗伯斯庇尔的操纵下，这位雅各宾俱乐部的主席，成功地实施了恐怖专政，政见不合者被他一个个地送上了断头台。一年多之内共有4000人被斩首，其中，不乏他的战友革命家丹东、化学家拉瓦锡（现代化学之父）。当然，罗伯斯庇尔自己也被送上了断头台。

就在同一时期，还有一位职业革命家，也像拉法耶特一样，是一位国际主义战士。他就是托马斯·潘恩。这个生于英国、长于美国的革命家，最初被迫作为契约奴来到北美，之后投身于独立战争之中，写下过鼓吹独立的《常识》，但后来因为低微的出身与异乡人的身份，受到保守势力的排斥，使这位曾经颇负盛名的宣传鼓动家，书写当时发行量最大的小册子《赏识》的作者，反而成了失业者。这令他十分痛苦——他的姓原来是潘恩（Paine），后来投身独立革命时，才改成了Pain，与"痛苦"相同，以示一种抗议。他出身于一个缝纫工家庭，自己也从小就当缝纫工、鞋匠，由于家境贫困，他只上过一段时间的中学，之后又靠当教师、职员等为生，深感生活的不易。现在，想不到自己号召的独立成功，竟仍然免不了失业的命运，他坚持找到国会要员，要求给他一定的津贴，最后，他获得了3000美元的一笔津贴。他用这笔钱买了一块地，在那儿建造起自己设计的桥梁展览。最后，他又回到了英国。

这时候，法国人攻打巴士底狱的消息唤起了他久违的激情，他立即振作起来，用笔来为法国革命的合理性进行辩护，写了《人权论》等文章，驳斥人们对法国革命的攻击。不料，他写的小册子竟遭到英国当局查禁。这样，他被迫离开祖国，来到了法国。他一到法国的海岸城市加莱，就受到当地市民的热情欢迎，人们高呼着"潘恩万岁！"冒雨欢迎他的到来。很快，他被选为国民大会代表，法国议会又任命其为九人制宪法规定委员会成员。但是，潘恩对法国革命的准备不足，一时间思想难以跟上形势，对于处置法国国王路易十六的问题，他站到了吉伦特派的立场上，坚持主张放逐国王而不是处决他。当国王真被处决，他对此深表遗憾，说："法兰西共和国死了"。这样，公安委员会以"图谋反抗共和国"的罪名将他逮捕入狱，一直关押到雅各宾专政结束，他才在美国驻法大使的干预下获释。

出狱以后，法国国民议会再次恢复了他的代表职位，拿破仑亲自接见他，称赞他为"一切传说中最伟大的人物"，邀请他参加军事会议。但是，潘恩认为，法国已经背离了它所宣扬的那种革命，"除了美国，我不知道这世界上还有什么共和国"，所以他拒绝了同拿破仑合作。这样，他只好独自从法国回到了美国，最后在贫困潦倒中去世。

何以两位来自美国的革命者，都不赞成处死国王和无限暴力，都因坚持自己的独立主见而最终遭遇磨难呢？这，难道不值得那些连篇累牍的空洞口号的操弄者反思么？

文艺复兴中的言语新景观

05

一、"肥人"与"瘦人"较量的交响

——佛罗伦萨城市共和国的斗争三部曲

如果说到"旗手"二字，你会想起什么呢？学过点中国文学史的人都知道，鲁迅被认定为新文化运动的"旗手"，泛泛地说，其实也包括陈独秀、胡适、李大钊等。如果在旗手前加上"正义"二字呢，你又会想起谁来？你准会说，这不明摆着吗，就是主张公道的或者主持正义的人。在英语里，不就是 justice 与 standard-bearer 两个词儿合并吗？

但是且慢，这里要说的"旗手"可是意大利历史上的，它绝非"旗手"二字的简单相加，而是有个专门的词儿——Gonfalonieri，你翻开著名政治学家马基雅维利所著的《佛罗伦萨史》就会看到它的尊容。

此外，在一般人的印象里，说到斗牛、叠人塔，就会想到这是西班牙的文化传统。说到意大利，则十之八九会想起它的音乐，大凡有关歌剧、音乐的专用词，莫不来自意大利语。除此之外，意大利的另一个显著标志，如果不是水城威尼斯，就得数著名的"舞旗"了。在古代，意大利人常常在旗帜上涂颜色和标志，这就形成了"旗语"，它有着非常确切的含义。这样，旗子便成了他们传统的一部分，也是集体和激情的产物。到文艺复兴时，"舞旗"更成为有意大利特色的一种民间表演。像佛罗伦萨等城市自治共和国，它的最高长官以"正义旗手"命名，就与这旗舞不无关系。据说，马基雅维利的祖辈是佛罗伦萨贵族，他祖上就曾出任过"正义旗手"一职。后来，佛罗伦萨还设立终身"正义旗手"之职。这样看来，所谓正义旗手，就仿佛中国的"市长""市委书记"，不过，当时可没有今天的城市概念，历史上称它为"城邦"或者"城市共和国"。同时这个职位的权力也没中国的那样大。具体来说，战争时期，正义旗手还拥有指挥权；而到了和平时代，就是一个召集人和政府的组织者而已；而挥舞旗子就成了他手中的唯一的工具了，当然，也是一种艺术。

可见，今天的"舞旗"和舞旗手，正是在历史的传承中留存下来的，这门民间艺术的真正的实施者和表演者，通过自己高超的技艺和精妙的编舞，吸引和愉悦了各地的观众。优雅而精致的动作，精巧的旗子，充满活力的抛掷成为演出的主要特色。比如，科里的舞旗手由16名专业的舞蹈演员组成，他们默契配合，抛接旗子动作娴熟精确，还不断地伴以翻转、抛接、交换等复杂的表演与队形变幻，制造出令人眼花缭乱的色彩盛宴，加上鼓点和吉他的伴奏，使演出变得更加丰富而韵律十足，使人们仿佛看到了文艺复兴时期的风格和隆重的氛围一般，非常受世界各地的观光者们艳羡。

1

意大利北部的城市国家的兴盛，大约是在11至12世纪。起初，罗马教廷和神圣罗马帝国的式微，导致了这些独立小块地区的出现。大多数皇帝都没有能力把他们在北欧（主要的权力基地）履行的义务与在意大利行使的权力结合起来。就罗马教廷本身而言，它与帝国之间的争端大大削弱了它的力量，并最终屈从于强大的法国。1309年，教廷搬到阿维尼翁，处于法国的"保护"之下，直至1377年。

这期间，被称为"海上共和国"的热那亚、比萨、阿马尔菲、被誉为亚得里亚海皇后的威尼斯，通过海外贸易富裕起来。佛罗伦萨和锡耶那等城市也因银行业积累了财富，这样，在意大利的北部，竟出现了400多个大大小小的城市国家。

城市国家的兴起和一些赫赫有名的大家族的命运血肉相连。在文艺复兴时期，先后涌现出了诸如佛罗伦萨的美第奇，米兰的维斯孔蒂，曼多瓦的贡萨加和维罗纳的斯卡利杰尔等大家族，他们确保了经济繁荣发展所需要的社会安定，同时还是慷慨开明的艺术资助者，他们所管辖的城市无不是当时的文艺中心，教廷已不再是艺术唯一的赞助者了，世俗生活的作品得以在新兴势力的保护下涌现。正因如此，文学、雕塑、绘画、建筑等艺术领域，如群星闪耀般盎然出了生机。宗教方面，圣方济各（1182—1226）也为当时的宗教正统观念注入新的活力。毫不夸张地说，文艺复兴时期的意大利是整个欧洲的学校；而整个意大利，又以佛罗伦萨的艺术尤其是雕塑和建筑艺术最为繁荣，因为其背后有美第奇这样的大家族做支撑。

佛城艺术最直接的见证，便是一种叫作"司汤达综合征"的出现。1817年，法国大作家司汤达来到佛罗伦萨参观，终日沉醉于琳琅满目的大师杰作之中。某日他去圣十字教堂参观米开朗琪罗、伽利略和马基雅维利的陵墓，刚走出教堂大门，突然感到头脑纷乱，心脏剧烈颤动几至眩晕。诊断后医生们说，这是由于频繁欣赏艺术珍品，使其心理过于激动所致，后来人们便称这种因强烈的美感而引发的罕见病症为"司汤达综合征"了。

那一时期，佛罗伦萨除了艺术和教堂格外令人瞩目外，它的手工业也非常发达，各个行业随着繁荣壮大而形成了一定的组织——行会，行会就是由"肥人"把持的自治组织，他们经常因为经济利益与小的行会——俗称"瘦人"的雇佣工人之类的平民阶层发生冲突。奇特的是，在这样的斗争中，平民往往是胜利者，贵族反而经常被剥夺了参加政府的权利。佛城的这一特色，正如马基雅维利说的，迫使贵族为了重新取得一部分权利，不仅在外表上装作平民的样子，而且在言谈举止、思想认识、生活方式等方面，也都要向平民看齐，甚至连家族的纹章式样和名称也都纷纷做了改变，使之看起来更加平民化。

佛城贵族一向分为两派，先是圭尔夫派掌管政权，但时过境迁，老吉贝林派的后代渐渐在现政府中担任高官。圭尔夫派的人对此恨之入骨。其中，"圭派"里奇家族的乌古乔内，千方百计地让以前压制"吉派"的旧法律重新生效。尽管如此，他却无法清查出具体谁是吉派，只得将查找的权力交付给"人民首长"，并规定：发现吉派的人之后，就要通知并"告诫"其离开政府，如果不服从"告诫"，就要受到惩处。这样，佛罗伦萨中，所有被剥夺担任公职权利的人都被称作"受告诫者"。

圭尔夫派中的奔德尔蒙蒂家族有个叫本基的，曾经在对比萨的战争中立过功。人们为了对他表示感谢，虽然他是贵族，却破例将他算成平民，使之能在执政团中任职。但是，在他马上就要和其他执政人员一起就职的时候，却被"吉派"操纵的执政团新制定一条法律阻挠了，法律规定：凡是从贵族转化为平民阶级的人，一律不得在执政团中任职。这令本基恼羞成怒，他跟皮埃罗·阿尔比齐串通一气，决定用"告诫"这一手段，压制平民派中势力较小的人物，从而达到控制政府的目的。由于本基和旧日的贵族利害一致，而皮埃罗又和绝大多数有势力的公民关系密切，从而使"圭派"的优势地位得以恢复。他们不仅在各区实行新的改革，还改革了行政机构，从而使他们可以任意利用"告诫"的形势，处置一些"人民首长"或变更其中24位公民的职位。

"圭派"压制平民的活动，在当时是极为反常的，它自然激起另一方里奇家族的反对，正当两派人马剑拔弩张之际，一群公民出于爱国心，在圣皮埃罗·斯卡尔拉焦教堂集会，然后一起去谒见诸执政者，其中一位平民代表发表了向执政团的进言，这位不知名的代表，首先指出了佛罗伦萨社会风气腐败的现状，他说：

> "眼看着这些宗派领头人和煽动家满口仁义道德、用花言巧语把他们那卑鄙龌龊的阴谋诡计神圣化，实在是最可悲的事！他们开口闭口离不开自由的字眼，但他们的行动却证明他们是自由的大敌。为了达到他们自己称王称霸的目的，他们干任何勾当都不觉得不公正、太残忍、太贪婪。因此，他们所搞的一切法律与规章、战争与和平、条约与协定等，都不是为了公共利益或城邦的共同荣誉，仅仅是为了一小撮人的好处和便利……

> "看来几乎是命里注定似的，为了使人类的事务不能安定持久，在所有共和国中，都有所谓'致命的家族'，生下来就是为了毁灭自己的国家。在这类害人虫当中，要算我们国家出产的这一窝儿最为繁荣兴旺。因为曾扰乱和折磨我们这个国家的不只是一个家族，而是许多家族。最初是奔德尔蒙蒂和乌贝尔蒂，接着又是多纳蒂和切尔基。而今天呢？啊，真荒谬！啊，想起来多么丢脸，里奇和阿尔比齐这两个家族，竟然又把我们这个城邦的全体公民引上歧路！"

接着，这位公民代表提出了治理家族斗争、腐败风气的策略：

> "过去那些大家族势力很大，而且受到人们很高的尊重，因而只用公民的力量不用武力确实不足以压服他们。但今天，帝国已丧失它的权势，教皇也已不再是可怕的了，全意大利已成为完全平等的局面，这就不会有什么困难了。和其他共和国比较起来，我们

这个共和国很有可能（尽管我们过去所作所为乍一看似乎正好说明了与此相反的道理）不但使本国保持统一，而且，只要你们执政团下定决心着手制定好的法律和民事规章，我们还是可以大有进步的……时代变了，就理当使人们有合乎道理的根据和希望，只要有一个好政府，我们的城邦就可以享有较好的命运。因为人们的恶意是可以克服的。办法是压制野心，废除那些鼓动派别活动的人搞的那些法令条例，只采用那些能满足公民自由所要求的新原则。请相信，在法律的良好影响下，这些可取的目标是完全可以达到的。如果拖延不决，势必迫使人们拿起武器强制其实现。"

执政团听了，深感有必要改变执政策略。然而，他们制定的治理重点却治标不治本，表面看，法律条文应用到他们两大家族身上是平等的：剥夺阿尔比齐和里奇两家族中各三名成员的一切官职，为期三年，但里奇家族受到它的伤害却大得多。因为"圭派"的皮埃罗虽然从执政团宫殿中被排除出来，但却掌握着"圭派"的会议厅。

在春天到来时，教皇开始派大部队发动对佛罗伦萨的进攻了。他想趁佛罗伦萨既闹饥荒又无武装部队的真空期，轻而易举地把它征服。而佛城只得付给雇佣兵十三万佛洛林作为补偿，来劝诱他们放弃攻打佛城的计划。这样，加上与米兰等敌视教会的城邦结盟，佛城取得了保卫城邦的胜利。但是，佛罗伦萨人虽然对外继续进行着反教皇的战争，却无法抵制内部各区首长和他们的那一派势力。圭尔夫派此时更加嚣张，集结在他们周围的是所有旧日的贵族和大多数最有势力的平民领袖。"圭派"的头目们为保住自己的统治，决定将众多受到"告诫"的人，从城里放逐出去、占领执政团宫殿、把整个城邦置于自己一派的控制之下。这是仿效旧时圭尔夫派的做法，当时他们因为感到在城内不安全，直到把敌对势力全部赶出城去才终于放下心来。

2

然而，出乎他们的意料，下一届执政团的选举中，对"圭派"素来不满的萨尔韦斯特罗·德·美第奇却意外地被选为了正义旗手，他属于最高贵的平民家族之一，无法容忍广大平民受少数有权势的人压迫的局面，早就下决心结束他们的横霸行径。他联合同道，秘密起草一项法律，重新恢复对显贵权利的限制，缩小各区首长的权力并恢复那些"被告诫者"的尊严。当他把各同僚和政务会议成员都召集起来商议时，却遭到其中少数人的激烈反对，结果未能使法律通过。

萨尔韦斯特罗·德·美第奇看到自己这头一着棋就要失败，就假装有私事离开开会的屋子，在无人察觉的情况下，他赶到政务会议室，站在较高的位置上，随即演说道：

"我认为，我自己被推举担任正义旗手的职务，主要并不是为了主持解决私人案件（因为这类案件已派有专任法官定期开庭加以审判），而是为了保卫城邦，纠正权势人物的蛮横无理，以及修改那些即将把共和国引向灭亡的法律。为了履行这些职责，我曾仔细考虑，并竭尽所能拟出方案。不幸的是，我发现有些人居心不良，非常反对我这些公正的方案，简直是要剥夺我办好事的一切机会，还要剥夺别人对我进行帮助的可能，甚至连别人听我说话的机会都不给。因此，既然我已经看到自己无法为共和国利益效劳，又不能为全城人民谋福利，那么我就没有继续保持这个官职的理由了，这或是因为我不称职，或是别人认为如此，无论怎样，我只好自行引退回家，请人民另举贤明，让品德比我更高尚或者运气比我更好的人接替。"

　　说罢，他就佯装要离开大厅回家，这番话，惹来临政务会议成员的一阵骚乱。人们拥过来，一面对这位刚选出的正义旗手百般恳求、挽留，一面谴责那些反对新法律的人。一个叫本内德托·德利·阿尔贝尔蒂的人，从宫殿的一个窗口大声呼吁，要人们拿起武器，准备与反对者决战。而各区的首长也想利用属下公民反抗执政团的新命令。

　　在这相互僵持的紧要关头，各工匠行会首先扛出旗帜，旗手在大批手持武器的人们的簇拥下，开始占领各个庭院。针对这个局面，政务会议被迫把大权（在佛罗伦萨，这项大权叫作"巴利阿"）授予诸执政、诸同僚、各区首长以及各工匠行会官员，请他们为了整个城邦的福利而改组城邦政府。而当初深受其害的"被告诫者"们，也开始报复圭尔夫派不久前对他们的伤害，他们焚烧了"圭派"的一些富家豪宅，令其狼狈四处躲藏逃窜，城内顿时陷入混乱之中。当一位骑在马上的执政带着身后许多手持武器的公民出现在街头巡逻时，那些起义者出于对他的尊敬，才终于克制住了愤怒的情绪。

　　第二天，"巴利阿"被迫解脱了所有"被告诫者"，废除"圭派"制定的有损公民利益的法律，并宣布一些"圭派"死硬分子为叛逆；继而重新抽签组织执政团；推举了公民卢吉·圭奇阿尔迪尼为正义旗手。

　　新成立的执政团在此非常时刻，不能像往常那样举行盛大典礼，只是在宫中集会，一切仪式都从简。为恢复秩序，卢吉·圭奇阿尔迪尼集合各工匠行会开会，行会的要求是，执政团应为城邦的安宁而颁布新的法令：从此任何时候都不得把任何公民当作吉贝林派而给予"告诫"。但是，面对有人趁起义浑水中摸鱼的人，想要从别人那里渔利的人、鼓吹放逐甚至消灭对方的人，正义旗手卢吉·圭奇阿尔迪尼对他们发出了严厉的声音，表达了对有人继续挑动混乱的担忧和不满：

　　"这些乱子的出现，大部分并不是由于我们有什么过错。我们曾希望，在我们按照你们的建议做了许许多多重大让步之后，这些

动乱也会像已往历次动乱那样很快就可以结束……谁料想经验竟然告诉我们：我们的行为越是谦恭，做出的让步越多，你们的态度就越是傲慢，你们的要求也就越过分。"

继而，卢吉提出了一系列的诘难：

"现在我们要请问你们，也希望你们能凭着你们的荣誉回答：还有什么东西我们没有答应你们，使你们似乎可以正当地提出任何新的要求呢？试问，你们究竟打算继续滥用我们的宽大多久？难道你们看不见我们忍受失败比你们享受胜利还要有节制得多吗？请问，你们的分裂活动究竟要把我们的城邦带到什么地方去呢？难道你们都已忘记，过去我们的城邦分裂的时候，卢卡的一位卑贱的市民卡斯特鲁乔就曾使城邦屈服了吗？而且，你们请来的雅典公爵，不是也干过这样的事吗？但当公民们团结起来保卫城邦的时候，米兰的一位大主教，甚至一位教皇都未能使我们佛罗伦萨屈服，在打了许多年仗之后，被迫灰溜溜地退走了。"

最后，他强调，制止进一步混乱的要求：

"这个城邦，即使是在战时，许多强大的敌人也不能使它屈服，那么，你们究竟是为了什么，非要在和平时期，通过倾轧不和的行径，使城邦沦于受人奴役的地位呢？从分裂中，你们将来得到的只能是城邦被征服奴役，从你们已经抢到手的财物以及你们即将从我们手中抢到的财物中，得到的只能是贫困。因为这些财产是我们为全城公民提供工作的手段，如果你们从我们手里把它抢去，我们就再没有什么办法可为全城居民提供工作机会。"

在卢吉的劝说之下，行会表示愿意跟新执政团合作，而新的执政们为了表明自己的真诚，也规定政府每个高级机构中增设两位公民参政，使这批人和各工匠行会官员在一起，使城邦的秩序走向正轨。

3

说到行会，看起来只是行业的自治组织，可它在佛罗伦萨却拥有相当大的参政权力，不然为何叫"肥人"呢。佛城分别按照行业组建了12个行会，每个行会都有一位指派的首领或官长，凡是各行业从业人员发生民事纠纷都由他们自己的上级解决。后来，行会增加到21个，已经拥有很大权力，随着行会的增多，行会也有所谓"大行会"和"小行会"的区别，也就是"肥人"和"瘦人"的分野。不用说，大行会的支持者众多，并利用优势地位排挤小行会。更有甚者，一些处于根本没行会或者依附于其他行会底层的人，当他们付出的劳动得不到适当的报酬、或受到他们的雇主压迫的时候，他们就无处找人申诉和纠正，只能去找他们所从属的那个行会的官员。但他们认为在这些官员手中并不能经常得到公正的处理。在这些行会中，群体最大的要算呢绒行业行会。这个行会过去和现在一直都是最有势力的团体，他们的权力最大，并支持大部分庶民和人民中的底层，而梳毛工出身的米凯尔·迪·兰多被推选为正义旗手，跟当时梳毛工人在新执政议会中已占有1/3的席位是分不开的。因此，新政权也决定，除原有的大小行会之外，再组织染色工、裁缝和梳毛工 三个新行会，并建立人民近卫军。发布征收累进所得税、延期偿还欠债和向贫民发放粮食等法令和布告，并取消数十个富人家族的参政权。这一系列的新政策，暂时平息了广大工人的愤怒，也缓解了执政团的压力。

虽然梳毛工有了行会，但作坊及工场仍控制在"肥人"手里，他们为一己之利，发动同盟歇业，使梳毛工人顿时陷入失业与饥饿之中。1378 年，佛城中群情鼎沸的梳毛工们聚集起来，开始考虑如何争取自身的权益。在聚会中，一位不知名的梳毛工发表了一次鼓动演讲：

"不要上当，不要以为他们祖先的古老血统会使他们比我们高贵。因为所有人类都出于同一祖先，都是同样古老；而大自然也把所有的人都塑造成一个模样。大家都把衣服脱光了，就会看到人人都长得差不多。假如我们穿上他们的衣服，他们穿上我们的，我们就显得高贵，他们就显得卑贱了。由于贫富不同才使我们有贵贱之分。你们当中有些人从内心悔恨自己干过的事，而且下定决心今后洗手不干这种事了；我一想到这一点就非常难过……

"像我们这样的人，必须常常为饥饿、坐牢或杀头而担忧，怕入地狱的想法既不可能也不应当对我们有任何影响。你们只要对人类的行为留神观察，就会看到，所有那些获得巨大权势、取得大量财富的人，不是运用暴力就是运用欺骗的手法……因为忠实的奴仆总是当奴仆，诚实的人永远受穷。除非既大胆又不忠实，否则永远也摆脱不了奴役；除非既贪婪又奸诈，不然一辈子也逃不出贫困。上帝和大自然把所有人生的幸福都撒到人间，人们把它抓到手的方法与其说是勤勉不如说是强夺，是恶行而不是善举。因此，只能是人吃人。只有不能自卫的人才活该担惊害怕。所以，当机会来到的时候，我们必须使用暴力。当前正是千载难逢的大好时机，因为公民们眼下仍然处于分裂状态，执政团举棋不定，官员失魂落魄。在他们能做出妥善的安排以前，我们很容易战胜他们。"

末了，他鼓动工人们夺取全城的统治权力，说：

"在开始时冒些险的事业，到最后总会得到报酬。任何人，不经历某些危险，是不会从困境中摆脱出来的。更何况，显而易见，他们正在大力准备监狱、拷问台和杀人工具。这对我们来说，无所作为将更危险，只有奋力才能拯救自己。因为无所作为则祸患必来，行动起来则不一定。我经常听到你们抱怨说上司如何贪婪、官员如何不公。那么现在是时候了，不但可以从他们的压迫下解放自己，而且还能够使自己变得比他们更为崇高，从而使他们有更多的理由对你们担忧害怕，而不是你们惧怕他们。形势造成的机会是会溜走的，当机会丧失后再想把它找回来，那是徒劳的。你们大家看到我们的敌人正在做准备，我们必须先发制人。谁首先拿起武器谁就一定胜利，一定能消灭敌人、壮大自己。只有这样，我们当中的许多人才能得到荣誉，而我们全体都将得到安全。"

这一演说，被誉为历史上第一雇佣工人的演讲，虽然人们不知道演讲者是谁，但他却表达了身在底层的众多梳毛工的政治要求，演讲着眼于"被压迫者自己解放自己"这一理念上，与当时雇佣工人自身的处境和心理联系密切，因此针对性极强，极富感召力。正是在演说的鼓动之下，起义者们才明确提出废除债务、拍卖贵族财产和银行停付利息等起义目标。

4

正当工人们筹划如何夺取共和国政权的时候，执政团无意中抓住一个名叫西莫内的人，从他嘴里了解到了第二天起义的计划。执政府心急火燎地召集同僚以及各行会官员开会，打算次日清早召集起佛罗伦萨的全部武装力量镇压起义。殊不知，西莫内遭受拷打和审讯的情景，已经被一名正在宫殿中矫正时钟的工人看到了，得知起义之事败露之后，他故意抢先将此消息传递到左邻右舍，等于是向起义者发出了提前行动的信号。

第二天一清早，圣灵广场突然被一千多人占领了，而支持执政团的武装部队只有80多人，各行业执旗官一个都未露面，军队根本不敢向他们发动进攻。头一群人集合后，很快响应者云集起来，占领了几所教堂，起义者们放火烧了十几户显贵家族的宫室邸宅，领导者则呼唤："人民和行会万岁！公民们、工人们起来！摆脱奴役你们的枷锁，因为你们的统治者正要把你们饿死！"与此同时，起义者还要求执政团释放被捕者，并将正义大旗从扛旗人手里夺了过来，继续冲击贵族之家，占据了执政团的宫殿。

但是，由于众多小手工业者不敢支持工人的合理要求，再加上兰多勾结"肥人"武装，新生的工人政权终于被扼杀在摇篮之中。起义失败之后，新成立的三个行会被取消，政权又落到"肥人"手中。由于资产阶级对工人起义的恐惧，到15世纪，出现了大银行家美第奇的自由主义式的统治。从1434—1464年的30年中，银行家柯西莫·美第奇表面上不担任官职，但实际上却是佛罗伦萨共和国的首领，甚至执政会议经常在他的别墅里召开，他还贷款给英王和教皇，为此他获得教会财产的管理权。美第奇家族统治时，开始减轻贫民捐税负担、大力扶持艺术创作，还捐献40万金币作为公共慈善事业。到柯西莫儿子洛伦佐时代，佛城进入最繁盛时期，他凭借雄厚实力，大兴土木，修建豪华宫殿，举办盛大的游行、喜庆活动，重金应聘学者、诗人和艺术家，提倡文化艺术，使佛罗伦萨成为意大利文艺复兴的中心，而人文主义思潮也从这里传播到整个欧洲。

正如余秋雨先生所说，美第奇家族能够对文艺复兴进行支持，至少有三方面的条件：巨额资金，行政权力和鉴识能力。美第奇家族从这三方面使劲，才在佛城造成了一种民众性的文化崇拜，这对艺术家个人创作心态的提升，对一场思想文化运动声势的形成，都是极其重要的。据说当时许多艺术大师最在乎佛罗伦萨广大市民的目光，这真是一种令人神往的景象。

二、从城市共和到美第奇国王的贵族统治

——记一个"口才胜过千军万马的人"

中国人的传家手艺，本身是讲究家族内部传承的，这点我们都不陌生。比如，祖传秘方之类的东西，是决不传于外姓人的。但奇怪的是，如此重视行业机密的国人，却缺少一个行业的标志物——除了常见的招幌一类，就没有什么自己独特的符号标志了。据说，在清末的时候，一个赴日作手艺的中国人病逝了，儿子请来某日本雕刻师刻墓碑，当雕刻师向他索要家族族徽的时候，这位儿子才意识到这一点，幸亏他急中生智，临时抱佛脚似的从日本人的某家族中抄袭了一个下来，权作自己的家族族徽给予充数，才解决了这燃眉之急。

当然，日本也不是唯一使用族徽的民族。可以说，族徽这玩意儿的历史，在欧洲更为普及和长久。这种传统的家族符号，在欧洲可真是千奇百怪、绚丽夺目，而且个个都有其不同的寓意。一般来说，不仅文字上，而且图案上也与这个家族有千丝万缕的联系。

这一点，也表现在意大利的美第奇家族的族徽上。族徽以一个圆球为主体，其实最初是代表着一些药丸——由此可知，该家庭是制售或贩卖药物起家的。随着财富和荣耀的增长，这一行业标志便发展成了后来的贵族章饰，最后形成美第奇家族的符号。

其实，该家族的第一位家族成员的先祖本身就是一位药剂师，这一点从其姓氏"美第奇"也可以看出端倪来：medico 在意大利语里是医生之义，在与意大利语同源的法语中是 medicin，而现代英语中的 medicine 则意有医药、符咒、巫医等含义。当然，随着美第奇家族的财富、势力和影响日益增大，该家族后来也旁涉经商、羊毛加工等行业，并在毛纺同业公会参与行会的活动，以后，真正使美第奇发达起来的则是金融业务。美第奇银行是欧洲最兴旺和最受尊敬的银行之一。美第奇家族以此为基础，开始是银行家，进而跻身于政治家、教士、贵族，逐步走上了佛罗伦萨，意大利乃至欧洲上流社会的巅峰。在美氏名门中曾产生三位教皇，多名佛罗伦萨的统治者，一位托斯卡纳大公，两位法兰西王后和其他一些英国王室成员。

1

萨尔韦斯特罗·德·美第奇是第一个被载入历史的美第奇家族成员，1378 年震动整个佛罗伦萨的梳毛工起义爆发时，他正是佛罗伦萨共和国的最高司法长官——正义旗手。乔凡尼·德·美第奇则是第一个进入银行业务的美第奇人，并且从他开始，该家族在佛城政府中逐渐有了影响力，及至乔凡尼的儿子科西莫·德·美第奇时，该家族已成为佛罗伦萨共和国的非官方国家首脑了——俗称"僭主"。科西莫家族分支一直统治佛罗伦萨，直到第一代佛城公爵亚历山德罗·德·美第奇在 1537 年被刺杀，权势又转移到乔凡尼小儿子洛伦佐一世·德·美第奇的这一分支，由乔凡尼的玄孙科西莫一世执掌。1737 年，第七代托斯卡纳大公吉安·加斯托内·德·美第奇没有留下继承人就去世了，因此"托斯卡纳大公"的爵位，就落到了洛林家族的弗朗茨·斯蒂芬（神圣罗马帝国皇帝弗朗茨一世）手里。这样，在西欧声名显赫的美第奇家族的家脉就此断绝。——但这并不是说该家族里没有活下来的人，只是没有名正言顺的继承者罢了。然而，美第奇家族世世代代传承下来的收藏品却没有中断，直到现在还保存在乌菲兹美术馆里。家族使用过的碧提宫等等建筑物也大多在佛城内完好地保留着。能够留下这些供后人景仰的藏品和建筑，都得归功于美第奇家族最后一位女性安娜·玛丽亚·路易萨·德·美第奇，她留下的遗言，使得美第奇家族的荣华富贵一直延续到现在，依然被人们津津乐道着。

话说当历史行进到了 16 世纪，佛罗伦萨的传统共和体制，遭遇到强大的美第奇家族的竞争，美第奇家族经常与教皇和西班牙军队联盟，而与之对抗的共和派则往往以法国军队作为依赖。这样，美第奇家族和共和政权之间形成了拉锯战的格局，在佛罗伦萨此起彼伏，同时也伴有法国军队或西班牙军队掺杂其间。由于某种未知的原因，佛城竟然破天荒地将可怕的动荡局势，转变为一种平静而杰出的历史作品，这反而使得佛城在此后的几十年里，一直处于历史和政治思想的先锋地位，直到西班牙在 16 世纪中期取得决定性胜利为止。历史令人错愕地昭示着：只靠穷兵黩武的争夺地盘，远不如温和地以艺术的感染力去征服人心可靠。

当法国势力几年后在意大利瓦解时，共和政府的敌人——教皇、美第奇家族、西班牙人以及其他人，掌握了全局。1512 年，一支西班牙军队进军托斯卡纳，马基雅维利指挥的民兵被轻松瓦解。这是他的耻辱——共和政权被废止了，美第奇家族的王朝复辟。

作为一个下台政权的重要官员，马基雅维利发现自己已经变得无足轻重。但是，暗伏的潜流仍在蠢蠢欲动，一个密谋反抗美第奇家族的人被捕了，他交出了一份可能支持密谋计划的人的名单，马基雅维利的名字也在其中。马氏很快遭到逮捕并遭受折磨，但由于没有其他证据证明马基雅维利有罪，他最终被释放，但禁止参加任何政治活动，而政治活动正是他唯一关心的。

移居到佛罗伦萨外的一处小房屋后，马基雅维利开始从事写作，在1513年夏秋，他完成了一部引用者甚众而阅读者甚寡的经典《君主论》，寄希望于能够重新回到佛罗伦萨。他将此书献给佛城的新统治者洛伦佐·德·美第奇，但没能奏效。几年后洛伦佐去世，马基雅维利的运气才开始好转。他的表兄弟请朱利欧·德·美第奇指派他担任一些小差事。有趣的是，还任命他为佛罗伦萨的史官。这时，马基雅维利已经完成了另一部历史作品《论李维》，于是他无精打采地开始着手编纂《佛罗伦萨史》。当那位主教在1523年成为教皇克雷孟七世的时候，马基雅维利的写作热情才稍稍有所提高。

2

"天哪，好一个可爱的潘！"

面对眼前的那尊半人半神的牧神潘的大理石雕塑，洛伦佐·德·美第奇情不自禁地叫了出来。那山羊模样的两只角得意而倔强地往上翘着，与嘴角的一只排笛形成有趣的呼应。真真一个好色的恶魔啊，让人一见就生出一种别样的意趣来。

"谁的杰作啊？"洛伦佐问。

雕塑作坊里的人们将目光投向一个羸弱的男孩身上。洛伦佐这才得知，这个叫米开朗琪罗的14岁男孩，来到贝尔托尔作坊才一年多，而且来之前饱受了父亲的鞭打，这让洛伦佐动心了。他立即跟作坊主人商量，表示愿意做他的资助人，并且邀请14岁的少年住到自己的宫殿里来。

这位洛伦佐原来是就佛罗伦萨最富有并且最有权势的美第奇家族的掌门人，他一向喜欢收藏艺术品，资助了不少后来成为顶级艺术家的人。米开朗琪罗得以成天跟洛伦佐身边的众多艺术家、思想家一起。长期的耳濡目染，为他日后的艺术成就奠定了极佳的人文精神和条件。这就难怪，人们不无夸张地说，没有美第奇家族就没有意大利文艺复兴的辉煌。

15世纪的佛罗伦萨不仅是艺术之都，而且工商业发达。执掌这个独立的城邦共和国的，是一个九人组成的议会，议会领袖由抽签选出的人担任行政长官，他就是"正义旗手"，任期两个月。洛伦佐·德·美第奇的祖父柯西莫·德·美第奇，虽然只担任过三届旗手，但依靠家族在银行业上的财富和地位，使其家族成员控制市议会长达几十年，在内政外交上纵横捭阖，成为名副其实的"无冕之王"。而MEDICI这一符号，仿佛就是佛罗伦萨的城标似的，镌在门首，写在墙面，刻在地下，真可谓抬头不见低头见，怎么也躲不开它。

这个家族的名称及其徽标，对于今天的共和政府而言，或许因为是敌对势力之故吧，佛罗伦萨当局并不想张扬它，也不愿意把各国旅人纷至沓来的那些文化景点都归诸一个门户之下，但游客们只要用心观察，便能发现要想避讳某种既定的事实，尤其是MEDICI这一符号，是十分困难的。

佛城的教堂可谓多矣，但作为重点文物向旅人开放的并不多，其中竟有四座是出自美第奇家族的家庭礼拜堂！说是去参观当年佛罗伦萨共和国的国政厅，但却偏偏看到了"族祖"的画像、"夫人"的房间，是谁让共和这个名称显得那么名不副实呢？让议政厅成了自己的家？除此之外，更让人打怵的是乌菲齐美术馆，据说，西方美术史上最重要的画几乎有一半收藏在此——原来，整个美术馆原本就是美第奇家族的事务所，那些画也是他们家几个世纪以来尽力收集的，一直传到美第奇家族的末代传人安娜·玛丽亚·美第奇，才最终捐赠给了佛罗伦萨市政府。

一个家族长久地笼罩一座城市，这不太奇怪，值得注意的是这座城市当时恰恰又是欧洲文艺复兴的摇篮！难道，像文艺复兴这样一个改变了人类命运的伟大运动，也与这个家族息息相关吗？答案是肯定的，它确实是文艺复兴运动强有力的支持者。

美第奇家族非常富有。祖先原是托斯卡纳的农民，做药商发财，进而开办银行而渐渐成为欧洲最大的银行家。他们在银行业中运用并改进从阿拉伯人那里学来的复式簿记法，效率大大提高，金融业务快速发展，还为罗马教会管理财政。15世纪中后期，这个家族又在政治上统治佛罗伦萨60年，这既是佛罗伦萨的黄金时代，又是文艺复兴的黄金时代。

美第奇家族注定将会被众人长期敬仰，因为到了洛伦佐·德·美第奇时期，美第奇家族已经是佛罗伦萨的霸主，就连远在罗马的梵蒂冈教皇也要忍让三分。不过，好景不长，洛伦佐德高望重的父亲去世后，他和弟弟朱里亚诺都还未成年，全靠老臣的辅佐，才得以健康成长。佛罗伦萨管辖的沃尔泰拉地区发现了明矾矿，为了争夺利益，沃尔泰拉人公开叫板佛城的人，结果引发了一场动乱。在这次叛乱事件中，洛伦佐果断地做出决定：出兵远征，结果旗开得胜。这件事树立起了少年洛伦佐的威望，成为佛罗伦萨的真正统治者。年少气盛而又有权力和威望，使得洛伦佐雄心勃勃，一定要左右城市的事务，要让任何事情都受到他的影响。这一切，自然引起了跟美第奇同样高贵和富裕的帕齐家族的不满，开始想法进行报复

虽然弗兰切斯科·德·帕齐住在罗马，但是，为保住帕齐家族在佛罗伦萨城邦的权益，他和密友吉罗拉莫伯爵联合起来，同时又串通比萨大主教，一起商议推翻洛伦佐的阴谋。他们决定先让弗兰切斯科·德·帕齐回到佛罗伦萨，而留在罗马的比萨大主教和吉罗拉莫伯爵两人，则故意在教皇军队中的一位指挥官面前，造谣说洛伦佐兄弟在佛城非常不受人民待见，必须清除掉。听信了谎言的指挥官请示教皇，而偏听偏信的

教皇也毫不犹豫地答应了给予阴谋以鼎力相助。为了掩饰，这伙人事先将枢机主教骗到佛罗伦萨，然后借口主教要做大弥撒，邀请洛伦佐兄弟去参加。

那是一个风和日丽的礼拜天，圣·雷帕拉塔教堂上，那模仿罗马万神殿设计的圆顶显得格外圆润而恬静，与教堂内宾客盈门的热闹景象形成鲜明对比。在白、红、绿三色花岗岩贴面的映衬下，枢机主教和洛伦佐相伴而入，后面跟着一大群人，一时间，教堂显得颇为拥挤了。谁知道，三名刺客就隐藏其间。弗兰切斯科·帕奇没忘记装着谈笑风生的样子，洛伦佐弟兄俩也虚与委蛇，装作和他们很友好的样子。

谁知道，就在祈祷开始时，一个刺客首先掏出事先准备好的一把短刀，猛地刺入朱利阿诺·美第奇的胸膛，他唯恐对方不死，接着又扑到对方身上，使劲扎了几刀，慌忙中竟误伤了自己的腿。佛城最为有名的美男子即刻惨死于刺客之手。与此同时，另两名刺客则扑向洛伦佐，尖刀划过他的喉咙；幸亏洛伦佐反应敏捷，开始还击。此刻教堂秩序大乱，一时分不清凶手与被害者。洛伦佐见状，迅速拉过近旁的几个朋友向教堂深处一侧跑去。穷凶极恶的刺客们发现了洛伦佐的身影，拼命追了过来，然而，洛伦佐已跟伙伴一起，躲进了圣器储藏室内。那两个刺客抓耳挠腮，没了主意。

圣·雷帕拉塔大教堂血案震惊了佛罗伦萨，深受美第奇家族慷慨大方和自由主义统治的居民，无不为之愤怒，同时也看清了一直以"人民""自由"为口号、鼓动他们造反的帕奇家族的本来面目。而眼看阴谋败露，在梵蒂冈的教皇干脆扯下面纱，公开纠集军队攻打佛罗伦萨的属区，他宣称：

"在所有佛罗伦萨人当中，只有洛伦佐一个人是敌人……我以神圣的名义，希望城内的公民们自觉行动起来，除掉洛伦佐……"

谁知事与愿违，他怎知道，佛城的居民只会感恩于美第奇家族的恩惠，而无法容忍公然在圣殿行凶的卑劣行径！教皇越是这样号召，反而越是激发起城内居民的同情心和义愤。全城居民纷纷拿起武器，收复圣殿，护卫洛伦佐·德·美第奇。一时间，佛罗伦萨上空到处回荡着呼喊美第奇的声音。而阴谋分子则被曝尸大街，帕齐家族的人更是受到四处追杀，人们占据了帕齐的家宅，将赤身裸体的弗兰切斯科与大主教和凶手的尸体吊在一起！

3

骚乱平定、阴谋分子也已受到惩办之后，全城为朱利阿诺·美第奇举行了隆重的葬礼，而就在此时，教皇派出的军队也开始准备进攻，他宣布革除所有佛罗伦萨人的教籍，并诅咒他们：佛罗伦萨的公民不但会受到俗世武力的威胁，还将感受到宗教神权的谴责。此话仿佛水珠儿洒进油锅里，一时间，佛罗伦萨沸腾了，人们群情激昂，发誓全力自卫。在这关键时刻，洛伦佐·德·美第奇从弟弟死亡的悲愤中镇定下来，首先召集执政团成员和权势最大的公民到宫中开会；面对眼前三百多位佛罗伦萨的头面人物，年轻的洛伦佐发表演讲，道出了自己的心声。他首先对佛城民众对自己的支持表达了感激之情：

　　"最杰出的执政们，还有你们，高贵的公民们：我不知道，因为最近发生的事件，我是更有必要和你们大家一起痛哭呢，还是应当因为出事后发生的情况而感到高兴。当我想到敌人如何串通一气、以可恶的欺诈手段、恶毒地袭击我并刺死我弟弟的时候，我当然只能感到悲伤，从内心、从灵魂深处感到悲痛。但当我一想到全城邦的人民时，想到他们如此迅速、急切而热情地一致行动起来

时，想到他们为我弟弟报了仇并保卫了我本人时，我就不只是为此
抑制不住地感到高兴了，而且倍感自己受到了大家的尊敬和抬举。
如果说，这次事件使我认识到我的敌人比我料想的还多的话。那
么，它也证明了我所拥有的热情而坚定的朋友更是超出了我所期望
的人数。"

他在澄清了美第奇家族的清白无辜之后，强调其家族与佛城人共命
运同甘苦的历史：

"如果敌人是出于对我家的权威的嫉妒和仇视，那他们所触犯
的与其说是我家，还不如说是你们各位，因为我们所拥有的势力都
是来自你们。篡夺权力当然应遭憎恨，但因仁慈、慷慨和高尚的行
为而得到公众给予的荣誉则并非如此。而且，你们大家都知道，我
们家族的人得到的任何荣誉职位，没有不是在这个宫殿里由你们大
家一致推举的……如果没有得到你们的支持，我们也绝不可能领导
共和国的政务……那么，他们又为什么到这里来夺取宫殿呢？又
为什么违犯本城邦自由独立的利益，竟然和教皇、国王都结了盟
呢？"

接着他回顾了从祖父科斯莫到父亲"痛风者"皮耶罗一世·德·美
第奇为保卫佛城所做出的奉献，特别是他们两兄弟受到的佛城人民的恩
惠，这番情深意切的话，无不让在场的听众深有感触，有的频频颔首，
有的抹拭着眼泪，接下来，洛伦佐号召人民同仇敌忾，保卫佛城：

"（暗杀）这件事他们是找不到任何借口的！他们应当只限于
对那些曾经伤害过他们的人进行报复，而不应当把私人的仇恨和对

公家的不满混淆不清。从而自他们失败之后，我们的不幸反而更大了。国王和教皇为了向我们发动战争。他们宣称：这场战争是针对我的家族和我个人的，但愿他们在上帝面前说的是真心话。那么问题的解决就很有把握、不至于难办了。因为我决不会是个如此卑鄙的公民，把个人安危置于你们大家的安危之上。即使我个人不可避免地立即遭到毁灭，我也会马上下决心保证你们大家的安全。但是，君主干坏事往往会用令人讨厌的伪装加以掩饰。他们之所以采用这个借口是为了掩盖更加丑恶的目的。不过，假如你们和我有不同的看法，我现在就在你们手中，你们愿意怎么处理我就可以怎么处理。你们都是我的父亲、我的保护人，不论你们命令我干什么，我都会全心全意执行。如果你们有必要要求我用自己的鲜血结束这场用我弟弟的鲜血开了头的战争，我也决不违抗。"

这番感人肺腑的演讲结束后，年轻的洛伦佐赢得了所有人的支持。

在佛罗伦萨军队与教皇和国王军队艰苦作战的拉锯之中，天气渐近严冬，教皇也深感疲惫，于是提出缓兵之计，要求双方休战三个月，限两天内答复。佛罗伦萨对此有了争议，洛伦佐觉得该是议和的时候了，并决定与国王结盟，而将教皇晾在一边。于是，洛伦佐便作为全佛罗伦萨人民的使节，亲自前往与国王谈判。出人意料的是，洛伦佐受到国王费兰多和全城的隆重欢迎。人们误以为：既然战争的唯一目的就是要搞垮他，他的到来自然是一种期望。大义凛然的洛伦佐，面对费兰多国王，他将个人恩怨抛在一边，向他倾心讲述了自己对意大利的现状、人民的意向和平的期望的看法，强调了对战争的后果担忧。费兰多对洛伦佐的言谈颇为赞赏，但考虑到还需要进一步观察形势，就找借口故意将洛伦佐"挽留"在那不勒斯。谁知，这段时间内，佛罗伦萨城竟然安然无恙，这越发让国王钦佩他的得力控制。

现在，怀揣着与国王签订的永久性的共同防御同盟条约，洛伦佐胜利凯旋了。一回到佛罗伦萨，他也受到了市民更为热烈的拥戴，一时间，他的威望也因与那不勒斯的结盟而如日中天！——毕竟，在最艰难的时刻，他挽救了佛城。他凭借其卓越口才，书写了外交史上罕见的新篇章。

总之，年轻的洛伦佐使佛罗伦萨最终重回到美第奇家族的怀抱，因此，他也被人称为"以口才而胜过千军万马的人"。

三、人文主义的吹鼓手和排头兵

——文艺复兴时期欧洲人的演讲活动一瞥

我们中国人在观赏意大利、法国或者德国的文艺作品时，最讨厌的一点在于，他们的人名冗长而累赘，几乎人人都会在名字中冠以"德"这样的前置词。为什么会这样呢？难道不能简单明白一点吗？

如果你打开法国人弗雷德里克·鲁维洛瓦写的《伪雅史》一书，你的这个疑问便会迎刃而解了。该书的第一章就是"神秘的贵族前置词"，其中提到文艺复兴时期，盛行在欧洲上流社会中的复古潮流，所以故意在姓氏前，模仿古代贵族弄个前置词"德""杜"之类，如此，将姓氏前置介词和名声荣誉连接在一起，成了一种敬语和时尚，例如："您好，杜·达尔博先生。"

为此，法国大作家雨果嘲讽说："波旁王朝时期的资产阶级错误观念之一，就是相信贵族姓氏前置介词。我们知道，这种前置介词没有任何意义"。雨果之所以这么说，是为了向人们指出他自己的名字中没有前置介词并不代表他不是贵族的后代。此言非虚，雨果其人，可以说既是贵族也是平民。要知道，若追根溯源到乔治·雨果，也就是一个在16世纪被洛林公爵封为贵族的上尉；而维克多·雨果本人的父亲约瑟夫·雨果，又确实出身于木工家庭，和乔治·雨果这个贵族家庭没有丝毫的亲属关系!

　　总之，雨果说的话虽不中听，但却是有意义的：姓氏前置介词本来就没什么意义嘛！这一点，其实自17世纪以来，各种人就以各种方式不停地重复过，例如，沃克兰·拉弗莱斯奈先生在怀念过去那个时代的简单朴实时说：

　　"'德'这个姓氏前置介词还没有流行时，英勇智慧的伟大的罗伯特·贝尔特朗，征服了阿拉贡的布里克贝克男爵，从来没有在名字后面加上'德'。出身社会底层的平民，反而认为"德"是高尚的，便任意盗用。但是，这"德"字是不应当随便添加的，新贵族不应被记录下来。"

　　有人认为，为了悦耳动听，如果姓氏是两个音节，而第二个音节是不发音的E，那么在姓氏前面的那个前置介词De就会发音。在7世纪的时候，有一个姓de Gaulle的人，拒绝向英国国王亨利二世致敬，另一个姓de Gaulle的人在1415年立了功，就说："这个家庭在成为宫廷贵族之前，曾经是骑士贵族。"在这种情形下，此DE也许就不是弗莱芒语中的那个de，而是一个真正的前置词，一个贵族的标志了。

　　多有意思！语言中的精髓，的确不应当在表面，而应当贯穿于它的历史文化之中，而演讲的用语更是如此……

1　语言之交流

　　文艺复兴时期的意大利文化与社会生活中，一个突出的特征是，演讲活动比较广泛地开展起来。那段时期，人们热衷于模仿古希腊人和古罗马人，在建筑方面尤其明显，人们研究古罗马作家维特鲁维的论著，并测量古代建筑以学习古代建筑的"语言",不只是词汇,如三角额墙、蛋壳压印的装饰线脚、多里克式,爱奥尼亚式柱子之类。还有其中的"语法",即把不同要素结合在一起的规则……同时,他们也像古希腊罗马人那样,在许多公共场合与社交场合,讲究起说话的艺术来,这实际上是一种复古的潮流。

对于那些有演讲天赋和渊博学问的君主来说,更喜欢用拉丁语或意大利语讲演,这也是一种复古。斯福查家族的子女们就受过这种训练。加利佐·马利亚还是个孩子时,于1455年在威尼斯的大议会上发表了一篇流利的讲演,他的妹妹伊波丽塔在曼图亚的宗教会议上用一篇优美的演讲词向教皇庇护二世致敬,而庇护本人在他的一生中,也利用讲演为其最后登上教皇宝座做了不少准备工作。尽管他是伟大的学者兼外交家,但如果没有他那辩才的荣名和魅力,他或许永远也当不上教皇。"因为没有比他的讲演更显得高雅威仪的了!"无疑,这就是为什么许多人甚至在他当选之前,就认为他最适合于担任教皇职位的理由。

与此同时,那时相对下流的社会和民间在称呼上有一股"高攀"的潮流,上流社会反而开始面向下层,人文主义者和贵族们也纷纷加入大众文化活动之中。例如,意大利诗人波利齐亚诺,声称喜欢民间歌谣;洛伦佐·德·美第奇在创作狂欢节的诗歌,新柏拉图主义者和人文主义者乔万尼·彭塔诺在广场上,认真倾听着一个说唱艺人讲的故事;另一诗人阿里奥斯托也喜欢上了说唱艺人吟唱和骑士传奇,他自己的作品《疯狂的奥兰多》中,就借鉴了这种大众文化传统……这样一来,上下易位、本末倒置的现象中,便形成了一种语言文化上的"共需",这,也算得上是当时的一个文化奇观吧。

这种现象,与20世纪60年代新社会史和大众文化史兴起以后,英国的一些语言学家和学者开始分析语言的"阶级色彩"恰恰是相悖而行的。例如,某位语言学者就把属于"上流社会"(Upper class)词汇，与属于"非上流社会"（Non—Upper class）或"下流社会"的词汇做了区分归类。这有点儿类似于20世纪60年代英国的"U"（上层精英）和"non-U"（下层大众）那样的问题。事实上，社会上更为流行的，也恰恰是欧洲的U阶层，上流社会反而更多的向non-U阶层靠拢，比如阿雷蒂诺——一个并非来自上层精英的意大利作家，在那个关于艺妓的故事中，就借该艺妓之口讽嘲道：窗子应当叫balcony（露台阳台）而非finestra；门应叫porta（接地孔洞）而非uscio……这些，都只是一厢情愿的说法，实际的社会语言中，高低总是双向在流动的。

其次，是受宗教的影响，一些艺术作品贯串了潜在的说教因素。例如，图像说教性就出现得比较多，它的用途往往是从一边倒的角度表现，也就是说宣传有争议的话题。几乎与雄辩术一样，绘画也成了一种劝说手段，尽管它不是那么直接、明显。朱利乌斯二世与波洛尼亚的本提·沃利奥的家庭发生了冲突，朱利乌斯就委托拉斐尔绘制了一个赫里奥多鲁斯的故事——赫氏曾试图抢劫耶路撒冷的圣殿，但被天使们赶了出去——去"说服"沃利奥，不要侵占公共利益。有一次，维罗内塞被兄长告到威尼斯的宗教裁判所，要求他解释为什么要在《最后的晚餐》中，画上审判员所说的"小丑、酒鬼、日耳曼人、侏儒等类似的庸俗之物"，虽然资料没留下给罗内塞的回答，但由此可知，宗教改革以后，天主教教会比民族利益者更注重对文学和绘画的控制。特伦特宗教大会中，还讨论过米开朗琪罗的《末日审判》，最后达成决议：令其为画中的裸体做出改正。于是，米开朗琪罗只得增添上无花果叶遮羞。而宗教人士们由此考虑得更多，还试图缩写、公布一份"禁像目录"呢……

音乐上有些乐曲显然是为表达情感而创作的，自然有表达力的问题。正如"威尼斯乐派"的奠基者维拉尔特的学生所指出的那样：

"如果语言表达的是庄重，那么乐曲也要庄重而不是狂乱；如

果语言表达的是快乐，你就不能写悲伤的曲子；如果语言表达的是忧伤，你就不能写欢快的曲子；如果语言是痛苦的，你就不能写甜美的曲子。"

2 帝王与演讲者

文艺复兴中有个现象，演讲者的社会地位通常是无关紧要的，所要求他的只是造诣深湛的人文主义的才能而已。在费拉拉的博尔索宫廷上，大公的医生，耶罗莫·达·卡斯特洛被选为在弗里德利希三世和教皇庇护二世访问的时候致祝词的人。已婚俗人在任何庆祝或追悼的仪式上，甚至在圣徒的节日上，也都可以登上教坛。米兰大主教竟相召来当时还没有被授圣职的伊尼亚斯·希尔维优斯，在圣阿姆布洛吉乌斯的节日上做公开说教，这件事让巴塞尔宗教会议的非意大利成员认为是怪事而感到惊讶，但是，他们还是不顾那些神学家的啧有烦言而容忍了它，并以最大的好奇心聆听了他的讲话……

而且，这一时期中，从一个国家到另一个国家去的使节们的演讲也比较活跃，但他们并非可以轻而易举地获得"演讲家"的称号。无论他通过秘密交涉完成什么事情，那个使节从来也不会错过在极其隆重仪式和典礼上公开现身并发表公开讲演的机会。虽然使节很多，照例总是由一个人代表全体讲话，可见，推举什么样的人为演讲者，确实有着非凡的意义。

那个时期，在所有演讲者中，最有能力的人未必是最有地位的那一个，人文主义者的社会地位也许更为崇高一些，因此，正是他们决定了当时那些原来平庸的场合，有了不平庸的演讲。尤其是那些出现在最常见的公共场合的讲演与有大人物出席的场合之下的演讲。不过，我们也必须看到，纵使人文主义艺术家们平时可以傲视一切，但在权贵者即赞助者合二为一的场合下，他们却只能纷纷扮演一种以博得君王们、贵族们一展笑颜的俳优(artists in a pantomime)式的人物，倾心尽力地表现自己的辩才了。

可以借意大利雕塑大师的自传《切利尼传》来说明这样的现象。有一段时间，切利尼流亡到了巴黎，他做了雕塑该尼墨得斯的浅浮雕像，以及勒达与天鹅，这时候，法国国王来看他，陪同的有一大群贵族。国王看到有那么多完成和未完成的艺术品摆在面前，就当着埃普夫人的面赞叹道："我从来没有拥有过一位更让我满意的艺术家，也没有一位艺术家更值得厚待，我们一定要设法留住他。请想一想，夫人，多少次他来找我或者我去找他，他从来都没有要求过任何东西，由此可看出，他一心都扑在了工作上，我们一定尽快地为他做点事，否则将有失去他的危险。"埃当普夫人点头回答："我一定会提醒你的。"然后他们走了。

一个半月后，国王又回到了巴黎。切利尼对费拉拉的红衣主教说："我带来了陛下要我做的一些模型，请求你有机会替我说句话，好把这些模型给他看看。"

接着，红衣主教带着国王和一大群宫廷大臣、侍卫等，来到切利尼储藏模型的地方，一个模型是为枫丹白露的宫门做的，上面放了一尊雕塑代表守护神，那是一个森林之神的形象，它举起一只手，支撑着飞檐，另一只手拿一根粗棍子，满面杀气；另一个保护神的姿势与之相同，但面部细节有变化。在上面弧形之窗上，切利尼还安排了一个女子像，她姿态高雅地躺着，左胳膊上放在一只牡鹿的脖子上，这动物处于国王的标志之下……。

国王看到模型后心情豁然开朗。他问切利尼："这样设计显示着丰富的想象力，可它到底是想说明什么呢？门的设计不用解释我能看懂，但喷泉的设计却看不明白。"

切利尼镇定下来后，发表了一通即兴演说：

"让我来告诉陛下吧，整个模型是严格按比例制作的，即使是把它放大做成实物，它的优美和精巧也丝毫不会受到损害。中央的那尊像打算让它高出地面五十四尺，代表战神玛尔斯。其他的塑像则代表陛下喜爱并慷慨资助的艺术和知识。右边的这个象征着'学问'，你可以看到那伴随物表示'自然科学'，以及附属的学科——主要指炼金术、占星术和天文学；下面那个则表现的是'设计艺术'，包括雕塑、绘画和建筑；第三个则是'音乐'了，它是不能被精神文化领域遗漏掉的一环；另一个看上去仁爱宽厚的人物代表'慷慨'，缺少它我们就看不见上帝赋予的智能了。我把陛下本人塑造成了处于中央的那尊巨像，因为您才是真正的战神玛尔斯，是世界上唯一的勇敢者，您以正义和虔诚的精神以及您的全部勇敢来捍卫着自己的荣誉……"

切利尼的演说刚结束，国王就大声说："毫无疑问，我在这里找到了一个正合我心意的人。"然后叫来负责提供物品的司库，让他们支付切利尼要求的一切，无论花费有多大。接着他又把手搭在这位雕塑师的肩膀上说："Mon ami（我的朋友），我不知道是谁更高兴，是找到了一个知音的君主，还是那位找到了一个君主的艺术家。因为这位君主愿意为他提供资力，让他实施自己伟大的计划。"切利尼回答说："如果我果真是陛下所说的那个人，我的运气当然要好得多！"国王笑了："应当说彼此都是一样的！"你看，雕塑大师果然名不虚传，真正做到了一通百通。

3 礼赞性的演讲

所谓礼赞性演讲，就是一般所谓的颂词——人终归是爱听赞美之词的动物，因此赞颂通常总是受欢迎的。人们在公开的庆典上用它来欢迎君主和达官显贵们，为显示其隆重，这类讲词有时长达数小时。自然，这些颂扬之语最好是在君主被认为是、或者希望被认为演说者是一个优秀辩才的基础上，才更为有效。而且，如果能有一个更高声誉的辩才做佐证效果就更佳了，无论这个辩才是大学教授、官员、教士、医生或宫廷学者——至于缘由，大约是因为演说权威在场的情况下，人们更容易信服些吧。

如果只为了取得"拍马屁"的效果，也并非只有公开发表颂词这一个途径。其实，暗中递交颂词给当事人，也是一种"曲径通幽"的办法。例如，借占星术拍马屁的老贝罗阿尔都斯，对鲁德维科·摩尔主教的颂词，就是以手稿的形式交给他本人的。可见他也对露马脚心存疑虑——说到底，正像书信可以作为练习一样，作为一种范文或者争论的工具，演讲稿就是写给世界上一切假想者的一种文件而已，所以，它同样具有假想的场合下抒发情感的示范作用，特别是那些供君主、主教等显贵们个人享用的演讲稿，就更是如此了。

这样的事例，也往往体现在贵族们热衷于举行演讲比赛上面，毕竟，那些争取艺术赞助的人需要那样的赞颂性竞争，那些赞助者其实也更需要这类比赛。看看发生在佛罗伦萨和威尼斯这样的商人共和国中的例子就明白了。其中，最著名的一个无疑是1400年争夺佛罗伦萨洗礼教堂青铜门的比赛，当时吉贝尔蒂战胜了布鲁内莱斯基（绰号皮卜），再有就是争夺佛罗伦萨主教堂的大穹顶的比赛，这次是布鲁内莱斯基击败了吉贝尔芝。既然赞助人和艺术家相互认识了，就可考虑他们对艺术成品的相互影响了。当时有证词表明：赞助人的影响是相当大的，就像"制作"（feciit）一词那样，它出自赞助人之口时，就表示该艺术家有门儿了。写过《建筑学论集》的著名建筑师菲拉雷特说过，其实真正的建筑之父应当是赞助人，建筑师应当为建筑之母。名画家提香也称颂过赞助修筑费拉拉的阿尔丰索公爵一世，且听他怎样夸赞那位公爵吧：

> **"我确信，古人艺术之伟大，皆由于伟大君主的襄助，在委托绘画之时，他们就乐于将源于其才智的荣誉与名词留给画家……毕竟，我只是把从阁下那里得到的精神——最本质的部分——赋予形状而已。"**

但对于庇护二世，因为他是一个鉴赏家，人人都愿意在他面前发言，所以他就被迫坐在那里听完整的代表团、一个挨着一个地发表演说。这多少显得有些不伦不类——毕竟王权、教权应当显得比较重要和隆重严肃才对。

反过来，显贵与达官们呢，也通常都会以同样的热情，抓住每一个政治机会来做答谢讲演。他们很在意聆听讲演者的人数多寡。其实跟今天一样，讲演者的名望往往决定了捧场的大小，只是人文主义者的地位却不可与今天的同日而语：国家官吏每年更动，新主教也常有更替，因此，无论是他们的就职仪式，还是圣职的授任典礼，都必须有那么一个"常春藤"式的人文主义者出场，方能压住阵脚。有时，这位演说家的"常春藤"会以六音步诗、古希腊女诗人莎弗式的诗句，向他的听众们发出一阵匪夷所思的抑扬顿挫之声，其实那就是颂词，只是比较委婉罢了。

此外，对于一个新任命的政府官员，其本人也往往需要掌握做颂词的某种技巧，随时准备出手一篇与他本部门有关的演讲，例如论司法的讲演。如果他是一个擅长此道的人，那么算是他幸运，反之则不然。在佛罗伦萨，甚至雇佣军队的队长们，无论他们是什么出身或受过什么教育，都必须做一篇讲演以适应群众的要求。在接受他们职务的任命时，往往由最有学识的秘书官，在群集的民众面前向他做一番大声疾呼式的讲演，对此他也必须作答。至于演讲的地方，佛罗伦萨市政厅前的兰齐大厅的回廊附近，就有特意为政府官员的演讲而兴建的讲坛，该遗址至今犹存。

4　纪念仪式上的演说

周年纪念日，特别是君主们逝世的纪念日，通常都是以纪念演说的形式来操办的。即使在最严格意义上的追悼演说，一般也是委托一个穿着世俗服装的人文主义者在教堂里发表的——这也可视作文艺复兴时期的特别风景。同时，得到这种光荣的不仅有君主，还有官员或其他方面出名的人士。

至于在学院中，无论是一个新教师的就职演说或者是一门新课的开课演说，都由教授本人来发表，并且被看作是给他的一展辩才的大好时机，更不消说大学的一般讲课了，那通常更具有讲演的性质。

一些团体的仪式也值得关注。人们知道，共济会诞生于1717年的英国，蒙泰居公爵和沃顿相继成为伦敦共济会的大师傅。其后不久，在巴黎的共济会也成立起来。这两个共济会保持着密切的联系，但后来却产生了分裂。从18世纪中叶的版画中，人们不难窥见到共济会的入会仪式，那真是既天真无邪又撩人心魄：三根根一组的蜡烛高高地插着，总共四组，形成一个四角形状；在摇曳的烛光下，12个师兄弟穿着宫廷服装，系着白围裙，手里各擎一把宝剑，便开始了入会仪式。在绣着角尺、眼泪、头颅和胫骨的地毯上，摆放着"教外人士"的身躯，意味着让他经受住土、火、水和空气的考验，为其重生做准备；"重生"之后，便跟着主持人念诵入会誓言……整个仪式的过程气氛诡异、晦涩，感觉非常像参加一种神秘的宗教仪式。入会仪式早于共济会入会仪式，个中那些晦涩而神秘的象征性程式，让它看上去颇为刺激撩人，充满了异国情调，远比天主教那种神圣而单调的正式入教的惯例具有吸引力。

1737年2月，有一份有关警察局长的报告，陈述了巴黎人谈话的主题，他说：

> **"在这里，人们只会谈论共济会成员们取得的进步，所有大小师兄弟们都被接待，这太可怕了！"**

至于为什么可怕，其实同警方的干预有关。那一年的9月，巴黎夏特莱区的区长德莱斯庇奈在带领巡逻队时，发现在拉佩路的一家旅馆前面，有许多仆役和四轮马车，他感到非常好奇。于是进入旅馆，正好撞上入会仪式，他说："有很多人，大部分都围着白色围裙，手里拿着一条蓝丝带。丝带的一头垂到地上，有些上面系着一把角尺，有些系着刀片，有些系着圆规，还有其他一些入会的工具。"德莱斯庇奈不敢多逗留，也不敢询问参加入会仪式者的名字，他猜测他们都是大贵族。此案拖到最后，只有旅馆的老板夏普洛先生一人被追究，处以一笔大数额的罚款了事。但是此案却震动了当局，巴黎警察局局长就此事下了一道命令："禁止任何人，无论其地位、职位或状况，以任何借口和名义，尤其是以共济会的名义，成立任何协会。"但此后却不了了之了。1738年开始，罗马教廷也干预进来，克莱芒二世颁布了教皇谕令，下令将共济会成员驱逐出教，并呼吁非宗教人士携手拒斥共济会。

当然，共济会的大贵族不只违反警察局的命令或者教皇谕令，他们本着更大的平等等理念，干着反对社会等级制度的事。法国最大、最富有的贵族昂坦公爵，就于1740年6月24日这一传统的夏至节，在巴黎举行的一次共济会大会上发表了这样的演说：

"人不应该以语言、穿着或者头衔来区分。全世界是一个大共
和国，每个民族都是这个共和国的一个家庭，而每个人就是这个家
庭的一个孩子。"

几年后，在赫尔维厄斯夫人家的九姐妹共济会上，法国主要的启蒙
思想家伏尔泰、卡巴尼斯、沃尔涅都成了座上宾。后来的雅各宾派党人
以及20世纪红色革命中的女公爵等，也都受到共济会思想的启发。至
于那些并不热衷于政治的人，加入共济会也会让其体验到另一种强烈的
感官刺激，尤其是在共济会刚刚兴起的那些年，那些显赫的大贵族会在
临时布置成共济会场所的下等咖啡馆内，和他们平时看都不看一眼的人
一起高谈阔论。当时的行吟诗人为此作歌一首：

共济会会员，让我们一起来颂扬功绩和荣耀
我们都是英俊潇洒的男孩
我们聚集在这里，共济会的一切秘密
就在我们酒杯之中。

至于一般的世俗社会，在结婚典礼、订婚典礼或者葬礼之类的场
合，礼仪性的演说也算是一种寻常风景。然而与上流社会的不同的地方
是，该礼仪通常是在宫廷里或者家庭庭院中而不是在教堂里举行——当
然，婚礼除外。这种礼节也有在宫城的小礼拜堂里举行的可能。名门望
族也把雇用这种婚礼演说专家，当作一种高等生活的奢侈享受。在费拉
拉镇子，人们常常请求著名的人文主义者盖利诺·维罗拉出席典礼，或
者派出他的随便哪一个学生来参加这些典礼，这会让他们觉得非常有面
子。而教会在婚礼和葬礼上举行时，负责的仅仅是宗教仪式的那一部分
内容，因此，牧师神甫们发表的是"万金油"般的、千篇一律的普通祷
词，这里就不再详述了。

四、学问不止于课堂上

——曙光初露之际的意大利演讲教学

　　热衷于"国学"的人都知道，中国古人有凡事讲究"四大"的癖好，例如四书的《大学》《中庸》《论语》和《孟子》；书法四体的真、草、隶、篆；秀才四艺有琴、棋、书、画；《四库全书》有经、史、子、集；文学有四大名著……至于那些什么初唐四大书法家、北宋四大书法家之类，更是如同恒河沙数般数不尽数。

　　无独有偶，外国人则偏爱"七"这个奇数，不仅上帝创世时定下第七天为圣日，即安息日，还有基督徒的人生七件圣事：圣洗，坚振，告解，圣体，钟傅，神品和婚配；还有人相信人有"七宗罪过"，相信在神灵的宝座前供有七支火炬，此乃神之"七灵"，并且坚信有七位仙女掌管着人生的最后"七灾"，并以"七碗"的形式愤怒地倾倒在大地之上，甚至童话里的白雪公主遇到的幸事，也只能是七个小矮人；而历史上记载恺撒大帝，也诞生在七月……与此对应的是，中世纪欧洲，讲究的是要学习人生的"七艺"——它不仅对人的品格、学识和宗教意识等有着全面的提升，而且在演讲上也有特殊的要求——毕竟，口才与语言的掌握与表达，有着密不可分的关系……

1 通行语言是拉丁文

从罗马帝国灭亡一直到现代，拉丁古典著作为西欧提供了各个历史时期文化的最佳晴雨表。在中世纪早期疾风暴雨般的时代，古典著作一时黯然失色，但它们后来随着查理曼及其继承人时代的教育和学术的复兴而再度出现。在号称"铁的世纪"的10世纪期间，这些拉丁古典著作再一次遭到漠视，直到11世纪后期和12世纪的文艺复兴时期才再度兴起，尤其在哲学和科学方面，当然，众所周知，这主要是得益于希腊文和阿拉伯文著作的译本流传开来。接踵而至的是14、15世纪的伟大学术复兴，这首先应当视作一次拉丁文化的复兴，它的主要先驱者彼特拉克非常热爱西塞罗和维吉尔的作品，如饥似渴地搜寻拉丁作家的手抄本。这样，人文主义的拉丁元素在希腊文化复兴后依然坚守住了自己的阵地。所以，拉丁文化顺理成章地成为人文学科中现代人文教育的基石。

这块基石的"坚硬度"，同样也反映在人文主义者口中的"柔软度"上——在语言的作品，包括讲演中，一个重要特点是他们既是创作也可说是"仿作"，换言之，它们身上或多或少都带有对古代文化的模仿的痕迹。

首先，人文主义者的叙述中，同样喜欢采取对话的形式，也就是说，他们直接模仿了西塞罗作品。只是，无论用的是意大利文或拉丁文，他们在历史叙事、书信或讲演词里的语言，增加了点儿流畅与变化。有几篇这一类的意大利文作品依旧保持着他们的范文地位：从佩脱拉克的书信和论文一直到大多数的此类作家和演说家们都是这样，他们在堆砌渊博的"引证"之后，其文体突然又变得明晰起来。对历史的写作和演讲也是如此，那些佛罗伦萨历史家中最有名的直接继承者更是如此。当代的历史用当时的语言来写无疑是比勉强用拉丁文来写好。在那时，拉丁语是受过教育的人们的"共同语"。不仅在国际的意义上，拉丁语是英格兰人、法兰西人和意大利人的一种交往工具，在各地之间的交往，其意义也是如此。

只是，这时也遇到了基督教语言的挑战，它与拉丁古典著作的直接冲突，从罗马时代就已经开始了。由于拉丁文学是新信仰得以诞生的异教环境，所以就不可避免地与基督教进行一番较量。而拉丁语和拉丁文学在中世纪又是作为罗马遗产不可分割的一部分继承下来的，只要拉丁语仍是教会语言，罗马文学就是一本敞开的百科全书。而且只要教会圣典、信条、法律和礼仪书是用拉丁文所写，那么，所有神职人员就必然会接触到拉丁文学。这也是教会将其视为一本异教徒的原因，所以，根植于文化传统和教会体系的冲突，在文艺复兴以后，延续了一代又一代而不得解决——这在意大利百科全书式的作家埃科的名著《玫瑰的名字》中，反映得极为真切、生动。

这场较量很早就已开始。它的最后一幕，亨利·当德利(Henry d'Andeli)在他1250年左右创作的诗篇《七艺之战》(*The Battle of the Seven Arts*)中做了描述。与《玫瑰的名字》一样，它也是一场书籍之战，语法的代表是奥尔良，而逻辑代表则是巴黎。在这场冲突中，普里西安和多纳图斯得到了主要的拉丁诗人襄助，和那位诗歌作者(亨利·当德利)出于同情的支持，逻辑暂时被赶回她的城堡，只是到了最后才获胜：

　　巴黎和奥尔良在争吵，/两者不和，/巨大的损失，巨大的悲伤。/为何不和，你可知道？/因为学术上的分歧；/逻辑总是喋喋不休，/称古典作家为蹩脚作家，/称奥尔良的学生只懂语法/结果，逻辑吸引了学生，/而语法的学生减少了……

2 七艺不可丢，"罗马""可以污"

中国的古典学问讲究"六艺"之学，即礼、乐、射、御、书、数等六种技艺，而西方的大学文科包括七门课程：逻辑、语法、修辞、数学、几何、天文和音乐。"七艺"的起源可溯到古希腊，哲学家柏拉图按照"以体操锻炼身体，以音乐陶冶心灵"的原则，如此设置了七艺。中世纪承接了这七艺。如果说，《七艺之战》是七艺与基督教势不两立的战斗，那么，《七艺之书》则是七艺取得决定性胜利、希腊罗马的古典著作全面复兴的集中体现。这一胜利，突出地表现了人们对拉丁作家、尤其是对拉丁诗人作品的广泛而深刻的评价。表现为对语法和修辞的积极研究和运用上。它代表了一种和谐而平衡的文化类型，文学和逻辑在其中各居其位，但它也有副作用，因为它敌视在新兴的大学里倡导的专业和技术的精神。

人们深深推举索尔兹伯里的约翰（John of Salisbury）为承袭七艺与基督教神学结合的最佳的典型人物。他本是英国基督教教士、哲学家兼拉丁语学者，后来赴法国从著名神学家、哲学家阿伯拉尔学习神学，据说熟读了当时可以找到的著名古典作家的所有著作，在对它们进行评论时可以做到左右逢源而又恰如其分。他对"雄辩之王"西塞罗做了精深钻研，他本人那种醒目、纯粹而又灵动的风格，活脱脱展示出西塞罗对他的影响，比如他这样问道：

> "有谁会怀疑应该阅读这些诗人、历史学家、演说家、数学家的著作吗？尤其是在不阅读他们的著作就不可能有文化的情况下？因为对这些作家一无所知的那些人必定会被称为文盲，即使他们认得这些作家的名字……但广泛的阅读并不能造就一位哲学家，因为智慧只能来自真理。"

对中世纪人来说，罗马是离他们不远的一个伟大存在，因为罗马帝国与文明世界密切接触了数个世纪，留下了统一、普世、秩序和权威的"拉丁欧洲"概念。罗马是他们共同的记忆，不论他们在哪里回溯历史，他们都看到了它、听到"罗马的呢喃低语声"。到12世纪，这种呢喃开始与传奇和发明混到一起，就构成了一个永恒的文学主题：

> **罗马是狮子、是雄鹰，罗马是无尽财富的宝库，罗马是坚不可摧的城堡，罗马是德意志和高卢的城市缔造者，就像鲁昂(Rotoma)一词去掉两个字母就会变成"罗马"(Rome)。**

好多行吟诗人和演说家也这样说道：

> **世界的荣光，罗马，在王冠的装点下光辉灿烂。**
> **罗马巍然屹立，它是世界的巅峰，是光荣、宝石和美饰。**
> **罗马啊，世界之都，执掌着全世界的权柄！**

在12世纪以后，罗马城已经不再是那个古代的罗马了，即便从外观上看也不像。在演讲者口中，"哥特人、基督徒、岁月、战争、洪水和大火"在很长时间以来一直都在起破坏作用，尤其是基督徒。而另一方面，一种缓慢却更致命的威胁来自大理石开采者和烧石灰工人造成的破坏，他们把古老的雕像烧成石灰并经营着兴旺的罗马大理石和马赛克出口生意。

到了13世纪，一块刻有"罗马人彼得鲁斯·罗马努斯(Petrus Romanus)"的材料，被装到了忏悔者爱德华的圣殿上；韦尔的理查德(Richard of Ware)院长为修建自己的陵墓中，从罗马买回一块块斑岩石板和蛇纹石板，正如上面的碑文简洁地告诉我们的那样：

"他在这里带着他从罗马城里带来的石头。"

罗马帝国最后期间的历史，确实会使此前发生的一切黯然失色。但这不要紧，罗马作为共和国的吸引力，才是最重要的！这在法国革命的年代里表现得尤其凸出，那些一心要废除独裁的演讲家们——比如著名演讲家帕特里克·亨利(Patrick Henry)，就曾在演讲中怒吼道：

"什么恺撒，还有（反抗）他的布鲁图斯呢，难道不应该将恺撒的名字从哈里森(Harrison)的总统就职演说词中删除吗？"

——这的确是个有趣话题。到了莎士比亚的戏剧时，布鲁图斯就已经是一位英雄了；可是，倒回去，在但丁那时候他还是一个叛徒呢，在地狱最低层和犹大一起在撒旦的嘴里被咬得吱吱作响……

3   不再被重视的演讲

我们知道，七艺中的逻辑、语法和修辞，都与演讲有着密不可分的先天联系，那么，在从中世纪到大革命期间，它又是如何适应时代巨变的呢？

过去有教养的罗马人学习拉丁风格，戏剧这时都被摈弃而代之以意大利喜剧了。优秀的演说家不再像过去那样为人们所赏识并以此得到报酬了。而宗教法庭的辩护人除了他们演说的引言之外，已经不需要再为审判辩论做任何的准备了。教堂中的讲道和庆祝会上的演说，也降低到了同样的水平。即便是面对枢机主教或其他大人物做追悼演说，有关的行政人员也不必再花一百个金币的代价去聘请本城最好的演说家，也许他们反而会说，如果一个猴子身着丧服站在教坛上，用沙哑的声音开始抽抽噎噎、叽叽咕咕地讲话，然后逐渐变为大声的号叫，那个死了的人也并不会因此而聪明一些！

既然各界不再那么看重演讲了，那么战地演讲的情况又如何呢？一个名叫乌尔比诺的菲德利哥被认为是这种演说的能手。当他的队伍排成战斗序列时，他惯于在他们中间巡行并依次以自豪感和热情来激励他们。15世纪的军事家们的著作里依然有许多演说记录，但那也许是虚构的。即使对佛罗伦萨民兵所做的演讲，也仅仅是在最初检阅时做的，目的也仅仅是为了激发听众的爱国热情，例如马基雅维利的讲演。

硕果仅存的倒是大学校园。那里依然重视七艺的学习，阿尔贝蒂（Alberti.Leone Battista.）那样的大画家，也要求学习一些数学、几何，还有修辞、诗歌和历史。这时期的大学生看起来其实跟作坊学徒有些相似，也需要辩论课，不过他们将其视作"学士"升为"硕士"的途径，就像学徒出师要办独立作坊一样。唯一保留了口头或书面的演讲课的大学，无论是老师授课还是学生操练，这时都使用标志着独立精神的精英语言——拉丁语。"间谍"（lupi或"狼"）的设立，是为确保学生相互之间也说拉丁语——因为学生中的告密者需要一种代号，这竟然成为拉丁语成立的一个理由！

至于大众演说，说唱艺人（cantastorie），以即兴创作为其标志的艺人，大概算是一种可贵的拉丁文化的残留吧。此外就数民众有关演说的记忆了——须知，在一个人民以"倾听"为生活中主要享受之一的时代，每一个想象力都充满了对于古罗马元老院和它的伟大演说家的回忆的时代，演讲家比书信作家占有更光辉的地位。雄辩术摆脱了它在中世纪期间向之取得庇护的教会的影响，而逐渐成了一切高尚生活不可缺少的因素和装饰品。如同用来听音乐的许多社交一样，在当时平民也都乐于听拉丁语或意大利语的讲演。据说，古代演说家可以做三种讲演，而复兴时期的意大利，反而只剩下一种演讲了，那就是法庭上的辩论或者是法律家的演讲，而在政府会议上的演说，提倡的只是意大利语言而已。

五、大学如何走出中世纪?

——文艺复兴时期的教学演讲活动

提起大学,中国人都熟知一句格言:大学之大不在大楼之大,而在大师之大。的确,从现代社会的发展来看,有无大师,有多少大师,关系到一个大学是否有未来,国家是否有持续的创新发展的动力。正如一国能否成为世界一流强国,全靠是否"大国拥有大学",因为"大学成就大国"。来自美国前加州大学校长克拉克·科尔的一项权威统计表明:1520年之前在全世界创办的组织中,现在仍然使用同样的名字、以同样的方式干着相同事情的组织中,迄今硕果仅存85个,其中70个是大学,另外15个是宗教团体。这表明,大学成长是靠一种连续性和恒久性的努力。所以,追溯大学的源头,对提高人们的认识是有益的。

1

既然提到大学的演讲活动,就不得不再提一提大学这个名字。

至少在中世纪时,人们认为大学这一词汇源于拉丁文universitas,原意依然是指所有社区或人们的"联合体",具体指的就是"行会"——你也许会惊讶:怎么,大学竟然源于一个商业组织的名字?

是的，千真万确！这是因为，最初社会还没有今天意义上的"学术""教育"的概念，只是，随着社会经济的发展，人们需要大量具有高深知识和接受过专门训练的管理者、律师、医生、牧师和教师了，于是，在沙特尔、奥尔良、兰斯、拉昂、约克和索尔兹伯里这些地方的教会学校，都应运而生了一种新的教育机构，例如巴黎主教学校，因为其拥有威廉和阿伯拉尔这样的著名教师而吸引了大批学生。而教师们为了保障自身权益，为寻求法律的保护，他们率先仿照手工艺人们的"行会"方式，组成教师行会以及后来的学生行会，所以，"大学"一词的最初含义，就跟行会脱不了干系了。

从 universitas 一词的词源中，可得到的启示就是，大学原本就是一个"自治单位"，它诞生于世间的公众机构中，并且也是一个以行业为基本特征的教学单位，所以无论师与生，都当以"自治""自律"为其主要的根基，毕竟它是师生们的一个共同体。当时，这样的共同体并没有任何的捐赠，也没有理事会，同今天大学理事或校务委员将大学的教授称为他们的"雇员"大不一样——"行会"的性质表明，教师本身就是个组织者，就是个管理者，不需要人的干预和插手！与手工艺人的行会唯一不同的，只是这是学者或学生的组织而已。

这样，中世纪之初，学生们上大学，就相应地说成去"研究班"（studia）或"普通研究班"（studium generale）了。所谓"研究班"，据说有三个特点：一是学校吸引的不仅仅是一个特定国家或地区的学生，二是作为一个高等教育的地方，教学的科目有神学、法学、医学等，三是有教师来指导和教授这些科目。

丹尼尔·布尔斯廷《探索史》中指出，最初的大学是在 6 世纪前期法国成立的"巴黎大学"与意大利成立的"波洛尼亚大学"（University of Bologna）。他认为：早先，古人不知大学为何物，一如不知教会。苏格拉底、柏拉图或亚里士多德们的弟子无论怎样渊博，也未曾面对过考试或获得学位。说起来令人匪夷所思，像教会那样，大学也是中世纪的一桩遗产，雅典和耶路撒冷在探索传统中相互冲撞、交锋和丰富的过程，导致了大学的诞生。

此话揭示了大学不仅并非是凭空诞生的，而且是在与宗教的对立、冲突中诞生的。

529年，基督教皇帝查士丁尼终于关闭了雅典的古老哲学学校（学园），且将其中的七位有名望的学者放逐到波斯，这时候，作为基督教信仰的庇护所——圣本尼狄克的隐修学院也同时应运而生了。这两桩事儿，意味着从柏拉图开始的学园制度从此寿终正寝。这时，巴黎的教会学校也摇身一变，成为个人救赎和灵魂统治以外的第三支力量——介于教会和帝国之间的"大学"了。这样，原本就含义比较模糊Universitas一词，就从原有的共同、群体、集体直到宇宙一类的含义，转变为了"行会"之意，继而再延伸到"大学"了。本来，在大学的萌芽时期，就既未限定人们探索的知识领域，也未限制探讨知识的人的身份，只是指聚集一处的某个群体而已。

而且，"大学"一词一开始所指的重点也不太一样：对于巴黎大学而言，它指的是教师群体，而对于波洛尼亚大学而言，它指的是学生群体。后者因为其重点在于办了"研究班"，所以被欧洲人公认为是"大学之母"。但是，随着英诺森三世颁布的新法令，在当时要办"研究班"，已经需要争得罗马教皇的训令或者帝国敕令了，否则便不能授予学生学位。这一举动意味着教皇对大学的认可，"大学"就可名正言顺地在欧洲立住脚跟，从而成为被蛮族摧毁了古代帝国的新的学校，成为在那漫长的黑暗时期中欧洲文化的一个亮点。

2

对于中国人而言，常常讶异于在西方大、中学校普及的演讲与辩论的活动。其实，它也是由来有故的。对话、辩论和演说本身就是古希腊罗马的一个传统，而6世纪应草创的大学，处于课本极其匮乏、房租昂贵的不利阶段，与知识界思想特别的活力一起共振，就自然在使得像巴黎大学这样的"大学世界的罗马"，选择了这样一种教学方式，也就是说更多的使用口才的方式，其中自然是少不得讲座与辩论结合了。

这一点，从"讲座"的词源来看，也可觅到其踪迹。讲座源自拉丁语Legere，意为阅读，上讲座课就是老师指定阅读文献，然后再做学术演讲与评论。学生呢，随时可以提出质疑。当这一形式定型之后，语言的交锋——论辩就成了中世纪大学的一个显著特征。它也反过来赋予了学院式思考的一种特殊品格。例如，以亚里士多德的逻辑为基础的辩证法课，就让基督教信仰中的具体命题，来接受师生的严苛的质疑和反诘，以寻求相对满意的答案。当然，教师的具体指导也很重要，他需要给每一次论辩提供一个论点，然后，师生或在场的任何人都可以提出诘难。如果有人坚持这一论点，并持之有理的话，下一次讲座，老师得重新提出该辩题，进行一番再辩驳的过程。比如，圣托马斯·阿奎那的《神学大全》，就是一种典型的带有诘难和答复的教学方法。它由连环的诘难开始，一个个的问题接踵而至，师生各自提出看法与观点，这就是大学艺术系中的"经院哲学"和神学系中的"经院神学"的雏形；其他科目的讲座，也大致如此。

这里，不妨以13世纪，奥多弗勒都斯(Odofredus)教授，对自己在波洛尼亚讲授《老学说汇纂》(*Old Digest*)为例，一观当时的"讲座"授课吧：

"有关教学的方法，自古至今的教师，尤其是我自己的老师都是按照以下步骤进行的，也是我一以贯之的：第一，在开始讲授文本之前，对每个章节做概括性的说明；第二，尽所能对（包含在本章节之中的）每一条法律的主旨做一个清晰明白的陈述；第三，以修正为目的对文本进行阅读；第四，简要重复一下法律的内容；第五，尽己所能，解决明显的矛盾，增加（从文中引申出来的）一些通常称为Brocardica的普遍性的法律原则，指出法律与解决这些矛盾的方法之间产生的任何区别或细微而有用的问题。假如任何一部法律因其十分有名或难以理解，需要再讲一次，我会将之安排在一个晚上进行温习，因为我一年至少需要组织两次辩论会，换句话说，一次是在圣诞节前夕，另一次是在复活节以前。"

"我一般是在米迦勒节开始一周后（10月6日）开始教授《老学说汇纂》，上帝保佑，考虑到一些常规和非常规因素的影响，大致在8月中旬结束。至于《法典》，我一般都是在米迦勒节后的两个星期开始，在8月初结束。以前，教师们都不会讲授增加的部分，但在我这里，所有的学生都可以得益，即使是那些无知的学生或新来者。因为他们会听到对全书的讲授，不会像曾经流行的做法那样，有些部分被省略掉不讲，相对无知的学生能从对案例的阐述和对文本的解读中受益，而水平相对比较高的学生可以更快地发现问题的细节，更快地把握相互对立的观点之间的区别。我还要阅读所有的注释，以前还没有哪个老师这样做过。"

文章接着又开始对如何选择教师和学习的方法提了一些一般性的指导意见，随后，又对《学说汇纂》做了一般性的陈述。

奥多弗勒都斯随后提出了自己对学生的要求，作为讲课的结束语：

　　"先生们，所有参加这个班学习的人都知道，现在我们已经研读完了这部书，对此，我们要感谢上帝和圣母马利亚以及他的所有圣徒。在这个城市，有一个古老的风俗，那就是：当学完一本书后，要向上帝唱弥撒。这是一个好的风俗，都应当遵守。与此同时，按照现在的惯例，教授在完成一本书的讲授时，要说一说他们的打算，我会讲一些，但不会讲很多。下一年，我期望像以前一直做的那样，认真而合法地开设常规的讲座，但不会开设额外的讲座，因为学生们交学费的情况不好，他们希望学习，但不希望支付学费。希望上帝赐福于你们，恳求你们参加弥撒，除此以外，我没有什么可讲的了。"

　　在那个书籍稀少，图书馆尚不存在的年代，正规的"讲座"是十分重要的，但讲座也不是唯一的教学载体。这些讲座的主讲者一般都是刚从大学毕业的老师。复习课和温习课一般都是晚上在学生宿舍和学院内上。以及一些讨论课，这类课主要为毕业论文最终接受公开的评判做准备。

　　此外，大学继承希腊罗马的古风，既体现在具体的讲义文体上，又表现在演说形式和内容上。伊拉斯谟曾在波洛尼亚大学任教，16 世纪出版的他的《格言》就是一个标本课堂记录，可以看到，伊氏在熟练地运用古代的对话体形式的基础上，再辅以自己的机趣，从而使之成为拉丁语风格的一种典范——

　　　　第一位说话者："你从哪个洞穴或笼舍来？"
　　　　第二位说话者："从蒙泰居学院来。"
　　　　第一位说话者："那么，我想你是满腹经纶喽。"
　　　　第二位说话是："不，浑身是虱子。"

——这样的风趣幽默的语言，能不让课堂气氛格外浓烈吗？

对巴黎而言，举办讲座的地方，大部分在塞纳河左岸的一条叫做维科·斯特拉米纽斯(Vicus Stramineus)的街上，但丁称颂它为"都弗奥拉路"(Rue du Fouarre)。那里的地上满是青草，学生就席地而坐，在草地上记笔记。在波洛尼亚，对教室的要求相对要高得多。在1235年的时候，波康帕诺就描述过一个理想的讲堂：它安静而整洁，窗外景色宜人，墙壁被漆成绿色，但上面没有可能会分散学生注意力的图画或雕像，讲座人的座位比较高。学生的座位按照国别固定排列，并依据个人的名次和名声划分前后。但他又补充强调了一句：

"我自己从来没有这样的房子，也不相信这样的房子在哪里造过。"

实际上，更多的图形描述的讲座或教室是这样的：教师坐在顶篷下一个凸出的平台上的桌子旁边，而学生的课桌是平的或倾斜的，书摊开着放在上面。医学或法学领域的教授们面前一般都放着一本打开的书。

3

今天，大学的"学术自由"是我们常常听到的一句话，早在蔡元培、梅贻琦时代的北大、清华就已经倡导过了。不过，早在中世纪，教授传授知识上的自由问题是被允许的，一般认为，他传授的即他所认为的真理，这就够了。

本来学术的自由，就好比彼拉多对耶稣的审判一样，大部分取决于当事人对真理的设定。如人们所知的那样，当初，因耶稣的传教活动而引起了犹太教祭司的妒忌，他们收买了犹大，把耶稣给出卖了。他们将耶稣捆绑到本丢·彼拉多面前，交由他来审判。作为罗马帝国派驻犹太行省总督的彼拉多，知道大祭司是因为嫉妒才要陷害耶稣，加上耶稣是自己儿子的救命恩人，他不愿意判其有罪。可是犹太教长老们不愿放过耶稣，时值犹太教逾越节，按犹太惯例，逢节可以释放一个囚犯，但犹太民众宁可释放一个杀人的强盗，也不愿释放耶稣。犹太教长老们甚至直接威胁彼拉多。无奈之下，彼拉多只得命令鞭打耶稣，并钉上了十字架。尽管如此，彼拉多还是做了祝福，他说"流这义人的血，罪不在我，你们承担吧！"但他依旧没逃脱命运的惩罚：判处耶稣死刑后不久，彼拉多自己也发烧病倒了，昏迷很久而不省人事。稍好一些，他又被罗马国会上别人做的假证所陷害，接受了审判和处分，被流放高卢。而此后罗马皇帝居然下令赐他以死。彼拉多得知此讯后，在绝望与疯狂中自焚身亡。据说，他的尸体连同巨石一同捆绑丢入河里，虽然绑着石头，却沉不下去，依旧在河面上漂浮，让鱼群吞噬。其实说起来，耶稣之死，一是死于叛徒犹大的出卖；二是死于当时因嫉恨发狂的犹太祭司和长老们，以及被他们煽动的希律和民众；三才是死于这位彼拉多总督——因他的私心、胆怯和懦弱与对邪恶的顺从。所以，彼拉多在这件事上依旧是有罪的，不过，他自己也因此付出了生命的代价以及一世的污名。

　　一句话，彼拉多所处的位置，本质上是灵活的，可他亵渎了这种灵活，因而受到世人的唾弃与命运的嘲弄。假如，真理是某种需要通过探索去发现的东西，这种探索就必须是自由而不受限制的。再说了，假如真理是某种已经通过权威展示给我们的东西，那么，它只需要进一步得到解释，而解释者必须忠于自己心目中的那个权威与信条。看得出，后者就是中世纪对真理概念及教授真理的理解。

　　因此这样一则名言在当时的大学传播着：

信仰先于科学，为科学设定界限，为科学限定条件。

我信仰因而我可能了解，我不会为了信仰而去了解。

不要让师生们将自己看作哲学家，而要让他们努力成为上帝的学者。

至于神学，因哲学只有在涉及神学的时候，"自由"这个词儿才会受到一定限制，这里就不再细述了。

通过上述内容，不难推断出：实际上大学的"学术自由"的空间是很大的，大到几乎包容了神学中的"异端"的东西！当人们将权威的原则作为自己研究的起点时，他们并不像今人那样会感到处处在设限。不，那只是质疑或者疑问的起点而已！篱笆对于那些不愿跨越的人来说，永远不是个障碍。要知道，今天若许的障碍，在一个更加具有怀疑精神的年代，在当时那样的大学师生眼中，根本就不是什么障碍——一个人，只要感觉到自己自由，那他就是自由的……所以，中世纪的教授在其自己所处的时代中，运用自己的口才方式——讲座与论辩，来研究人类一直关注的问题，这自然启迪了那时人们的智慧，也使大学获得了一种值得传承的精神与活力。

4

考试是教学过程中必不可少的一个环节。巴黎的索邦神学院的创立者罗伯特·德·索邦，在其《论意识》一书中，通过与末日审判进行潜在类比的方式，对此做了描述，他宣称：任何人假如要在巴黎获得毕业许可证(licentia legendi)就得参加考试，因为他们最后都要无一例外地在那个伟大的一天接受考试。假如有哪一个人被校长所拒绝，他可以在一年后重新考试，或者通过朋友的说情或向校长的亲眷和其他负责考试的人送礼物或提供服务，这或许会导致校长改变他的决定。而在最后的审判日，这个判决将是最终的。不管你多有钱，多有影响，不管你怎样强调你对教会法、民法是如何得精通，对所有的论点和错误是如何的了如指掌，都无法改变最终的结果。

中世纪还盛行一种"校长考试"制度。一般来说，校长们是不会严厉处罚玩弄考试的人的，因为"校长考试"是自愿的，他并没有强迫哪一位学生去争取学位。校长们只是等待，等到学生们希望得到学位的时候，甚至要等到学生们反复提出考试的请求之后才不得不为之。但是，他必须对"罪人"学生从精神上施加压力。比如：他能代表"上帝"，让整个世界来驳斥"罪人"，特别是在最后审判日，"罪人"会遭受到来自地狱之神约沙王(Jehoshaphat)的铁条的拷打，等等。

每当考试完毕的时候，校长就会问：

"兄弟们，对这个问题你们会怎样说，对这个或那个你们会怎样说？"

一般说来，校长不满意于对书本的字面了解而不去理解其中的意义，但他不像研究者那样，将这本书从头阅读到尾，而且不会受到任何错误的伤害。校长在一本书中只需要选择七到八段话，考试者也只要回答对四个问题中的三个就可以通过。

虽说名曰"校长考试"，但通常校长并不是经常参加而是让一个与校长那样知识渊博的人到场替代他来主持考试。在波洛尼亚，首先进入考场的是教师，他们需要自己组织"严格而可怕的"考试，让每个教师都发誓要像对待自己的儿子那样对待考试者，随后是公开考试和学位授予典礼。对此，学校写给学生家里的信是这样描绘的：

　　"向主唱一首新歌，用各种管弦乐器赞颂主，为拨动听的声音而欢呼，因为您的孩子已经举办了一次了不起的辩论会，参加者包括众多的教师和学生。他回答了所有的问题，没有出现一个错误，没有人能驳倒他的论证。他还举办了一次非常有名的欢庆宴会，无论是穷人还是富人都被邀请参加，这种事以前从未有过。随后，他适时开办了讲座，这个讲座广受欢迎，其他教室的学生都跑光了，而他的教室却人满为患。"

　　有位修辞学家同样也讲述了一个未获成功的考试者的故事：他在辩论会上不知所措，只能呆呆地坐在那里像一只待宰的羔羊，而旁观者不无揶揄地称他为大师。在宴会上，他所邀请的客人一上去就是狼吞虎咽，根本顾不上喝酒，他必须要求他的学生来听他的讲座。

迈向法治：让金色天平不再摇摆

06

一、中世纪的巫术审判噩梦

——关于"纠问式审判"的前世今生

对于国人来说，对法庭的最初印象，多数是来自影视剧或者小说，我们对那种拦路或击鼓喊冤、升堂时威严的吆喝、犯人的跪地口供、屈打成招的逼供……然后是披枷戴锁、游街示众那一套并不陌生。反而对诉讼官司、法庭舌战、辩论交锋、证人证词、陪审团参与其中之类的，则有一定的距离感，仿佛那只是西方人才有的传统。

这其实是一种误解。西方虽然早就有《汉谟拉比法典》、罗马法那一套东西，然而，贯穿中世纪的，主要还是刑讯逼供，甚至是比中国更严酷的对异端的宣判、捉巫运动以及"火刑"之类。从刑讯到供认之间，西方司法的巨大变化经历过了复杂的过程，而纠问式审判，便是其中不可或缺的一环……

1

我们知道，中世纪早期庭审，一般沿袭的是神裁法。罗马教皇相信，某种仪式的执行，会自动地显露上帝的裁决。但是，这种简单地依靠神明裁判的方法，缺乏理性的支持，对付异端并非总是有效的，尤其是它无法将异端一网打尽。既然如此，比较理性的统治者与教会人物，就想找到一种更为有效的途径了。

这时候，霍亨斯陶芬王朝的西西里国王腓特烈二世（Friedrich II，1194—1250年，也有人称为弗里德里希二世），正式加冕为德意志国王，他为了讨好各路封建诸侯，不惜牺牲王权去压制城市（实际上的城邦），结果遭到了效力于卢森堡王朝的亨利七世和一些王室大臣的坚决反对。1232年，腓特烈二世在拉文纳（Ravenna）召开帝国会议，讨论进一步剥夺德意志各地城市的原有权利，结果遭到了腓特烈二世自己的儿子——亨利王子的反抗，他拒不出席拉文纳会议。次年，腓特烈皇帝公然与教皇穿起了一条裤子，他们协调一致，宣布在德意志建立"异端裁判所"，镇压市民中的"异端"分子——从此，代表中世纪黑暗历史的一个代名词"异端"便正式产生了！

然而，这个裁判所，它的第一个被派去审判异端的主持人，却被愤怒的市民群众给打死了。紧接着，亨利七世发布宣言，宣布举兵起义反抗皇帝与教皇的合流，但起义者在狡猾的腓特烈二世的分化之下瓦解了，义军被迫缴械投降。腓特烈二世逮捕了王子亨利，王子被迫在众目睽睽之下，匍匐在父王面前请罪，结果被父王囚于狱中整整六年；后来，这个31岁的王子在移狱过程中，跃马冲向悬崖而死——真个应验了那句流行的预言："小孩当王，国家遭殃。"也正如托钵僧为亨利尸体布道所说的箴言：亚伯拉罕抓起了剑，是为了献出他的儿子！父王在给大理石棺材放上斯陶芬家族族徽时，还是流露出了潜藏于内心深处的父子情意，他事后说道：

"我不得不向自己的长子的厄运表示哀悼，本能地从内心深处引来如潮的泪水，伤害的痛楚与法律的无情，却又将其锁在心底。"

腓特烈二世在镇压了起义之后，对德意志王室进行了清洗和整顿，另立其子康拉德四世为德王。随后，他又纠集德意志诸侯武力，越过阿尔卑斯山，突袭伦巴底，从而拉开了他为建立意大利统一政权、进而与罗马教皇和伦巴底城市分庭抗礼的序幕。

腓特烈二世与罗马教廷之间的矛盾，最初是围绕德意志皇权与西西里王权而展开的。当教皇英诺森三世将腓特烈二世扶上"神圣罗马皇帝"的宝座时，就担心过其权势过大、有可能给"教皇国"带来危险。所以，他坚持要求腓特烈二世放弃西西里王位，立即进行十字军东征，以便将他的力量引向东方。然而，腓特烈二世却以种种借口避不践约。教皇只得以拒绝为之正式加冕来报复他。此时，英诺森教皇去世，继任的教皇是腓特烈二世的老师，易于相处，腓特烈二世就趁机取得了教皇老师对自己皇位的正式加冕，同时也保留了西西里王位。从此，腓特烈二世沉迷于其先辈们未曾实现的席卷近东的"超级帝国"的构想之中。

作为将其势力伸张到近东的重要步骤，腓特烈二世娶了耶路撒冷王国公主约兰妲为妻，同时成为耶路撒冷国王。为了在圣城加冕，腓特烈二世一反常态，1227年组织大军启程东征，但因军中疫病流行而被迫折回。恰恰在此时（1232年），罗马教皇格雷戈里九世提出主张：想要证明某人是异端之时，应当让法官去判决并烧死他们。但是，这主意遭到腓特烈二世的强烈反对，双方相持不下，由于当时皇帝与教皇还没彻底决裂，他们相互接受了一个折中的办法，那就是"纠问式审判"。

所谓"纠问式审判"（the Inquisition of the Middle Ages），本是对"法庭调查、收集证据"的一种意译。正如卡德里（Sadakat Kadri）在《审判的历史》中指出那样："在中世纪的纠问式制度下，统治者不仅想证明被告人在行为上是有罪的，还想证明被告人在思想上有罪，而且，认为只有在思想上真正的忏悔才能显示他对法律的臣服……因此，供述成为证据之王。"

不错，它强调的是证据，将此前的供述由次要的证据，进而提升为一种"证据之王"。盖因世俗的统治者替代了教会的权力，已经变得非常有自信的统治者、法官们相信一种新的道德与法律观念，那就是完全可以按照被告本人招供的话来衡量他的罪责大小。所以，纠问的意思就是：纠，即纠偏；问，即必须问讯疑犯。这比起先前那种被教会法庭一手遮天的垄断审判显然是一种进步。毕竟，它是教会权力对国王的世俗权力的一种让步，一种妥协。

不过，最初的纠问方式五花八门：有的引入了证人，有的看重证言，有的提倡公开审判、有的强调其仪式性，也有的增加了百姓参与的"陪审"……这些都可归于历史的进步之列。但遗憾的是，总体而言，国王的世俗法庭在实际执行的过程中，并未实质性地取代宗教异端裁判的方法，审判过程依然信奉"刑讯逼供"那一套。比如，许多地方在审讯时，依照的是多明教会的办法，用水刑、吊刑、剥夺睡眠、长时间隔离等刑讯方式让疑犯认罪。因为，从宗教裁判官那儿学到的"智慧"，可以用来强化王室的权威，只要有用，他们就敢于做"换汤不换药"的表演。

这种纠问式审判，虽然罪犯避免了遭受火刑，但它不时显露出残酷的一面，与中世纪的"神明裁决"和"共誓涤罪"别无二致，难免遭人非议。特别是在11世纪晚期，人们重新发现了东罗马帝国皇帝的《学说汇纂》后，法律家们才知道，其实罗马人早已知道将审判与裁决分开来的种种好处。于是从12世纪起，开始陆续禁止神明裁决以及纠问式审判，代之以让证人进入审判庭，取得证人证词的方式。不过，证词虽好，在诉讼中的地位却成为困扰专家们的一个问题：尽管当时理性主义者不少，但并没有提出系统的理论，尤其是当两个证人相互矛盾、或者与规则起了冲突时，难于调和。路易九世就意识到这一缺陷，他命令法官绝不要将有罪判决建立在这种冲突的证据之上，除非它能得到被告的供认。

2

由于时代的局限，有一句评价非常的尖刻精准：纠问式诉讼制度不仅制造犯罪，也创造迷信。例如发生在15世纪雷根斯堡主教辖区内的一个案件：一个特伦特的犹太人被刑讯以后，承认他在主教管辖区内谋杀了一个信仰基督教的孩子，当地的法官和公爵很快详细列出当地犹太人中富人的财富，然后挨着名单逮捕了17个犹太人，法官们起草了一个问题注意，部分问题是：

> **"哪个犹太人买了小孩？谁虐待了他？每个参与这一活动的人要交纳多少钱？小孩的血的用途是什么？针是怎样运用的？钳子是怎样运用的？为什么孩子的脖子上系着手帕？阴茎上的包皮怎样被切除的？哪个犹太人切除了他的阴茎？拿来干什么？还有哪些犹太人知道这件事？他们怎么说的？"**

这些被告人身上都被绑上石头，法官讯问每个问题时，他们都会被吊刑器吊起，然后坠下。在两周内，六名犹太人承认了自己实施这起虚构的谋杀。显然，这是一种刑讯逼供式的审讯。

纠问式的副作用还不止于此。比如《加洛林纳法典》更是要求：即使有目击证人的证词和间接证据，纠问的法官也要寻找出口供来。15世纪后期，一些工人在重建德国的城市恩德根黑森林镇的墓园时，发现了四具人骨，其中的两个没有头骨，墓园的无主尸骨引起了恐慌，有人回想起八年前犹太人伊莱亚斯·默克林收留过一个贫穷的家庭，认为这值得怀疑。这样，默克林和他的两个兄弟很快遭到逮捕，并在吊刑器上接受审讯。结果，两名被告人只得承认，他们不仅谋杀了这群乞丐，还将两个孩子的头砍掉了，将自己浸泡在他们的鲜血里。默克林的兄弟们一旦屈服，接下来就轮到默克林本人了。一开始他不肯屈服，声称假如讯问者已经知道他有罪的话，为什么还要他供认呢。法官说，他们想听到从他嘴里说出真相。酷刑不久他就屈服了。审讯者问：

"为什么你和兄弟们要放干被害人的血呢？"

这个问题实在扯得太远，默克林完全不知道讯问者想要他回答什么，当他被吊刑器吊起来又扔下去时，这反复的折磨令他那绝望而凄厉的哀求声，回荡在数个世纪的旷野与城市之中：

"犹太人需要基督教徒的血液，因为它有很强的康复功能……"

对于这个答案，审讯人并不满意，知道他在撒谎，因为他的兄弟艾伯林已经告诉他们原因了。

"犹太人需要基督教徒的血液来治疗癫痫病……"

但审讯者依然不满意他的回答。

"是因为犹太人觉得自己太臭了，需要基督教徒的血来增加食欲……"

审讯人鼻孔哼了哼：

"我们不是不满意，而是你在撒谎，必须给我们讲实话，因为艾柏林告诉了我们与你不一样的答案！"

他痛苦地回答说：

> **"我真的想告诉你们真相啊，是不是……犹太人需要基督教徒的血来作为'圣没'来行割礼？"**

这一回，终于瞎猫碰到了死老鼠，吊刑器放下了，而默克林也只剩下一股游丝般的气息。然后，按照日耳曼人规定的程序，他们一行三人被剥光衣服，用母牛皮缠绕着，光着脚踝拖泥带水地绑到木柱上，被活活烧死——这在当时居然是相对轻的惩罚！

到了启蒙运动时期，纠问诉讼这种野蛮的、非人道式审判制度，遭到启蒙思想家的抨击。1762年3月，有人从朗格多克前往费尔奈向伏尔泰叙述了上一年秋天在土鲁斯城发生的一起宗教迫害事件，即卡拉案件：让·卡拉是预格诺教派（又译胡格诺教派）的信徒，一个小有名气的商人，他的儿子马克·安东却不愿意从商，喜欢上了法律专业，但按照当时的法律，预格诺教徒及其家庭成员却不能从事法律等专业的，于是这个性情忧郁、沉默寡言的年轻人在困厄面前选择了自杀。但是，他的邻居们却推测马克·安东并非自杀，而是卡拉反对其子信奉天主教而将其杀害的。对这些宗教狂热者的猜测，教会竟然作为真凭实据采纳。又经过审讯官的纠问式审判，自杀者被宣布为神圣的殉道者，同时法院控告卡拉犯有反天主教会之罪，最后法院以八票对五票判处这个父亲车刑，他的二儿子皮埃尔被判处放逐。卡拉在土鲁斯城广场上被处死，临死前他对神甫说：

> **"我是无辜而死的，耶稣基督也是无罪而死的，他所受的折磨要比我残酷得多，他对这样的死一无怨言；我在这最后的日子里，也会把自己引到永恒的幸福中去，对自己的一生毫无遗憾。"**

当伏尔泰听完了这宗宗教迫害事件的详情细节后，决定插手此事，他收容了卡拉家属，伏尔泰向当地议会和法国最高法院提出重新侦讯的要求，他甚至动员了高明的律师为卡拉辩护，利用他的影响力赢得整个欧洲舆论的支持。经过无数次的取证和控辩，历经四年的努力，卡拉一案得以重审，土鲁斯当局的判决被撤销了，卡拉恢复了名誉，家属也获得了自由，并获得了国王的赔偿。这个案件在欧洲引起极大的反响，人们称伏尔泰为"卡拉的恩人"，而更为重要的是显示了正义的力量。

对于伏尔泰而言，当然并不只是为了处理一个案件，整个过程阐述的是他的信念，他把这个信念再一次写进了《论宽容》一文，伏尔泰说：

"如果你想做个像耶稣基督那样的人，就要做一个殉道者，而不要做刽子手。"

这等于说，宗教信仰应当导向仁慈，而不是暴虐，这实在是信仰的专制和自由的一道分水岭。

3

纠问式审判中，要求嫌犯"供认罪行"这种情况真正得到改善，是来自15世纪对吉尔斯·德莱斯的一案。吉尔斯（gilles de Rais）出身于法国一个富裕之家，当时法国正陷入战争的泥沼中，贵族也分裂成两派，一派支持皇太子查理七世，一派支持英格兰王室。吉尔斯把赌注放在查理七世一边。1429年5月，他与圣女贞德并肩战斗，赢得了奥尔良战役，扭转了英法百年战争的局势，这场胜利让法国的王位觊觎者查理七世在兰斯大教堂登上王位，心中自然对吉尔斯充满了感激。吉尔斯应邀负责在典礼上持圣油瓶，这也是至高无上的荣誉的一种体现，据说，这油瓶本是一只圣鸽落到凡尘的翅膀，年仅24岁的吉尔斯也被任命为法国元帅。

但是，后来吉尔斯却只顾热衷于教会的活动，而疏忽了自己的军职。战争结束后，他在马什库勒给当地一个礼拜堂全套的资助，包括唱诗班、可移动的风琴及神职人员享用的服装等，同时决定在奥尔良的剧院再次上演他的伟大胜利的一幕。这支数百人的声势浩大的队伍游走在乡间——但是，随着他们的移动，当地开始陆续发生儿童失踪案，有人造谣说，他们被粉红色脸颊的老太婆牵走了，有的则爬上陌生人的马背后，再也没有出现过。黑暗降临到了阴沉的城堡和腥臭的护城河，有人发现了两具小型的人类骨骼，随之出现的是对吉尔斯的指责，称他将小孩子拐卖到了英国去赚钱；还有人说，他正在用人血写一本书；有人怀疑，他要将小教堂奉献给神圣的婴孩，以此来表明他良心受到的谴责……

这些谣传兴起时，也正值欧洲开展"猎巫行动"的当口，偏偏此时吉尔斯在将一处城堡卖给别人时又反悔了，甚至带领一群家兵冲进教堂，挥舞双头战斧，迫使买方牧师的兄弟打开城堡大门。他的鲁莽引发了众怒，因为入侵教堂侵犯了主教的古老的特权。当地人决不容忍他以下犯上的行为！

于是，这场官司的审判在主教的法庭内进行，这次采用了秘密的"纠问式"方式，先由法官提出一份秘密报告，之后官员们将吉尔斯和他的随从仆人牧师一起，押解到南特城堡的大厅内，并被告知要面对异端的指控。吉尔斯本来已经准备为自己拿着战斧威胁神父这件事忏悔了，但数周后他却被带回法庭，被控告犯下"异端"之罪——当时"异端"之罪涵盖的范畴很广泛，包括亵渎神明、背叛正统天主教、亵渎圣物等。出污称他曾与魔鬼达成了协议，鸡奸并谋杀了大约140个小孩等。吉尔斯不服，要求上诉，并当众四次宣誓，称起诉书内容不实。几天之后吉尔斯在法庭上大骂法官们是"买卖僧职者和下流的人"，声称他宁愿吊死，也不愿意针对他们的指控进行辩护。

　　法官受到侮辱，决定将吉尔斯逐出教会，当吉尔斯再度出现时，他满眼泪水，请求法官们宽恕自己之前质疑他们的审判权力之过。吉尔斯的压力越来越大，当指控被大声宣读出来时，他又变得出奇的淡然了，他供述说：

> **　　"我借过一本书，这本书解释了怎样说动恶魔，将无用的金属变成黄金；不过，我已归还了这本书；我承认，我曾雇佣了几个炼金术士，他们冷冻水银，等待其变成金子……"**

　　这供述是"坦然"的，但对失踪的小孩这个关键问题，他却保持了缄默。

　　法官们审讯了为吉尔斯工作的人员，他们详细描述了吉尔斯崇拜恶魔和骇人听闻的谋杀行为，吉尔斯被允许花一个晚上的时间考虑他的处境，但他认为无此必要，次日下午，他在房间里对着四名法官和指控者做了充足的供认。那真是一场精彩的演出，我们不妨从《审判的历史》中摘录下它转述的吉尔斯的口供——

> **　　"吉尔斯要人们从他的错误中得到教训，他要求他的听众用良好的态度和习惯来养儿育女，而他是因小时候没人管教才做的坏事。然后他承认诱拐和杀害了许多孩子，他与仆人等同伙，将其用吊钩吊起来，他经常坐在他们的腹部，冲他们大笑。一旦死去，他会抱着他们，凝望着这些美丽的头颅和身体，然后将他们的身体肢解，直到高兴地看到其内脏。然后吉尔斯转向恶魔话题，他承认经**

常雇佣魔法师来召唤魔鬼，他说所有的魔法师都是骗子，总在关键
时刻让他离开。他承认，他曾使用小指头的血给魔鬼写信，还曾把
装在罐子里的小孩的心脏和眼睛献给一个魔法师，他在场的父亲不
要容忍懒惰的子女，只给小孩穿漂亮的衣服，他还警告，他的犯罪
源于对美味佳肴和温热的葡萄酒的追求，最后他含泪说：尽管诱惑
遍及他的全部生命历程，但他对罗马教会的感情十分坚定，所以他
从未将自己的肉体或灵魂交给魔鬼。"

三天之后，吉尔斯被宣告有罪，再次被宣布逐出教会。但他又懊悔
了，德尔霍皮特被其悔悟打动，宣布吉尔斯将被处以绞刑然后被焚烧，
吉尔斯的尸体只能被火焰拥抱而不是完全烧焦，这样做是为了送吉尔斯
到选择的教堂安葬。最后，德氏宣布给予吉尔斯一个晚上的时间，让他
与上帝言归于好。次日，吉尔斯被送上绞刑台，他有机会按习俗做最后
一次赎罪。

审判记录显示：至少审判吉尔斯的一些法官想要知道他内心的想法
而不仅仅是口头的言论。当证人的陈述被提交上来后，吉尔斯被一再问
道：

"吉尔斯，你是否还想证明自己行为的正当性？或者，讲述你
的真正动机是什么吗？"

"吉尔斯，你能否讲出是谁煽动你这样做的？或者，是谁教你
实施那样的犯罪行为的？"

"吉尔斯，你的同谋犯是谁？有人指使你那样做吗？对于供出
同谋犯很难吗？他不过是一个名字而已……"

吉尔斯突然开口回答道：

"我只是跟着我自己的感觉走而已。只是为了满足自己的快乐和淫荡的欲望而已，不关旁人什么事！"

法官们对他的回答表示惊讶，而且又进一步施加压力：他们想知道如此重大的性虐待行为的动机、意图、目的是什么，还特别怂恿吉尔斯说，聘请一个解释者的话，就可以使吉尔斯从良心上解脱负担。这种说法激发了吉尔斯的愤怒，他打断法官："唉，你在折磨你自己，同时还有折磨我。"法官回应说："我没折磨我自己，我只想知道纯粹的真相而已。"吉尔斯声称："真的，没有其他的原因，其他的目的，也没有其他的意图。"然后，吉尔斯再也不回答问题了。法官最后免除他被烘烤的刑罚——他们相信，被告能够可靠地揭示他的行为动机，同时，他的罪责也应当依据他行为的意愿的强度来衡量。

法官与吉尔斯的对话，表明了现代审判的一个特性，即审判其实是试图在受审者与被害者之间进行一种调解，但这种尝试通常是无法实现的，其原因在于，没有一桩罪行是可以被免责或者回收的！

二、从宗教审判说到色情之禁

——黎明前夜有关"性哲理"启蒙的几个断片

提到禁书，中国人会脱口而出《金瓶梅》三个字。那是确实确凿的，无论谁在台上，都曾将其收入禁书名录中。奇怪的是，越是严禁，它就越是扩展得快，而且有关民意传奇逸事也不少。有一则就说，相传明朝嘉靖皇帝的首辅严嵩之子严世蕃，一次仗势向王忬索要名画《清明上河图》，但那幅画不是王家的收藏，王忬向名画主人汤裱褙求不成，转而请人画了幅赝品献给严世蕃，却被汤裱褙揭穿，这可惹恼了严世蕃，就此结下仇隙，并寻衅杀掉王忬。民间传说中，不知怎的将名画换作了禁书，并衍演出王世贞作《金瓶梅》，并于书中纸上敷以毒药，献给严世蕃（或说献给唐荆州或汤裱褙），最终报了杀父之仇。

在书中纸面上涂毒，让翻阅的人指头染毒，而每每蘸唾沫时又染毒，如此精巧的杀人方式，该是怎样一种人才设计得出来啊！而意大利著名学者埃科，在悬疑小说《玫瑰的名字》中，也采用这种方式作为中心情节，描绘了一个一心一意捍卫基督教教义的基督徒豪尔赫，他在禁书的每一页上都涂满了毒汁，书页粘连在一起，谁想翻阅就必须用唾液润湿指头方可揭开，真正将谋杀变成了一种"艺术"的存在！不同的是，那本禁书与性关系无涉，而是一本《诗学》——原因盖在于亚里士多德在写《诗学》的第二卷时，重点探讨了使人欢笑的喜剧，而瞎眼的修道院院长却奉行原教旨主义，认定喜剧的笑会扭曲人的面部肌肉，同时也扭曲人的灵魂，于是便涂毒药于扉页之间，令情不自禁偷窥这部禁书的修道士死于非命，许多读者都为情节的起伏跌宕叫好。

不过，这儿要介绍的既非《金瓶梅》式的性，又非《玫瑰的名字》中的情，而是这样的一类焚书：性＋哲理；当然，也可简化称其为"性哲理"——它不是讲有关性本身的哲理，而是由性做掩护，借以抒写出种种启蒙主义的哲理……

1　教会法庭与《女巫之锤》事件

众所周知，中世纪的教会法庭是非常严酷的，尤其是它与世俗的权力勾结在一起时更是如此，其矛头对准的，首先是关于性方面的案件，其次才是有关异教徒的。但很少有人知道，二者往往杂糅在一起，迫害一些无辜者。原来，在十字军东征时期，在圣地巴勒斯坦和伊比利亚半岛，十字军在同穆斯林的战斗中往往依仗于一种"鬼神学"，它宣扬伊斯兰教与性放纵、同性恋是一路货色，并认为早在7世纪时，穆罕默德就将"鸡奸"介绍给阿拉伯人，以此来影响军心士气！此外又有传言说，有一封来自拜占庭皇帝的信函，敦请欧洲人前来拯救这些变态的穆斯林，信中特别强调了"鸡奸"的危害。尽管后来被揭发是仿造的信，但教会依然认为，哪怕攻打伊斯兰的是基督徒，也容易被染上类似的"女人习气"。可悲的是，圣殿骑士也痛苦地染上了这一习气。所以，他们才需要拯救。在这种情势下，1120年，耶路撒冷宣布了保卫东征军对征服的圣地相关法令，将十字军在黎凡特各地所拥有的城堡列入"圣殿"之中，直到14世纪初，"美男子腓力"（法王腓力四世）将鼓吹圣殿之下埋藏有大量财富的骑士领袖德·莫莱逮捕为止。

为何这位"美男子腓力"要这样做呢？原来，他指责圣殿骑士到处造谣应当崇拜穆罕默德，并提倡用人祭祀、践踏十字架，是在宣扬"为魔鬼服务"。他还具体指控了一百多名骑士犯有"鸡奸"罪行。结果，教会法庭宣判将他们处以火刑，当然也包括那位骑士领袖德·莫莱。当德·莫莱被熊熊火焰包围的时候，还依然冲着围观者公开诅咒国王与教皇，预言他俩活不过这一年——结果真不出所料：这事没过多久，国王与教皇都命丧黄泉，只得到地狱展示其"美"了！

当然，教会法庭对"老异端"的犹太人也同样不会仁慈。本来，在民间普通人眼里，就有禁止与犹太人发生性关系的传统，理由是他们身上有"魔鬼的气味"，与其性交会产下猪、羊等。这成了教会在1215年下令隔离犹太人的理由之一，其法令规定：他们必须戴上一种魔鬼形状或者山羊形状的帽子，以示区别和隔离。一个叫潘都鲁斯的犹太人，与一名基督徒女子同眠，结果就被判处在阿维尼翁的教皇宫殿前，当众实施阉割的处罚；一名巴黎男子因与犹太女人私自结婚生子，也被活活烧死。他们的罪名都一样：与犹太人发生性关系，就相当于一个男人与狗交配！

中世纪的这种污名化犹太人潮流，无疑是近代开展的所谓"捉巫运动"的先声。其中较为流行的一些观点是：犹太教的仪式需要基督徒孩子的鲜血去祭祀，犹太人招致了瘟疫的爆发，这些说法更加丑化了犹太人。接踵而来的，便是将犹太人的面孔描绘成长有山羊式的角、稀疏的胡须和尾巴的怪模样，并且他们都骑在羊背上。及至后来，民间干脆强迫犹太人戴上山羊形的帽子，这也开启了后来人们所熟悉的纳粹排犹运动的标志之一——犹太人必须在胸前戴上一个大卫星的标志。至于语言上，更是将这类传说变成了犹太人参与的一种女巫的狂欢——"魔鬼宴席"，而"魔宴"一词本身就源自希伯来语的"第七日"或者叫"犹太教徒的聚会日"，在这种宴席上，女巫们专门吃孩子的肉，特意熬制一种毒药，并且进行古怪的性行为。

最终，这种将女巫与排犹活动结合起来的，便是遍及欧洲的"捉巫运动"了。这一运动的起因很复杂，除了宗教、战乱和集权的大背景外，剩下的便是女巫在教会的参与下刻意制造出来的形象与故事了。她们的形象一般被宣传成聚会时集体吃婴、与山羊交媾、骑扫帚飞行，等等。除了在民间四处流传谣言之外，教会也在祈祷或者祷告、告解时暗中鼓励，并且借助书籍的故事性公开宣扬。在这种情况下，一本名为《女巫之锤》的书籍也应运而生了。

这本书是由德国审判官海因里希·克雷默与多明我教会的审判官雅各布·司伯瑞格合写的，该书从1486年到1669年，近200年间发行了30来个版本，可见其影响之大。书中一个著名的片断是，一个女巫专门收集因遭受处罚而被切割下来的阴茎，每次收集二三十个，然后藏匿起来。至于那些失去阴茎的男人，只好四处找寻他们失去的"命根子"了。女巫们将收集来的阴茎放入鸟巢内，每天以燕麦、小麦喂食之，以此施以魔法，就能使其自行扭动，成为女巫们的玩物或者施法的能源。正因为如此，所以女巫通常都会以扭动腰肢等魔法方式，去蛊惑牧师和神父甚至法官。此外，女巫身上还留有专门的印记，印记是她们专供"魔婴"吮吸乳汁之用。

当然，《女巫之锤》的力度最终还得落实到"锤"上，为此它极力怂恿官员们采取各种手段去消除女巫的恶劣影响，去各处搜寻女巫。一旦被宗教或者世俗法官指控为女巫的话，她就会被收监，然后再去证实她执行了"效忠撒旦的誓言"。其方式呢，则是沿袭古巴比伦的传统：先剥光嫌疑人的衣物，将手脚捆绑起来，然后扔进水池或者河中。如果能浮起来，那么她有罪，就会被处死；反之，沉下去了则无罪，自然这也活不成，除非有万分之一的可能被及时地救活。至于公开的处罚则更多更详尽了，包括拷问、欺骗和恐吓直到拉上肢刑架，接受鞭刑、火刑、挖眼刑等等。

前面提到，不仅教会法庭有宣判女巫的权力，世俗权力也不例外。而捉巫运动本身，在许多地方就是一场官员参与的"巡回表演"。司法审判专员们去到各城镇中宣讲，传播"必须推翻那些妨碍他们行动的地方法规和习俗。所以，严格地说，"捉巫运动"就是一场自下而上的运动，甚至最高统治者也参与其中。例如：詹姆斯国王曾"真诚地"相信巫术的存在，他虔诚地相信来自哈根鲁城的女巫故事——这个女巫通过杀死并烹饪一个男婴，让自己获得了一种"沉默才能"。具体地做法是：她将男婴的尸体研磨成粉末状，让被审讯者在拷问时使用那么一点，这就难怪哈根鲁城的女人们都能保持住沉默了——其实，是那些女人们被她的这套谎言给吓住了而已。而且，詹姆斯国王本人也亲自主持过女巫的审讯，而且还撰写过神鬼学著作。

这样一来，在欧洲大地上，捉巫运动便轰轰烈烈地展开了。在法国，一个叫德·朗克尔的审判官，在1609年一年之中，就将80个女人送上了火刑架，另一名法官雷米则吹嘘自己在15年里处决了900多个女巫。事实上，火刑的确是对女巫实行的普遍刑罚。一般执行处罚都有个仪式，在点燃火焰之前，女巫的恶行会被详细地向围观者宣读一遍，在一个西班牙的判决仪式上，处罚的59名异教徒中，就有29名女巫承认参加了22场"魔鬼宴席"，最后她们被活活地烧死，这一恐怖活动持续了整整两天。这样的刑罚，无疑既让群众感受到了真切的憎恶与恐惧，起到了强烈的震慑作用，同时也满足了教会、世俗统治者和检查官们对"合法性"的要求。

不过，正如它的开始一样，许多历史学家至今对"捉巫运动"怎样结束仍充满疑惑和不解。但许多地方却不乏最后一次处决女巫的纪录。以英格兰为例，最后一次处决女巫是在1682年，一个叫芝埃德的女店主被指控施展了魔法，化妆成黑人魔鬼，她身上的隐秘部位挂着两个奶头，让小孩吮吸。劳埃德经受不了酷刑，很快就招供了，"承认"她为一个长着癞蛤蟆嘴巴的黑人喂奶，她还会化身为一只鸟等等，这些奇谈怪论，虽然有陪审团成员投票赞成，可是连法官自己也将信将疑，他所担心的是，她们的这种招供不过是希望能尽快结束生命的一种自杀方式而已。这样，到1736年时，英格兰终于正式宣布取消女巫死刑的法律，即使是女巫也不能判处死刑。到18世纪中叶，遍及欧洲大陆、长达近四百年的"捉巫运动"才算真正寿终正寝了。

2　色情案件审判

今天的世界，同性恋在许多国家或者地区，已经不再是件秘密的事情了，而且"同志"间的婚姻在有的地方也开始合法化了。虽然，同性恋一词是19世纪才被使用的，但此前，类似的性行为已然存在了。对中世纪的人们而言，其实一个人并不需要特别证明自己的性取向的排他性，因此某种形式的鸡奸可能是真实存在的，是任何人都可能犯的"罪"。在13世纪之前，地中海地区的欧洲人，男性之间联结仪式可以在教堂公然举行，而且由牧师主持，与男女结婚仪式并无二致。这种同性别的结合常常被称作"精神兄弟"，通常是教士带着参与，而且大量的世俗男男也趁机加入其中。他们在仪式上的共同点是：双方在圣坛前要将右手放在一起，一起背诵一段婚姻祷告词，然后举行亲吻仪式。有时，这种祷告词也由主持的牧师代为宣读：

> "哦，万能的主啊，您用不朽的生命以您的形象创造了第一个人，由他而起您创造了整个的人类。您让人类不仅天生是兄弟，更因为精神契合而成为兄弟。赐福你如此结合的仆人，不仅是那些天生的兄弟，更赐福于因爱而结合在一起的所有人！"

但是，自从13世纪拜占庭皇帝安德洛尼卡二世颁布法令，宣布禁止乱伦、巫术、男男之间的性关系等之后，这种同性恋已经不再合法了。这项规定由教堂执行，这就等于说，教会法庭有了判决的权力，哪怕国王也不例外！本来，有人喜欢与同一性别的人在一起，这原本是自然的事。英王爱德华二世就是这样：尽管他育有四子，但他对年轻男子的喜爱却毫无掩饰。他慷慨地给予那些同性情人各种礼物与特权，这可惹恼了朝廷的其他势力，结果，他的同性情人休·拉·德斯潘遭到了当众被阉割和斩首的惩处，生殖器还当众被烧毁。而爱德华本人也被人谋杀了，使他成为因同性恋而葬送王位的一个典型。

从词源上说，古代社会本并不禁止涉及性的雕像，像所谓的Pornography（色情作品）一词，本来源于希腊文，意即"有关妓女的文字"，在雅典也到处可以看到赫耳墨斯的裸体雕像，其特点是有一个了不起的勃起。至于Obscene（淫秽）一词更是广泛使用，它来自拉丁语caenem"污物"，有时也表示"阴茎"，而且scaena（舞台）与前缀ob（后面）合在一起，意思还是"舞台的背后"。实际也根本无淫秽的意味。再者，从客观因素上讲，在大规模印刷术发明之前，获得一份色情作品也并非易事；只是自15世纪末随着古登堡印刷术和复制术的普及，私人收藏享乐用品的现象才开始泛滥开来。一套色情诗《普里阿普斯》（Carmina Priapeia此处是男性生殖器的隐语）到1517年竟然可以印刷到22版之多！在这样一波狂潮之中，像《阿雷蒂诺的姿势》《阳具之书》等连番涌现。但是，它们一露面，就被教会视作与马丁·路德、薄伽丘、开普勒、马基雅维利为伍的禁书了。

1655年，《女生学校》（又称《维纳斯学校》）的出现，让阅读本身变成一种性（手淫）的体验，这在卢梭的《忏悔录》中也有所记载，这位启蒙大师称它为"那些只能用一只手读的危险书籍"。由于该书在官方没得到批文，于是导致了此书在巴黎朗热的出租屋中被查获，经销老板米约仓皇逃离巴黎，他归案以后因其"背德"之罪而受到审判，并被判处了绞刑。据说当地警察还曾有意掩盖出租屋老板米约之罪行，结果米约被判处忏悔、罚款并逐出巴黎了事。涉及这本书的，还有被揭发的路易十四的财政大臣富凯，在搜查他的腐败窝子时，竟发现他将该书藏匿在他包养的情妇家中的密室里，还加了个专制的锁具。

不过，在整个17和18世纪，更盛行的还是对销售淫秽书刊的小贩执行"打手心"的小小惩罚，如同《好色的哈姆雷特》一书中所说的那样，人们更多地将类似的"享受"，通过在舞台上的插科打诨或者在茶余饭后的闲聊中去感受。后来情形变了，17世纪在英国通过了"反鸡奸法"，该法遇到的第一个案件就是多德尼案。此人被控告有兽奸的嗜好，同时还纠缠多个邻居与他发生性关系，但最糟糕的是他既强奸了一个男孩，又与邻居的马匹发生了关系。这样一来，一时间竟无人为其辩护。"反鸡奸法"在实施中遇到的第二件案子是卡斯尔赫文公爵案，具有极大的代表性。卡氏被控诉鸡奸了自己的一个仆人，在证词中，又有人称他曾经流露出其财产"宁给家仆，不予亲子"的意思。实际上，卡斯尔赫文过去就已赐予他的爱宠男仆鲍德威若干钱财及住房了，更匪夷所思的是，他竟然强迫自己12岁的继女伊丽莎白与他成婚。伊丽莎白在法庭上做证就说了：

> "继父的本意，原本是想让我给他的男仆鲍德威生儿育女，显然更是想让他的长子没有儿女！"

公爵的第二任妻子安娜·斯坦利也出庭做证词，宣称：

> "当鲍德威强奸我的时候，那个畜生丈夫卡斯尔赫文不仅正在我身边，而且还替他做帮手！"

但后来的法庭调查表明：安娜自己也并非一个本分的人，她不仅有多个情夫，而且与卡氏公爵府上另一仆人有染。审判时，陪审团全票通过了判定卡斯尔赫文犯"怂恿强奸罪"。至于"鸡奸"票数则是15∶7，换言之，有七票反对执行死刑。尽管如此，卡斯尔赫文公爵还是被送上了断头台，因为查理一世拒绝赦免他。

在苍茫的夜色之中，卡斯尔赫文登上了断头台，他显然心有不甘，而且准备了一段最后的演讲词：

> **"我请求你们，当你们看到斧头落下、我的头颅与身体分离之时，你们要用祈祷陪伴我的灵魂到天国去，我渴望在那儿得到安息！"**

陪审团总共罗织了他六项罪名，公诉人认为，其罪行的起源首先跟金钱有关，具体地说与遗产赠予仆人有关，因为他拒绝了其长子的继承权不说，"还要模糊了仆人与儿子的界线"。第二项重罪是对妻子安娜·斯坦利的态度，公诉人说：

> **"被告在自家床上给妻子拉皮条，协助别人去强奸自己的妻子，这行为何等得无耻！不仅是最大限度地违背了丈夫的天然契约，甚至拿他这行为与罗马最为残暴的皇帝相比拟也不为过！……我们知道，战争中最悲哀的事情是，让一个男人目睹自己的妻子和女儿当面被强奸与蹂躏……然而，卡斯尔赫文这样做了，而且还不只是旁观，他更是把这样的事当成一种乐事。这只能用他渴望如此去解释，并努力地去做，而且甚至享受这一过程，乐在其中而不疲。"**

至于他的鸡奸行为，公诉人企图唤起人们对所多玛和俄摩拉的固有的憎恶，所以在审判时宣称：

> **"这是一种非常邪恶和伤风败俗的行为……如果它得不到惩罚的话，会招致天国对人间的这个王国极为严苛的审判。"**

　　这次审判有六个仆人。女儿伊丽莎白和罪犯的妻子安娜·斯坦利，总共八人做证。卡斯尔赫文的辩护策略是，使自己加倍地处于劣势之中。当法庭反讯问时，他却拒绝回答任何问题。真开口讲话时，他又极力否认鸡奸。他的反驳软弱无力，也拿不出任何证据反证自己无鸡奸行为。他只是一味地辩解称：儿子只顾一味地花他的钱，要他的钱，而妻子斯坦利本身就是个滥交者。不难想象，他的辩解结果是适得其反的，凸显出他无力管理自己的家事。更要命的是，鲍德温及另一仆人做了最不利于他的证词。原来他们与起诉方做了交易：他俩帮助起诉方给公爵主人定罪。只是虽如愿了，他俩却逃不掉惩罚。实际上，正是他俩的语词，反过来又给自己定了罪，结果他俩都被判处处决。至于斯坦利的出轨、不忠和滥交罪，则被国王赦免了。公爵女儿伊丽莎白年纪尚小，则被从宽处理。

　　后来的历史学家认为，这是个典型的，也是个臭名昭著的案例。卡斯尔赫文的行为太骇人听闻，没法不追究，而贵族陪审团又宁可杀了他，来显示洗净自己阶级的努力。但更主要的是，贵族阶级不允许有一个被颠倒的世界存在，具体地说，就是不允许仆人受宠胜过自己的儿子，不允许贵族妇女被迫屈从于出身卑贱的人。这样一来，卡斯尔赫文也就自然难免一死了。

3 从《开放的特丽萨》到《2440》

今天的人们，已经十分熟悉色情、淫秽读物的概念了。这样的作品古已有之，并且它的出现到内容到形式有一个嬗变历程，正如美国人罗伯特·达恩顿在其所著的《法国大革命前的畅销禁书》中指出的：只是到18世纪大革命前夕，在短短数年之间，色情读物就变成了一种宣传"各种哲理的色情读物"。

什么？色情与哲理还扯上关系了？且慢，这二者不只有关，还相当密切，至少在法国大革命之前，类似的色情与哲理作品"联姻"的情形就已经出现，其代表作品有三部，而影响比较大的就是《开放的特丽萨》。该书于1748年出版，作者是阿根斯侯爵。它除了与一般色情读物诸如《太太学堂》《艳史》《劳丽的培养》类似之外，它还与哲理有关。名作家萨德在《茱丽叶的历史》中就指出过：《开放的特丽萨》与风流藏书的不同之处在于，它的主人公特丽萨更代表着一种以前所没有过的存在——启蒙运动。这种变化，与迅猛出现的色情文学相辅相成，共同的来源则是：借放荡来挑战宗教教义、性道德和习俗，以达到提倡思想自由、生活自由的目的。用中国人熟悉的语言来说，这一情形就是启蒙先驱者们纷纷打着"色情"的旗号，出售的却是革命哲理！事实也是如此，例如狄德罗就曾因为《不合适的首饰》而被列入"危险分子"之中，进而被关进了万塞纳的监狱。

《开放的特丽萨》中关于性与哲学，或者说，性交媾与形而上学是如何实现风马牛相及的呢？请注意，该书的副标题就是"关于狄亚格神父和爱雅蒂丝小姐私通事件"，也就是说，作者通过神父对女主人公的训练，进而使她以"间断性交"来战胜手淫的毛病的描绘，来赞美那种"没问题、没烦恼、没孩子"的所谓"三无"之自由境界。更妙的是，特丽萨与狄德罗、霍尔马赫等自由思想哲人一样，竟然使用同样的话语模式，并且提出了类似的观点：交媾行为有如万有引力，一切都可以归之于同一本源——运动着的特质。瞧，这不等于说，它分明是一种"性与哲理"（简称作"性哲理"）的宣讲吗！

另一部最具典型意义的"性哲学"的宣讲书籍，则要数路易·塞巴斯蒂安·摩西厄所著的《2440》——正如你见到，书名就跟《1984》一样，是一个假想的"乌托邦年代"，而且内容也属于幻想类作品。作者摩西厄本人就有扩大的"卢梭派支系"和"街头卢梭"的头衔，因之可定义他属于启蒙派，有着卢梭式的民主自由追求的人——事实也正是这样，他本人跟卢梭一样出身寒门，父亲只是个金属工匠，但他打投身于启蒙运动以后，就写作勤奋，而且善于将文章扩展成篇、成册子，其代表作《2440》就是如此。在该书中，他描绘了一个完全不同的世界，一个放置于遥远将来的幻想世界。书中的叙述者与一位具有哲人风度的朋友进行着一场热烈的讨论，那位朋友抨击了1771年巴黎的社会现实，随后叙述者（即摩西厄化身）睡着了，醒来后蓦然发现自己身处于未来的巴黎之中，日历上分明写着到了2440年——天哪，他居然活了整整700岁！难怪周围人对他十分好奇，并为其带路畅游了巴黎。游历一结束，叙述者也再度惊醒了，这次他才又重返现实之中。

不用说，作品重点在描述游历的过程，这段时期内，他大肆攻击天主教会，什么修道院、农业十一税、高级主教制、教皇制等全在他抨击的范围之内。进而他提出了卢梭式的主张：公民节日应提倡对上帝与国家的忠诚，母亲应当重返家庭哺乳支产，实施卢梭式教育法，倡导个人愿望与公共意志的一致性……一言以蔽之，该书就是一活脱脱的西式"桃花源记"与"黄粱美梦"！

当然了，作品中，叙述者的演讲也起了非凡的不可或缺的作用。笔与口，原本就是他们赖以对付专制主义的唯一武器。因此，作者才有意刻画了主人公在法庭审判这场重头戏，起初是一位卑鄙无耻的法庭庭臣兼司法部长高谈阔论"哲人"作家，庭臣对着他的男仆说：

> "我的朋友啊，那些人真的恶毒可怕，咱们丝毫的不公正行为也休想逃过他们的眼睛！他们敏锐的眼力，竟会到觉察到我们隐藏在精巧面具之后的真面目！当他们从你身边经过时，就仿佛在对你说：我可认识你！一旦碰到你，我会教训你们的。让你们知道，认识我这样的人是危险的——我可不想让任何的人认识我啊！"

该书奇特之处，还在于叙述人摩西厄利用奇特的献辞和序言始终指引着读者，他没按照惯例去感谢谁，却明明白白地把书献给了2440年那样一个"既庄严又可敬的年份"，因为它一面是"人性的保护者和朋友的名字将重获新生，他们的荣誉将闪烁出纯洁璀璨的光芒"，另一面却是"那些摧残人类的卑鄙国王们将会被遗忘"——新生与遗忘，正是这对立的二者，构成了主要矛盾，而摩西厄自己则在其中扮演了英雄一角，作者更借他的口来对公众演讲道：

> "专制主义的霹雳一闪而逝，而作家的笔触则能够穿越时间，宽恕和惩处宇宙的主宰们！我运用了这种自己与生俱来的力量，我理性地审视着我默默无闻地生存在其中的这个国家的法律、习俗以及种种弊端……"

审视的结果，便使作品中的"我"成了一个预言家，使他能像《旧约》的英雄那样，在旷野中大声地呼号，而警察则千方百计要将他投入巴士底狱中，因此，这位哲学家才这样对公众呼吁道：

> "对我而言，我拥有像柏拉图那样的梦想，我亲爱的公民同胞

们！我看到长期遭受各种各样的弊政折磨的你们，何时我们才会看到一个伟大的计划，能将我们的梦想变成现实呢？既然不能，就让我们幻想吧！这就是我们唯一的安慰！"

更精彩的是，作品特意撰写的皇家图书馆的一章：叙述者预见2440年会藏书成山，但他到图书馆的时候，他却只看到了四个书柜，全装的文学名著，于是他问：那些曾在18世纪堆满整个皇家图书馆的印刷品都到哪儿去了？管理员回答说："我们烧掉了！"换言之，作者要说的话就是，到2440年时，启蒙运动已经获得完全的胜利！可见，摩西厄对未来的幻想起到了一种身后看的进步理论的作用，他维护了那些曾经对人性贡献最大且受到专制力量迫害最深的作家的权益。你看，公共广场上不是耸立着这些作家的全身塑像吗？不是也耸立着卢梭和伏尔泰脚踏着的主教和部长们的头颅前行的全景雕塑吗？总而言之，依靠写作和演讲"起家"的摩西厄式先驱们，理应从本质上说是获得了历史性全胜的啊。

三、一道天光照耀的信仰之路

——加尔文与塞尔维特异端案

火，对于国人而言，提到它，自然会联想到钻木取火这样的成语，想到山顶洞人用火的灰烬堆，想到盗来"天火"的普罗米修斯，想到古希腊奥运的圣火……

是的，我们应当感激那带领人类走出"人猿相揖别"的圣物——火！

听吧，2006年9月，74岁的荷兰学者古德斯布洛姆，携带刚刚出版的中文版《火与文明》，在北京发表演讲，他将矛头直指人类对火的忘恩负义：我们从火的身上受惠巨大，却反过头来，一直在不断将其妖魔化。这位学者在精心梳理历史之后，向人们揭示了这样一个复杂、矛盾且神秘的现实：火具有强大的破坏力，同时也有着惊人的生产力，人类一直在努力控制火，文明的每一次重大进步，莫不与人类对火不断趋于精确的控制息息相关：

"驾驭了火，人类社会的生产力提高，变得更为强大；但对火的驾驭也增强了人类社会的破坏力，使人类社会变得更加脆弱。"

火刑正是这样一种破坏力，一个恶魔。今天的人们，又怎能忘记它曾经给人类带来的灾难和荼毒呢。现在，到了该为"火刑"添加上适合它自己的注释的时候了。

1

公元64年，一场大火烧毁了罗马的贫民居住地，它成为对基督徒进行第一次有组织进攻的口实。开始时，有人谣传说，喝得醉醺醺的尼禄皇帝异想天开，命令在首都放火，除掉贫民窟，以便按照他的计划重建城市。然而大家清楚地知道，这场火是犹太人和基督徒放的，因为他们总是谈论天国大火球的降临，把邪恶的世界烧为灰烬。

这种说法很快引起反响。一个老妇人听到了基督徒与死人说话，另一个人得知他们拐骗小孩，割断喉咙，把血涂在稀奇古怪的上帝祭坛上。当然，没人目睹这些卑鄙勾当，这是因为基督徒太狡猾，已经用钱收买了警察的缘故。而这次他们被当场抓住了，必须为自己的罪恶行径接受惩罚。人们无从得知有多少虔诚的教徒被私刑处死，或许保罗和彼得也是受害者，因为从这以后再也没有听到过他们的名字。

严格地讲，所谓"宗教法庭"其实没有杀过一个人。这是因为，由教士组成的法庭宣判之后，异教罪犯便被送到非宗教的当局手里，然后由世俗的"当局"用他们认为合适的方式处置他。按照房龙的说法：由于在火刑柱上了却残生，比在岩石城堡的黑洞里缓慢发疯而死于恐惧要好受一些，许多无辜的囚犯便大包大揽承认各种罪名，以期被判处异端邪说罪而早日脱离苦海。

1556年3月21日是一个阳光和煦的春日，但伦敦人却感受到了令人发抖的寒冷——托马斯·克兰麦这天被处以火刑，离开了人间。按说，他不应当被处死的。他是英国著名的教士，英国改革教会的首任坎特伯雷大主教。但是，正因为他对英国教会的教义、教规和仪式等多方面的改革，为英国国教奠定了基础，从而触怒了罗马。同时，也因为他曾经宣布玛丽·都铎女王的母亲凯瑟琳与亨利八世的婚姻无效，而触怒了英国。所以，他必死无疑。

那时候新思潮已经广泛传播。1511年，著名的人文主义者伊拉斯莫曾访问过剑桥大学，克兰麦的思想受了他的影响。德国宗教改革开始后，克兰麦就经常和一些倾向教会改革的人在白马酒肆聚会，讨论因路德发动宗教改革而引起的神学和教会学问题。由于他们的思想倾向于新教，那酒肆也被人们称为"小德意志"，这就令他逐渐抛弃了对经院哲学和天主教的信仰，并孕育了反对教皇干预英国宗教事务的思想。克兰麦反对设立祭坛，崇拜偶像和巡礼圣地，他认为除了上帝外，圣母、圣徒都不在崇拜之列。他主张教士结婚，更主张用英语做礼拜。20年中，他奋力著述，发表自己的宗教主张，为英国宗教改革做出了贡献。克兰麦还反对天主教的化体说，他认为，基督只有一个躯体，领取圣餐时，基督的精神注入了人的躯体和心灵。人只要信仰基督，基督的精神就和他永不分离，因而举行圣餐礼是对基督的追思，只要信仰基督，就能得救。

玛丽女王即位后，下决心恢复天主教，他想利用克兰麦的地位和影响，强迫他放弃自己的宗教，公开悔过，再处以火刑，以达到打击新教的目的。克兰麦被监禁两年多，遭到严酷审讯，还押到火刑场目睹他的战友拉替麦、里德利受火刑的惨状。克兰麦在刑讯中据理力争，捍卫自己的观点。在长期的囚禁和威逼利诱之下，年迈体衰的克兰麦只好服从了女王复辟旧教的决定，写下了放弃原来信仰的改过书。但是，仍然被处以火刑，而他，在行刑之时，也坚持发表了慷慨激昂的演说：

> **"不管是上天接纳我，还是地狱吞噬我，今天，我要当众表明我的信仰。"**

他重申：反对教皇，反对化体说，反对教皇反基督的教义；然后他宣布：

"我的右手写过放弃我真心信仰的悔过书，因此它应当先受到惩罚。"

说罢，他将其右手伸向烈火，一动不动地让它烧焦，然后身受火刑而壮烈死去。玛丽女王和复辟都会原本想利用他临终前的改过词来打击新教的企图落空了。克兰麦的演说不仅鼓舞了新教徒的勇气，也清洗了自己身上的污点。

贞德则是另一个用火刑的著名案例。1431年，她在被烧至昏迷之前，一直呼喊着天堂。

而此前的16年，康茨坦宗教会议下令，将已死31年的约翰·威克利夫神父的遗骨及其著述一并施以火刑。同一时期死在火刑柱上的还有捷克人胡斯和他的同志——布拉格的哲罗姆。此后的300年间，火刑在欧洲大肆流行，至1834年才被正式废除。

前面提到的那位写有《火与文明》的古德斯布洛姆指出，将火刑施于异教徒并广泛运用，源于一种神学观点：即火是一种"净化方式"，也是一种与地狱中遍布烈火的集体幻想有关的惩罚方式。他说，千百年来，火总是与恐惧和灾难联系在一起，现代人已经忘记了火怎样催生并推动着文明。

2

提到约翰·加尔文，我们首先会想到他的代表作《基督教要义》，此著作跻身影响人类历史的十部巨著之列，充分表明了加尔文在历史中的地位。但是，在中国，人们更多地是从茨威格的《异端的权利》一书中了解到加尔文的，该书认为他是火烧塞尔维特的刽子手，是日内瓦的暴君和"教皇"。但是，有学者指出："加尔文主义解放了瑞士、荷兰、英国，为清教徒先父们发展美国的繁荣提供了动力。"

一个人，难道竟同时是暴君和刽子手，同时又是自由精神的播种者吗？——其间的分野到底在哪里呢？

早年，青年加尔文的确喝过不少人文主义的墨水。那时文艺复兴余韵犹存，加尔文受其影响，投身于古希腊罗马著作的研究，并在22岁时写成《塞涅卡注释》。这段时间，他正在巴黎大学蒙太古学院深造，但当局却对支持路德宗教改革的学生下毒手，一名学生领袖竟被火焚而死，这对加尔文的心灵造成了深刻的影响，也使他很快成为一名新教徒了。有两件事情足以证明：其一，他的一个好友科普在巴黎大学演讲，公开引用了伊拉斯莫和路德的话，为自己的"信仰得救"论辩护；据说，这篇演讲词就是加尔文写的，于是，巴黎当局下令对他进行追捕和抄家，加尔文只好逃离巴黎。其二，加尔文的表兄、新教徒奥立韦唐将《圣经》译成法文出版，加尔文为之作序，公开支持受到迫害的新教徒。

本来加尔文打算前往瑞士的巴色定居，过一段安定的生活，但是，他在路经日内瓦时，却遇到了一个不速之客——一心推动改教的法雷尔的来访。法雷尔请求他能留下来，帮助他完成改教大业。起初他推辞了，谁知法雷尔却报以责备的口吻说：你就像约拿一样，想逃避主的呼唤吗？接着他说：

> **"我最后一次问你，你是否愿意听从神的呼召？……你关心你的身体需要休息，你只顾自己的兴趣，让我奉全能神的名向你宣告，你若抗拒他的命令，无论你做什么，你一生都不会得到安息。"**

那是一个为信仰而献身的年代，因为法国对新教徒的迫害，加尔文的同情心被唤醒了，于是决定留在日内瓦。这位受益于文艺复兴带来的新知识和新态度的改革家，不仅懂得使用批判的眼光看事物，而且偏要与众不同。他深知良知和自由的重要性，然而仅仅是阐述基督教教义对他来说还不够，他还需要为新教义罩上一层神秘的外衣——按照他自己的叙述，有一天，他突然被一道天光照耀，走上了一条完全不同的信仰之路："上帝突然降伏了我，改变了我的心……"

人文主义本来主张张扬个性，相信人凭着自己的力量可以主宰一切。但是，改教家们不是这样想的，他们从不相信人类是宇宙的尺度，他们要走出中世纪迷信，然而却看见了信仰中的光焰。这样，他们就只能俯伏敬拜于"上帝的恩典"了——这一点，加尔文与当年的马丁·路德被信仰之光照亮心灵，巴黎索邦大学的老教授勒菲孚在70岁时，荫翳的双眼被突然开启，回到《圣经》原初的教义等是一模一样的。

当加尔文为法雷尔起草了一份信仰告白后，又向日内瓦议会提议对教会进行四项改革，其中最核心的是圣餐资格的问题。他主张，教会有权禁止那些依然过着罪恶生活的人参加圣餐、并且开除他们的教籍等，这实际上等于说，在世俗政府权力范围的终点，信仰要发挥影响力，而在信仰止步的地方，世俗政府要行使它的权力。这是英美近世以来重要的"政教分离"思想的萌芽。这自然激怒了保守的当局——须知，彼时的日内瓦，既是一座勇敢抗击专制的城市，但也是一座充满罪恶和放荡的城市，一些权贵人士也认为他太激进，采取了不合作的态度。当议会中支持他们的人一个一个的失势以后。终于，1538年加尔文和法雷尔被驱逐出了日内瓦。

3

人们常说：每个西班牙人都有着堂·吉诃德式的性格，这话对于来自西班牙阿拉贡的米奎尔·塞尔维特来说，再贴切不过了。他就仿佛神学领域里的那个堂·吉诃德，一味拿着长矛纵马驰骋，不料停下来时，才发现自己周围没有他人，而面前只有风车，真是孤独又盲目啊！

别的不说，就拿他在1531年出版于哈根那的那本《论三位一体的谬误》来说吧，他公然要挑衅整个基督教世界，所有基督教徒都以为他是疯子，是不折不扣的撒旦的使者，有人甚至说：应当把塞尔维特这个浑蛋的肠子从他的腹中给拉出来！

于是，教会出面了，给其定下了"不信奉基督的异端"罪名，从此他就被迫过上了东躲西藏、四处隐匿的道路，直到更名为米歇尔·维仑务。接着他到了法国里昂，在印刷作坊里当一名小小的校对员。后来，通过一个出版商人，他来到加尔文处，请求他支持他对抗三位一体的思想。可是他失望了，加尔文反而要他迷途知返。

继而，塞尔维特以为那些绝密手稿落入了敌人手中，殊不知是加尔文把它给藏了起来。塞尔维特又重新出版《基督教的原理重构》，他特意租了一所偏远的房子，将整个印刷厂迁到那里，以便躲开宗教法庭的监视，排版的工作都是些发过誓的可靠者，在书的末尾，也没有照常规出版页来说明它于何处出版。但智者千虑，必有一失：塞尔维特不知为何，竟然在最后一页的刊行日期上留下了他姓名的缩写字母M、S、V，（西班牙语：Míguel Serveto）。

1553年2月6日，在加尔文收到塞尔维特的手稿后不久，日内瓦一个法国籍流浪者纪尧姆·特瑞，给他在祖国的表亲阿尼斯写了一封信，有意地泄露了塞尔维特手稿一事。里昂的都会得知以后，立即拜见了罗马教皇的宗教法庭审判长。结果，搜捕塞尔维特的网收紧了。当他进入日内瓦的罗斯地界，竟然自投罗网地去找加尔文——他忘了，虽然他们过去曾经同在巴黎度过学生时代，但此时却是两条道上走的车！加尔文不动声色地向他的手下做了个暗示——结果，塞尔维特刚迈出教堂的门槛就遭到逮捕，随即被投入监狱。

对塞尔维特的审讯同样是在日内瓦进行的。法庭上，当场宣读了起诉他的罪名，一共是23条——比瑟夫·海勒写的那本《第二十二条军规》还多了一条！但塞尔维特没有慌乱，反而镇定地反驳：

"起诉书说我在著作中攻击伟大的加尔文，我想那肯定是个误会，因为争论首先是由加尔文挑起的，我不过是在证明加尔文的见解并非那么完美而已。假如加尔文一定要指责说我顽固不化的话，那么我，塞尔维特，也可以坚定地反驳说，在这个问题上，加尔文的顽固不化肯定比我有过之而无不及！"

法官试图打断他，但塞尔维特却坚持要把话说完：

"如果说，我同加尔文有什么分歧的话，那不过是某些神学领域的认识的差别而已，世俗的法庭根本无权插手此案。加尔文指控我，纯粹是出于私仇。"

由于塞尔维特的据理力争，日内瓦的法庭有些退却了。可是，据茨威格说，隐藏在幕后的加尔文却迫不及待地扯下了自己的面具，他声称：这桩案子他加尔文才是原告，他要求市议会暂时休会，一起去参加对塞尔维特的审判，以便"让那犯人更容易认罪"，加尔文明显地是要给审判施加压力，防止对手逃逸。

日内瓦的新教独裁者决定要充分运用自己的权威，定期审判这个案件，他们要让天下人都知道：如果谁敢对他加尔文有所异议，那么谁就没好果子吃！

于是。一场又一场审判开始。残忍的加尔文不断地谩骂对手，他还用最无耻的问题，比如性生活等私人问题来侮辱塞尔维特，故意惹恼对手。果然，被激怒的塞尔维特忍不住破口大骂加以回敬：

> "你难道不承认自己是一个谋杀犯吗？你自己的言行将会把这个事实证明给大家看！我是绝对不会贪生怕死的！你被复仇之火蒙住了双眼，活像个瞎子一样，在荒野中狂吼乱叫，所说的话却没有一句符合事实！你这个只知造谣的蠢猪！愤怒的烈火在你的心里燃烧，不把我逼上绝路你是不会罢休的！只要你把邪恶的魔法留在娘胎里，我就有可能历数你的全部罪恶……"

塞尔维特骂得淋漓，完全忘记了自己处于孤立无援的境地，他尽情地宣泄着，口沫伴着愤怒一同咆哮，责骂和着镣铐一齐作响。然后，猛然间掉过头去，直冲着法庭怒啸起来：

> "现在，听清楚了吗，有罪的不是我塞尔维特，而是他——加尔文，这个恶魔，日内瓦的独裁者，你们应当给这个人判一个毁灭法律的罪名才对！
>
> "对于加尔文这样的人，市议会不仅应当向公众揭露他的罪行，给以定罪，而且更应当将他赶出日内瓦，然后，鉴于我——塞尔维特蒙受的不白之冤，市议会应当把他的所有家产都赔付给我！"

但是，塞尔维特忘了，他越是咆哮得厉害，就越是反过来证实他的精神不正常，这，正中了老奸巨猾的加尔文的圈套，它所造成的结果反而是罪孽加重一等。这样等待他的，只能是最后的手段——火刑了。

1553年10月27日11时，作为异端分子的塞尔维特被推上了火刑架。刽子手故意在那羸弱的身躯中，将铁链紧紧缠绕了好几圈，然后在那些缝隙间塞进的他的作品手稿，同时还在他头上扣了一顶用硫黄浸泡过的树叶冠，以示侮辱。最后，刽子手点燃了柴火……

4

今天，在塞氏赴刑的山坡上立着一块石碑，那碑是由多年后跟随加尔文的人们所立，碑上用法文刻着一段文字：

> **"我们是改教者加尔文的忠实感恩者之后裔，特批判他的这一错误，这是那个时代的错。但是我们根据宗教改革运动与福音的真正教义，相信良心的自由超乎一切，特立此碑以示和好之意。1903年10月27日。"**

纵然加尔文的教徒们的态度是真诚的，但是，对加尔文插手塞尔维特一案的事，依然存有争议，就像古人和今人对他的看法有争议一样。古人，比如像写了《异端的权利》的茨威格，就是持一种完全否认加尔文的态度，但是，随着今天人们视野的扩大、新发掘出的史实越多，今天的人们就不满足于茨威格那种全盘否定的态度了。

首先，我们应从加尔文方面去观察这一事件的真相。据学者们研究，有人认为茨威格有意煽动起对加尔文的敌意。他们认为，加尔文的权威仅仅在教会以内，当时他并没有所谓的独裁权力，也没有权力下令逮捕任何人。他在日内瓦的政治处境很艰难，与放荡党人(Libertine Party)的关系高度紧张，Amy Perrin 及其同党掌握了25人的小议会

(Petit Conseil)。事实证明，加尔文没有逮捕塞尔维特，也没有权力逮捕塞尔维特。虽然他承认"me auctore"——"在我的怂恿下"，结果让法庭审判了塞尔维特，但是，当时是对加尔文怀有敌意的议会下令逮捕塞尔维特的。

不仅如此，当时审判塞尔维特的也并非加尔文，无论是对他做出判决的，还是最终执行死刑的，都不是加尔文。在塞尔维特的案件审理过程中并没有通过宗教法庭(Consistory)。审判、判决和执刑都是由日内瓦当局进行的。日内瓦议会坚持"教会的传道人没有民事管辖权(civil jurisdiction)"，除了神的话语作为他们的利剑外，他们没有别的权力，只有当涉及神学上的争议时，才由加尔文出庭做证，证明塞尔维特有罪。宗教法庭不能取得主权(Seigneurie)和司法(ordinary justice)的权威。总之，加尔文作为一个日内瓦的居民(habitant)而非拥有公民权的公民(Citoyen de Genève)，在政府中根本没有命令他人的可能。事实上(de facto)，加尔文的权威也仅仅限于日内瓦的教会和宗教法庭，通过劝诫、警告，至多只能以停止圣餐的方式作为惩戒。

从塞尔维特方面去考察具体的缘由的话，有人就认为，塞尔维特也并非因其"科学"而受迫害。他作为一位在宗教领域独树一帜的人，与加尔文争锋，但塞氏观点挑战的是基督教传统的根本教义，否认三位一体，如此惊世骇俗思想，才是导致他被定罪的根本原因。也就是说，加尔文充其量不过在他既定的罪名上，加以"证实"而已——这话出自一个证人之口，事实也的确如此。

再次，火刑固然应当受到谴责，不过那个年代的欧洲对异端三位一体的刑罚就是死刑。而在新教的日内瓦判处塞氏处以火刑之前，天主教当局也已判定塞氏火刑了。这一判决，自由派掌权的小议会也征求了瑞士众多城市的意见，它们的回答也都是严厉的火刑。

最后还应对加尔文的一生做个总结。在他生命的晚年，实际上也充满着苦难，不过，因着加尔文的改革，日内瓦却由一个罪恶之城，成了宗教改革之城，日内瓦大学更成了"自使徒时代以来世界上最完美的基督教学校"，由此走出无数的学子，带着革新的教义，前往欧洲各地，推动宗教改革。因此，他应当瞑目了。

加尔文在遗嘱上要求："我的遗体……按常例下葬，直等到复活之日。"不过，他的墓地里没有他的墓碑，也没有墓志铭，不久，日内瓦就无人知道加尔文的遗体下葬何处了。

记得吗，1536年年末他曾访问了日内瓦，当时那里的新教势力正在迅速增长。他在那里住了下来，被聘为新教团体的领袖和导师。但是，宗教狂加尔文和日内瓦人不久便发生了冲突，后来他被迫离开了日内瓦。但是，几年后，他又应邀重新归来了，这一次，他不仅成了该市的宗教领袖，而且也是具有实力的政治领袖，直到1564年死去为止。

四、难言、直言与诡辩

——王尔德风化案之法庭辩论

　　中国人稍微了解一点英国文学的，对王尔德的大名大概都能略知一二，而且许多人知道他有部自传，名叫《自深深处》。当然，这只是译名，但这译名却大有讲究。这句看起来明白的话，但深究起来又感觉大有文章。究竟这书名意味着什么呢？一个名为朱纯深的译者，在翻译这本书的时候，给出了他的答案。原来，《自深深处》的书名出自一句拉丁文，出自《圣经》旧约诗篇第130章中的第一句话："out of the depths I cry to thee, DLORD!"而王尔德只摘取了拉丁文原文的首句作为书名，De Profundis，意思是：耶和华啊，我从深处向你求告！整个句子含有某种庄重古雅的意味，既引人注意又给人联想。有的译者将其直译为《狱中纪实》或《狱中记》，就显得太直白了些。

　　其实，《自深深处》不过是王尔德在狱中写给同性恋人波西的一封长信。信中回顾了他俩在一起的日子，诗人余光中评论说，王尔德构思遣词的目的主要在表达意念，而不在情感和感性。但这封长信却相反，信中渗透了王尔德如潮的思绪，华美凄美和曼妙幽微的文风扑面而来，他的情感表达极富一种私密性和亲昵性，而王尔德式的造句遣词又使它具有文学性和艺术性。

不过，社会对王尔德的态度，同他所处的时代已经有了翻天覆地的变化。如今，在纽约市格林尼治村的克里斯多福街，有一处赫赫有名的、引爆现代同性恋解放运动的圣地——"石墙酒馆"，1969年6月28日，一场警察与同性恋者间的冲突在此发生，媒体将这整个事件名之为"石墙暴动"。在离此几步之遥，就是那个闻名遐迩的"奥斯卡·王尔德纪念书店"，它比"石墙"早成立两年，在不到八坪的卖场里，"王尔德书店"成为一颗明星，是全美第一家公开的同性恋书店，其创始人葛瑞克·罗德威自20世纪50年代末期起，就开始为著名的同性恋平权运动抗争。但是，书店并非为彰显大作家的文采或是唯美风格而创立，最主要的在于纪念王尔德因同性恋罪名而被起诉并两度入狱的不幸事件。所以，欲了解王尔德的口才与辩才，还得从这桩出名的案子的审判中去找寻踪迹。

1

王尔德说过："我的一生有两大关键点：一是我父亲把我送进牛津大学，一是社会把我送进监狱。"

这话不假。牛津大学的确培养了他唯美主义的人生观和艺术观，使他把生活看成是享乐主义和感官主义的欢宴，他把世间所能享受到的快乐，差不多都享受到了，把地球上所有快乐的果子，也都吃到了。但是要命的是，他还是结识了一个"俊友"——道格拉斯，那是1891年，一次悲剧性的会面，地点在王尔德在伦敦泰特街的家，介绍人则是两人共同的朋友里奥纳尔·约翰生。

但他们之间的"友谊"并未维持很长时间，1894年年初，道格拉斯的父亲昆士伯里侯爵，耳边忽然传来各种关于王尔德与道格拉斯的小道消息，尤其是从律师乔治·列文斯口中，他听说了王尔德被敲诈一事，引起了他的警觉。

这一事件，说来与道格拉斯的粗心有关。他在牛津时，曾将自己的一套旧衣服送给一位穷朋友伍德穿，哪知道后者从衣服的口袋里，意外发现了王尔德写给道格拉斯的四封信。这位伍德意识到可以敲诈两位富裕的学友一把。于是，他以返回其中三封信为条件，要王尔德付出代价。他又支使另外两个敲诈者，利用剩下的一封信敲诈王尔德。

昆士伯里侯爵追根溯源，根据种种端倪，认为王尔德很可能是一位同性恋者，于是就开始写了封措辞严厉的信，要求儿子终止与王尔德的关系，若不断绝与王尔德的关系，就断绝他的经济来源。这封写于同年4月1日的一封信里，昆士伯里侯爵威胁儿子：

> **"我不想去分析你们的这种亲密关系，我也不会提起控诉，但在我心里这是一桩不可能再坏的事了。"**

想不到，儿子道格拉斯断然拒绝了父亲："你是一位多么可笑的小男人！"

一气之下，昆士伯里侯爵决定向王尔德发难。1895年2月14日，王尔德的戏剧《诚实的重要性》首演，昆士伯里侯爵试图弄到一个座位，在演出中间向观众发表演说，侮辱剧本和演员，并在演出结束王尔德走到幕前时，向他扔垃圾。这显然是想通过作品来摧毁作者名誉的阴险诡计。但他在得意忘形之下，在人前夸口说出了他的计划。王尔德得知以后精心做了安排，他通知了警察。当昆士伯里侯爵带着他的拳击手来到圣詹姆斯剧场时，发现各个入口都有警察把守，他使尽浑身解数也进不去，他在剧场外踌躇了三个多小时，最后才像只大猴子一样骂骂咧咧地走了，临走时在剧院门口给王尔德留下一把"奇形怪状的蔬菜花"。王尔德后来对道格拉斯说："当然，这只能使其行为更像个傻瓜——使其尊严荡尽。"

　　严格说来，王尔德跟法律的致命冲突，是他自己挑起的。而且，在对王尔德风化案的三次审判中，第一次他是控告人，告昆士伯里侯爵"诽谤"。这次审判，于1895年3月9日在大马尔波罗街法院，原告的律师是休姆夫雷斯和爱德华·克拉克，被告聘请的律师是爱德华·卡森和吉尔。

　　其中，被告的辩护人之一卡森，曾与王尔德是大学同学，虽然在大学期间和毕业之后两人的关系都很一般，但自己的同学打官司的确也不是让人愉快的事，另外卡森对打赢这场官司也没信心，以王尔德的声望与地位，加上一直没找到相关的确切证据都使他犹豫不决，直到律师事务所告诉他已经找到一个名叫查理·帕克的证人，可以证明王尔德与道格拉斯曾在萨瓦旅馆发生过猥亵行为，他才决定接下这个案子。开庭后：

　　　　休姆夫雷斯问："你是剧作家和作家吗？"
　　　　王尔德：（傲慢地）"我相信我是著名的剧作家和作家。"
　　　　法官：（严厉地）"请只回答问题。"

　　显然，这给法庭留下了傲慢无礼的第一印象。过程中，王尔德自己的律师询问他：

　　　　克拉克："你是这个案子的原告？"
　　　　王尔德："是的。"
　　　　克拉克："我想你38岁了吧？"
　　　　王尔德："我39岁了。"

王尔德慢腾腾、不经心的态度，并且说错了自己的年纪，一下子给法庭留下了不好的印象：他说谎成性。果然，对方律师卡森交叉询问时，一开头就说：

> **卡森：**"在对你的询问开始的时候，你说你39岁了。我认为你40多岁了，是不是这样？"
> **王尔德：**"不对。我认为我或者39岁或者40岁，我下一个生日是40岁。"

尽管王尔德凭借自己的口才狡辩了一番，但已经无可挽回地失信于法庭了。

接着，双方就昆士伯里侯爵写给儿子的一张明信片质证，那是要求道格拉斯断绝与王尔德的关系的请求，因为王尔德是一位"鸡奸者"。

尽管在王尔德朋友圈子内部和外围的人们都知道他滥交，知道他对道格拉斯的强烈感情，而且知道这使他受到敲诈和道格拉斯半疯的父亲昆士伯里侯爵的暴力威胁，但法律一直没有注意到他，直至昆士伯里侯爵称王尔德为"装腔作势的鸡奸者"。这实际上比直截了当地称他为鸡奸者更温和，而且如果王尔德告昆士伯里诽谤的话，要更容易辩护，更不容易牵涉到道格拉斯。王尔德起诉昆士伯里诽谤，迫使法律插手这一事件。尽管蒙哥马利·海德相信王尔德的说法，即他从未如吉尔伯特所说，"手中拿着一枝罂粟或百合花，穿过皮卡迪利大街"，但还有许多其他事情，包括《道连·葛雷的画像》所隐含的性意味，都可以被昆士伯里侯爵用来为自己辩护。

在审判开始前不久，昆士伯里侯爵的律师记录了王尔德光顾过的几个年轻男妓的证词。至迟至4月1日或2日，在审判前透露证据的过程中（透露discovery，指审判前当事人必须透露事实真相或有关文件的内容），王尔德和他的律师已经知晓了这些证词的内容。王尔德还有时间撤诉。审判定在3日开始，但王尔德没有采取任何行动。

王尔德给过昆士伯里侯爵的密探们找到的那些年轻男妓金钱和珠宝，并在伦敦西区的高级俱乐部和餐馆里请他们吃过饭。尽管他曾经郑重地以一个英国绅士的荣誉对他的律师起誓——当然，他其实是爱尔兰人——昆士伯里侯爵的侮辱是毫无根据的，王尔德其实比任何人都清楚，他的活动足够受到严重得多的指控。

被告方律师卡特从多方面，甚至王尔德以前的各种作品中，展开了攻击。

　　卡森："听着，先生，这是你写的《供年轻人使用的至理名言》中的一句：'邪恶是善良的人们编造的谎言，用来说明别人奇异的吸引力。'（笑）你认为这样说对吗？"

　　王尔德："我很少认为自己写的任何东西是对的。"

　　卡森："你是否说'很少'？"

　　王尔德："我是说'很少'，我应该说'从不'。卡森："你写的东西没有对的？"

　　王尔德："根据事实来说是不对的，它们只表达任意的矛盾情绪，快乐的情绪，无意义——但就生活中的实际事实来说，它们是不对的。想到这一点我很遗憾。"

　　卡森："'宗教被证明是正确时就消亡了'，这对吗？"

　　王尔德："是的，我认为如此。它表明科学吞没了宗教的哲学观。但这问题太大，我现在不想深入探讨。"

　　卡森："你认为让青年人来遵循这样的格言是否有害？"

　　王尔德："我觉得它最能激励人的思维。"

　　卡森："'说真话的人迟早要被揭穿'呢？"

王尔德："这是一条可爱的悖论，但作为格言，我并不十分看重它。"

卡森："你认为这对年轻人而言是一条有益的格言吗？"

王尔德："任何东西，只要能激发任何年龄的人们的思想，就都是好的。"

卡森："任何能激发思想的东西？"

王尔德："对。"

卡森："不问首先与否？"

王尔德："思想中根本不存在首先问题，只有不首先的感情。"

卡森："再听这句：'享乐是人们活着的唯一目标。'你认为快乐是人生活的唯一目的？"

王尔德："我认为自我实现是人生的首要目标，通过享乐来实现自我胜于通过忍辱负重来实现自我。关于享乐，我完全站在古人——古希腊人的立场上。这是一种异教观点。"

卡森："'关心行为的正确与否表明了理智的发展已停滞不前'，这句呢？"

王尔德："啊，你问我问题了吗？"

卡森："我问这是不是你的观点？"

王尔德："噢，不，当然不是。"

卡森："那你为什么将它作为'供年轻人使用的至理名言'之一呢？"

王尔德："如果你允许我回答，那是因为它包含了一种半真理——只是用一种非常随意的、矛盾的形式表达的半真理，它包含着一半的真理。"

卡森："当不止一人相信时，真理便不再是真理"？

王尔德："完全正确。"

卡森："你认为正确吗？"

王尔德："是的，这是我对真理下的抽象定义。真理完全属于个人，同一真理绝不可能为两个人所理解。这个人认为是真理，另外一个人可能不认为是真理。每个人都有自己心中的真理。"

卡森："完美的境界是无为，完美的目标是青年？"

王尔德："哦，是的，我认为是这样，至少部分是对的。我认为沉思默想的生活是最崇高的生活，哲学家和圣人对此也表示认同，沉思的生活。"

审判中，卡森加紧就"爱"的具体行为对王尔德进行了不屈不挠的攻击：

卡森："那就让我们逐句仔细看一下。'我得承认，我疯狂地崇拜你'，你这话是什么意思？你自己曾疯狂崇拜过一个年轻男子吗？'

王尔德："是的，但不疯狂。"

卡森："崇拜他？"

王尔德："我曾在生活中爱过一个朋友。"

卡森："你要求我用自己的原话：崇拜。"

王尔德："我更喜欢'爱'这个词，这是一种更高的形式。"

卡森："你不必在意'高级形式'，就让我们保持在我们目前的水平上吧，你自己在小说中所用的词的水平。"

王尔德："你就用你的词，我用我的词。不要干涉我。"

卡森："很抱歉。我是应你之求只用你自己的词。现在请回答我一个简单问题：你是否曾经疯狂地崇拜过一个比你年轻很多的美丽的男子？"

王尔德："除了我自己，我谁也没崇拜过。"

> 卡森："我想你认为这是一件很聪明的事？"
>
> 王尔德："一点也不。"
>
> 卡森："那么，你从未有过那种感情了？"
>
> 王尔德："没有。惭愧地说，这种观点是从莎士比亚那里借来的，对，是从莎士比亚的十四行诗里借来的。"

不用说，卡森顶住了王尔德在审判的第一天的语言进攻。那时《认真的重要》一剧正在上演，

王尔德自以为他可以毫无妨碍地在法庭里扮演奥斯卡，在城里扮演王尔德，但不久他就发现不是这么回事。前一个夏天，在写作《认真的重要》的时候他就受到了昆士伯里要他和道格拉斯分手的威胁，并咨询过他的律师。那时他可能已预料到会出现麻烦。

这样，当审判进行到一半时，王尔德的律师克拉克得知这些年轻男妓已来到法庭，他极为震惊，力促王尔德在他的这些相好应召做证之前马上撤销对昆士伯里的起诉。跟他同样吃惊的王尔德马上同意了。他被迫承认，昆士伯里的侮辱是有根据的，是为公众利益服务的，而男妓们的证词可以受到质疑，但如果陪审团相信他们的话，王尔德就会遭受灭顶之灾。他的律师这时只能以退为进，希望王尔德的认罪会使风波平息下来，可以免遭进一步的损害。

其实，如果王尔德早先听从朋友们的忠告，对昆士伯里的侮辱不加理睬，那么检察院要对他侦查的话，就会揭开许多丑闻的盖子。它很可能必须对英国统治阶级的相当大的部分，也许包括首相和王室成员，提出类似的指控。毛里斯·斯瓦勃是王尔德的朋友，他是介绍王尔德认识那些男妓的皮条客。斯瓦勃是副检察长弗兰克·洛克伍德的外甥。在王尔德的一审以陪审团未能做出判决告终之后，洛克伍德在二审时成功地以"严重有伤风化罪"起诉了王尔德。在一审时，有人做证看见斯瓦

勃在巴黎的一家宾馆里与王尔德同床共枕。一位助理检察官对证人说，"暂时别管这事。"二审时，就没再让这位证人做证。

2

在英国，公开的"有伤风化行为"一直是被禁止的。并且1885年刑法的一条修正款禁止男性在私下有这样的行为。正是根据这一修正款当局审判和监禁了王尔德。

王尔德撤诉之后几小时，昆士伯里就把男妓们的证词交给了公诉人。依靠这一证据，检察院马上对王尔德提出了指控。当天晚上他在卡多甘饭店被捕，并被带到警察法庭所在的博街传讯，第二天又被戴上镣铐送到霍洛威监狱。

这一次原被告调了个个儿，昆士伯里成为原告，王尔德成了被告，这一桩反诉案就叫"王尔德被控有伤风化案"，审讯时间为1895年4月26至5月25日，在老贝利中央刑事法院开放审理。

昆士伯里威胁说如果王尔德在起诉他诽谤失败之后逍遥法外的话，他就要敲诈他们。其实不论自由党政客是否插手，检察院都会对王尔德提出指控。报纸详细地报道了审判，并等待着王尔德被捕。息事宁人是不可能的。自由党的领导人也许曾担心，他们的首相罗斯伯里勋爵可能与他的私人秘书、昆士伯里的长子德兰姆兰里格勋爵有过一段风流韵事，对王尔德的指控会引起人们对这种事的注意。

王尔德在审判前一两天得知，那几个年轻的男妓已经答应为昆士伯里做证，他的朋友弗兰克·哈里斯对他发出警告：继续把官司打下去你就意味着"自杀"，但是这话王尔德不置可否。本来，一开始王尔德也倾向于接受哈里斯的忠告，但遭到道格拉斯的激烈反对。王尔德和往常一样，无法拒绝道格拉斯的要求，只得默许了。

问题还不止于此。王尔德的律师也就不应当相信他无罪的自我表白，但律师却决定还是要打这场官司，那只是因为他们想参与到一场注定会具有历史意义的审判中去。因为王尔德和他的律师相信，那些男妓可能会害怕连累到自己，或者害怕即使做了证陪审团也不会相信他们，因而会拒绝做证。然而他们似乎没料到，检察院可以动用豁免权，而昆士伯里可以用几个英镑来换取他们的证词。王尔德不听哈里斯、萧伯纳和其他朋友的忠告，愚蠢地去打一场无法胜诉的官司，终使他成了自己的案件起诉人！

王尔德一案的操心者还包括了安德烈·纪德的忠告，认为他采取这一注定要失败的行动，除了作为自我毁灭性的愚蠢以外很难解释，而这正是由他对道格拉斯的一味服从而引起的。他的哲学信仰迫使他向一个不诚实的社会挑战。但为了把一条哲学原则戏剧化，而去拿自己的自由、名声和妻子、九岁和十岁的两个儿子的安全冒险，这就是另一回事了。王尔德对抗维多利亚时代的虚伪的强大武器是他的笔，还有所谓的"个性"这个他自创的特点。但他必定知道，在监狱里它们将被剥夺。

> 吉尔："你认为，王尔德先生，这里提到的'羞耻'是那种谦逊意义上的羞耻吗？"
>
> 王尔德："这首诗的作者就是这样向我解释的。这首十四行诗在我看来似乎晦涩不明。"
>
> 吉尔："1893年和1894年间，你经常和阿弗雷德·道格拉斯勋爵在一起？"
>
> 王尔德："噢，是的。"
>
> 吉尔："他给你读过这首诗吗？"
>
> 王尔德："是的。"
>
> 吉尔："你或许能理解这样一首诗，智力一般的读者是无法接

受的？"

王尔德："我不准备这样说。在我看来这似乎是趣味、气质和个性的问题。应该说一个人的诗是另一个人的毒药！"

吉尔："我敢说是这样！下一首诗是描写'两种爱'的，其中有这样的诗行：

'甜蜜的年轻人，告诉我你为何悲哀而叹息着/漫游在这欢乐的王尔德国？请你对我说实话，你叫什么名字？/他说：我的名字叫爱。/接着，第一个人转身直面着我，/喊道：他说谎，他的名字叫羞耻。/但我是爱，我想/独居于这美丽的花园，直到他夜晚/不请自来；我是真正的爱，我让/少男少女的心里充满互燃的火焰/随后他叹息着对另一个说：冷静些吧，/我才是不敢说出名字的爱。'"

吉尔："你觉得这首诗怎么样？"

王尔德："我认为它很可爱。"

吉尔："你对它的意义没有什么疑问吗？"

王尔德："绝对没有。"

吉尔："难道它所描写的爱与自然之爱和非自然之爱都有关？这不是很明显吗？"

王尔德："不是的。"

吉尔："什么是'不敢说出名字的爱'？"

王尔德："'不敢说出名字的爱'在本世纪是一种伟大的爱，就是一位年长者对一位年幼者的那种伟大的爱，就是大卫和乔纳森之间的那种爱，就是以柏拉图作为自己哲学基础的那种爱，就是你们能在米开朗琪罗和莎士比亚的十四行诗中发现的那种爱。这是那种深深的、热情的爱，它的纯洁与其完美一样。它弥漫于米开朗琪罗和莎士比亚那些伟大的艺术作品之中，以及我的那两封信中，它们就是表达这种爱的作品。在这个世纪，这种爱被误解了，误解之深，它甚至被描述为'不敢说出名字的爱'，为了描述这种爱，我站在了现在的位置。它是美的，是精致的，它是最高贵的一种感情，它没有丝毫违反自然之处。它是思想上的，它不断出现于年长者与年幼者之间，当年长者拥有才智时，年幼者的面前就会拥有所有的生活快乐，所有希望和生活的魅力。这个世界不理解这一点，而只是嘲讽它，有时还因为它而给人带上镣铐。"

法官查理："如果再有任何感情的表示，我将请求法官清场。法庭必须保持绝对安静。"

吉尔："那么就没有理由称其为'羞耻'了？"

王尔德："哈，你会看出它是对另一种爱的嘲讽，即嫉妒友谊的爱，后者对它说：'你不应该干涉。'"

王尔德竟然还幻想着，操纵那不烂之舌，对着法官和律师们陈述他的美学观点，但法官已经不允许这样做了。

王尔德："他们关于和我在一起的证词，以及一起吃饭的证词，我送给他们小礼物的证词，基本上都是对的。但他们所说的和我发生猥亵之事的证词没有一点是对的。"

吉尔："你为什么要和这些年轻人在一起？"

王尔德："我喜欢年轻人。"

吉尔："你赞美年轻人是神？"

王尔德："我喜欢研究一切年轻的东西。青春本身有一种让人着迷的东西。"

吉尔："这么说你喜欢小狗胜于大狗，小猫胜于大猫了？"

王尔德："我想是的。例如，我和最著名的Q·C一样，喜欢和没胡须的、没生意的律师在一起。"

吉尔："我希望前者，我用大写字母表示的那个人，能够欣赏你的赞美之词。这些年轻人的地位都比你低得多？"

王尔德："我从不问，也不在乎他们是什么地位。我发现他们大多数情况下是聪明而可爱的。我发现他们的谈话有了改变，这就像一种精神的滋养……"

现在，轮到王尔德的律师克拉克做结案陈词了：

"阿弗雷德·道格拉斯勋爵写的那两首诗与王尔德的关系就和我的关系一样，或者与你们这些先生的关系一样。根据文学作品而且还不是他本身的作品而是别人的作品，我们怎么评价我们的诗人的道德？一位诗人不应该对别人的作品负责，就如一位描绘谋杀案的艺术家本人不能被当成谋杀犯一样。

"至于王尔德先生在那些信中表达的他自己称为纯洁、真诚的感情绝对与那些设施者所说的猥亵行为无关，也不可能有关。还有，如果王尔德先生有罪，他会愿意站在证人席上？然而，他勇敢地站在了证人席上，无畏地面对对他的一切指控。王尔德先生并非普通人。他写过诗、散文、辉煌的剧本、迷人的随笔。他在青年时代就接受过世界文学的训练，而非仅仅是英国文学的熏陶，他接受的那些帝国文学，对我们而言都仅仅是一个个名字而已。他写信的格调在一些人看来似乎轻浮、夸张，荒谬，但他并不羞天下无双或害怕讲这些话时，难道没人相信他？

"你们要摆脱脑子中的那些偏见——这些偏见这几天一直漂浮在周围，要让你们完全摆脱这些偏见是不可能的，但判决要公正，扭转就应该绝对清明。我相信，你们认真思考的结果将能满足那些成千上万目前悬浮于你们的决定的希望，将会还我们如今这个时代一位最著名、最有成熟的文学家以清白，而还给他清白，也就是清除了社会的一个污点。"

——然而，社会不会这样去"清除"自身的污点的，正如第二次开放的原告律师吉尔在结案陈词中，法官发言时所说的那样：

"陪审团的先生们，请你们记住，王尔德先生是发过誓的，而且是他自己最初要求就昆士伯里侯爵对他的指控进行调查的。"

接着，他又提醒陪审团考虑：是否相信王尔德在旅馆与那几位男妓发生过"不洁的行为"，其中的一个青年泰勒是不掮客，等等。

最终，法官威尔斯宣读了判决词：

"奥斯卡·王尔德和泰勒，你们犯下了如此严重的罪，任何听了这两次可怕的审判细节的有地位的人，都不得不严加控制，才能够阻止自己用一种我宁愿不用的语言，去描述在我心中产生的感情……你，泰勒，开着一家男妓院，这是毋庸置疑的。而你，王尔德，则是由最邪恶的年轻人构成的腐化团体的中心，这同样是毋庸置疑的。鉴于此，我将通过法律允许范围内的最严重的判决。法庭判决如下：

你们两人都将被监禁，并服两年的苦役。"

——当时，王尔德脸上露出恐惧的神情：

"还有我吗？我什么也不能说了吗？法官大人！"

3

本来，王尔德在接受了昆士伯里的侮辱之后，他将被捕已经是不可避免的事情。这时王尔德肯定知道，戏已经演完了，现在他应该听从朋友们的劝告，去法国逃命。然而他留了下来。发出拘捕令的那位博街的执法官似乎给他留下了足够的时间，让他可以到达英吉利海峡。但他仍处于道格拉斯的控制之下。艾尔曼认为，"他的固执、勇气和骑士精神也在使他留下来。他不屑于做一个亡命者，潜藏在黑暗的角落中，而要在聚光灯下做人们注意的中心。"更可能的是他自己也不知道为什么留了下来。当警探们来逮捕他时他已经喝得半醉。他留下了一个打了一半的包，却带走了一本黄封皮的书。（指当时的唯美主义的刊物《黄面志》The Yellow Book）。

王尔德在他的生活被毁之后，在狱中写了《倾诉》，在其中他对道格拉斯说道：

> "我在你的陪伴之下，在汉弗雷斯律师（特拉维斯·汉弗雷斯的父亲）那里的那些没完没了的谈话，让我不堪回首。我和你坐在一间光线阴惨惨的冰冷房间里，一本正经地对一个秃顶男人撒着弥天大谎，直到我简直要发出呻吟和厌倦地打起呵欠。在跟你交了两年朋友之后，我发现自己处于庸俗市侩的最中心，远离了一切优美、杰出、奇妙、大胆的东西。最后我必须为了你，以正派行为、禁欲生活、有教益意义的艺术的捍卫者的身份挺身而出。Voilà où mènent les mauvais chemins!（法语，意为"这就是误入歧途的结果！"）"

但王尔德对关键的问题避而不答。他为何不接受朋友们的劝告，对昆士伯里的攻击置若罔闻，并告诉道格拉斯说，他不愿为了让道格拉斯可以在法庭上张扬家丑，而去威胁自己的自由、地位和家庭的安全。他的朋友弗兰克·哈里斯劝王尔德让道格拉斯和他的父亲自行了断。乔治·路易是他平时的律师，但在昆士伯里事件的早期王尔德没有咨询过他。昆士伯里本人聘请过他一段时间，直到路易发现实在难以和他打交道为止。路易在王尔德将要被捕的那天对他说："现在我已无能为力。你要是有足够的见识，在当时就把昆士伯里的名片带来给我，我就会把它撕得粉碎后扔在火炉里，并告诉你不要去做蠢事。"

道格拉斯早先曾建议过王尔德去咨询路易。过去王尔德总是听从路易的建议。但当王尔德去找他的时候，路易已经受聘于昆士伯里。王尔德没有早点去咨询路易，也许是因为害怕路易会让他对昆士伯里的侮辱置之不理，这会引起他和道格拉斯的争吵。王尔德也许自己也想上法庭，因为他害怕除非他在法律上让昆士伯里闭嘴，不然他会一直受到骚扰，直到他和道格拉斯分手才罢。而这是他不愿意或不能够做到的。不管王尔德的动机为何，道格拉斯都处于其中心。王尔德无节制地在时间、金钱和感情上迁就他。王尔德出狱之后，在巴黎一文不名，而道格拉斯在父亲死后，继承了两万英镑。王尔德要求道格拉斯赠予他一小笔款子，道格拉斯气冲冲地拒绝了。他对王尔德说："我的钱只够自己花的。"还指责他像一个年老色衰的妓女那样"索要钱财"。

王尔德写道："自我牺牲是野蛮人自残风俗的遗留，是过去对痛苦的崇拜的一部分。它是世界历史中如此可怕的一个因素……"尽管如此，他把自己放在祭坛之上，除了被道格拉斯及其家庭"逼上梁山"之外，没有更好的借口，好像在他生命中最重要的关头，他的意志失去了作用。

《倾诉》里面王尔德责备道格拉斯逼他对律师撒谎的一段，他还夸张地写道："人们认为，我招待那些生活中的邪恶分子吃饭，从他们的陪伴中得到的乐趣是可怕的。但是，作为一个生活中的艺术家，从我的角度来看，他们富有刺激性，令人兴奋，令人浮想联翩。这就像跟饿豹一同进餐，危险就是其兴奋的一半。"但这些年轻男妓根本不是饿豹。他们是品行不端、智力低下的失业马夫和男仆，王尔德雇他们来是为了性而不是思想上的刺激。王尔德称他们为邪恶，是接受了他所轻蔑的官方道德。他们不过是些男妓。

可怕的是，那些少年是无害并且意志薄弱的。在他们的头脑里，除了被王尔德置之不理的一些笨拙的敲诈之外，没有更阴险的东西。论文集《爱尔兰人王尔德》的编辑杰鲁沙·默考麦克认为，正是这些过分做作的段落，使得萧伯纳将《倾诉》称作"喜剧"。它当然不是。王尔德一直有夸张的瘾头。他给道格拉斯的信的过分感伤可以从他当时写作的条件得到解释。对于作家而言，他还刻意追求片面的深刻，正是理性在情感面前的一次"放纵"。

王尔德毕竟是艺术家啊，在入狱前，他曾在审判中，为自己的小说《道连·格雷的画像》与当时出庭的学生时代的死对头卡森进行了这样的辩护：

卡森："你在《道连·格雷的画像》引言中写道：'世上没有所谓道德和不道德的书。书只有写得好与写得坏之别。'这段话是否表达了你的想法？"

王尔德："是我对艺术的想法，没错。"

卡森："那我是否可以说，无论一本书有多不道德，只要写得好就算是好书？"

王尔德："没错。如果这本书能够创造出美感；达到人类能力所及的最高境界，就是一本好书。书写得不好只会让人恶心。"

卡森："那么一本写得好却表达了违反道德观点的书也可以是

好书了？"

王尔德："任何艺术作品都无法表达观点。观点属于人，而非艺术家。"

王尔德一直坚持自己的观点，文学只创造美感，而与社会道德无关。如果道德不能使人的心灵变得高尚，而只是让人们学会伪装，这样的道德只对那个虚伪的上流社会有用，而对文学却毫无价值，因此王尔德说，他觉得最有趣的就是能够娱乐工人阶级，激怒中产阶级以及迷惑贵族阶级。

以放纵来表达生命的自由，以玩世不恭来蔑视上流社会的虚伪，以片面的深刻来击溃道德的清规戒律，这成了王尔德生活和写作的思维方式，甚至成了他的行为方式。这不仅引起了贵族阶层的不满，连另一位唯美主义代表人物瓦德·佩特都说，王尔德拥有太多的知识，但却过于粗鲁、自私地将这些知识运用于感官快乐方面，他属于不想付出劳动就想尝到收获果实的快乐的人。由此可以看出他不羁的行为是多么的惊世骇俗，又是引起了多少人的误解！

但是，放纵与不羁总是与自由相伴相随的，也许正是这样，使他不仅获得了表演的快乐(王尔德一生都像一个有点"人来疯"的孩子)，而且使他讽刺的技艺更加成熟，对悲剧的认识也更加深刻。他最伟大的作品《道连·格雷的画像》和《莎乐美》都与他的这种生活态度以及生活方式有关，他的才华也正是通过这种方式才拥有了横空出世的震撼力。王尔德一直为自己因放纵不羁而表现出来的卓尔不群扬扬得意，他说："我的生活靠的是天才，我的写作靠的是本事。"其实他一生都在为自己寻找能表达他的人格魅力的写作形式，能充分发挥他的天才的写作形式，但他更在意的是他的生命在现实生活中能否演绎出更多精彩的篇章。

我们不得不承认，王尔德正是因为这样活过，所以才这样写了。他和别人的活法不同，所以他和别人的写法也不同。或者也可以这样说，因为他活到了这个份上，他才写到这个份上。他让我们看到了，写作与生命是如此的密不可分。

作为幕间插曲，一个叙事人就王尔德的性取向采访了一位教授。在说了一些学术上的套话之后，叙事人问："为什么王尔德不在他喜欢男人这件事上说真话？"教授答道："……他是撒了谎，但是，这不……（尴尬地笑）……这是个很棘手的道德问题。从伦理上来说，我认为他撒了谎并没有什么大不了的。我想他们试图做的，是惩罚同性恋，是遏制王尔德造成的混乱，而且这是许多方面的混乱，阶级的、性别的，嗯，还有性取向的，而且他们很成功地做到了这一点。可是，这时王尔德已经把这些思想释放进了西方文化，并且如你所知……它们依然存在。"所以，尽管王尔德在法庭对自己的性取向缄口不言，但他最终还是表现了自己，并为时代精神做出了贡献。

据说，考夫曼给了王尔德最后发言的机会，这位才子如是说：

"我拥有天才、高贵的出身、崇高的社会地位、杰出的才能、大胆的思想。我使艺术成为哲学，使哲学成为艺术。我改变了人们的头脑和事物的颜色。我所说的话所做的事没有一样不让人们惊叹的。不管我着手做什么我都赋予了它一种新的形式美。我把艺术当作最高的现实，而把生活仅仅看作一种虚构。我唤醒了这个世纪的想象力，以致它在我的周围创造了神话和传说。我用一句话就能概括所有体系，用一句格言就提炼了全部生活。"

名人拾锦：口语之花绽放在舌尖下

07

一、我是雄鹰，所以我拥抱鹰旗

——拿破仑口才一瞥

在中国，不少影视明星都有名言警句流传于世，比如"我是××我怕谁？""光秃秃的马路不长草，聪明的脑袋不长毛""浓缩的都是精华"……

——好吧，就来说说那句"浓缩的都是精华"。配得上这话的人，不止中国的潘长江，还有法国的拿破仑，盖因他被讥讽为"矮小的科西嘉人"而已！即使在银幕上，例如《拿破仑在奥斯特里茨》，也显露了他身体的矮小：当他来到御用的裁缝那儿量身体，以便剪裁合适的衣裤，谁知那裁缝一量就大吃了一惊：怎么皇上突然"长高"了一些？随后再一瞧，可不是吗，皇上原来正踮着脚尖儿呢！破绽被揭穿了，这位皇帝尴尬地笑了笑，拍着老裁缝的肩，演出一般吐出一句话来："请多多包涵！"

这身高的事，是包涵得了的吗？其实，一米六就是一米六，如果他早知中国有"浓缩的都是精华"这句格言的话，他就不用那么犯窘了！

拿破仑就是如此幽默谐趣，难怪电影界老是盯着他——据说，在世界所有名人中，拿破仑被搬上银幕的次数最多……

1

谁都知道，叱咤风云的拿破仑，在16岁的时候，还只是一名下级军官，24岁就被晋升为准将，30岁成为法国第一执政，35岁加冕为皇帝。历史学家们认为，矮小身材的他却有着超人的精力，非凡的胆识，雄狮般的勇猛，就连他在英雄末路时的悲歌也那么的感人！难怪1814年4月20日，欧洲反法联盟攻占巴黎，拿破仑被迫逊位，最后被放逐厄尔巴岛了。但是，在那临行前同老近卫军告别时，他却发表了他一生中最为著名的一次演讲——《拥抱鹰旗》：

> "我的老近卫军士兵们，我要向你们告别。20年来，我们一起在通往荣誉的大道上前进。最后一段时期，如同我们鼎盛时期一样，你们仍不失为勇敢和忠诚的模范。有你们这样的士兵，我们的事业绝不会失败。但是战争将永无休止，将演变成内战，会给法国带来更加深重的灾难。
>
> "为了祖国的利益，我牺牲了一切。我走了，但是你们——我亲爱的朋友们，将继续为法兰西尽忠。她的幸福是我唯一的牵挂，也是我唯一的心愿。不必为我的命运惋惜，如果我愿意苟活下去，那是为了替你们的光荣效劳。我打算将我们共同创造伟大成就的历史记录下来。"
>
> "再见了，我的朋友们。我可否将你们全体刻在我的脑海里。给我鹰旗吧，我也想拥抱它！再见了，朋友们！永远保持英勇和高尚。不要忘记我！

虽然，拿破仑的名言是"不想当元帅的士兵，不是好士兵"，但他也深知，自己的名望、威信，全来自于万千大众，来自于历史的给予，所以，他才号召他的人民，千万不要忘记历史上那些名人伟人，也千万要记住那些创造历史的人民——

"让那些准备在法国挑起内战的人等着吧！让那些卑鄙地杀死我们的驻外使节和烧毁我们土伦的军舰的人等着吧！复仇的时刻到了！但是，要叫老百姓放心。我们是一切老百姓的朋友，特别是布鲁图家族、西庇阿家族和一切我们奉为典范的大人物的后裔的忠实朋友。恢复卡皮托利小山上的古迹，在那儿恭敬地竖起一些能使古迹驰名的英雄雕像吧。唤醒罗马人，使他们摆脱几百年的奴役造成的昏沉欲睡的状态吧。这些将是你们的胜利果实，这些果实将在历史上创造一个新的时代。不朽的荣誉将归于你们，因为你们改变了欧洲这一最美丽部分的面貌！"

回首一次次战役，告别时的这位将军百感交集。是的，他能不百感交集、五味杂陈吗？他率领的是一支曾经那样衣衫褴褛、半饥饿的、士气低落和纪律涣散的军队，可是，经过他的调教，当士兵们的尊严和荣誉感被激发起来时，他们彻底地焕然一新了！而且，上下级将军和战士融洽，军中再也无人怀疑拿破仑的权威和指挥能力，他获得了战胜敌人最宝贵的信仰、合作和精诚团结。例如，在凯拉斯科的又一次战役获胜之后，他向士兵们发表了一段鼓舞人心的演说词：

"士兵们，你们在15天内取得了6次胜利，缴获了21面军旗和55门大炮，攻克了许多坚固的阵地，占领了皮埃蒙特最富饶的地区，俘虏了15000名敌军，杀伤敌人1万多名。你们什么都缺少，但补充了一切。你们没有大炮，而打了胜仗，没有桥梁而渡了河，没有鞋而急行军，没有酒和充足的面包却时常需要露营。士兵们，祖国期望你们去取得重大成就，你们不会辜负祖国的期望吧？你们还有许多仗要去打赢，许多阵地要去夺取，许多河要去渡过。你们当中是否有人勇气低落了呢？没有！我们所有的人都要确立光荣的和平，我们所有的人都希望，在回到自己村子的时候，能说上一句：我曾经在战无不胜的意大利军团作过战。"

这就是点击心窝的贴心话，这更是敲击心扉的鼓点声，那种身为军团一兵的自豪感，能不化作满满的勇气和战斗力吗？

2

我们舍去拿破仑所有的关于战争的光辉描绘，仍愿意对这位200年前的伟人的口才，投以致敬的目光……

范恩是拿破仑的一位秘书，跟他多年了，他觉得那是一份苦差事。但有一天，拿破仑圣心大悦，冲着范恩的耳朵对他说：

——你将来也会万古留名的。
——陛下为何这样说？
——你不是朕的秘书吗？

人们常说，官兵一致。其实，会开士兵的玩笑的长官，才能成为士兵们所尊敬的上司。那些同拿破仑朝夕相处的人，该是何等的开心啊——这种开心，与一个地位高的人，能放下身段颇有些关系。尤其是，当一个伟人还是无名小卒时，更能看出他的真性情来。拿破仑年轻时曾经狂热地追求约瑟芬，给她写了大量的情书，其中一封写道：

"我的心在忍受着难言的煎熬，世上任何一个女人，都没有像你一样，能给人如此忠贞、如此炎热、如此情意缠绵的爱！没有你，我什么也做不了！我不敢想象在认识你之前，我是怎么活到今天的！佩德尔（古罗马寓言家）说过：对我来说，你是一个我无法理解的魔鬼！"

够狂热了吧。可是，当他在埃尔阿里的前沿沙漠阵地上，听到妻子不忠的消息时，他又怒不可遏，不顾颜面，当着部属的面，呼天抢地又语不成声地发泄起来：

"啊！约瑟芬！……我在千里之外，你竟然欺骗我到如此地步！……离婚！我要把这件丑事弄得人人皆知！……让他们见鬼去吧！……我要把这两个不安分的贼男女统统绞死……"

果然，他凯旋回到巴黎以后，人们视他为拯救法国的英雄。约瑟芬却后悔莫及，为求得拿破仑的宽恕，她在其寝宫外哭了整整一夜，眼看她眼泪已干，已经再也没有促使丈夫回心转意的希望了，拿破仑却突然打开房门，向她张开了双臂……那一刻，她才发自肺腑地意识到：自己真的爱上了拿破仑这个魔鬼！这才是人性大发的必然，谁说这样的战地雄鹰冷酷呢。

拿破仑既善于坚持，同样也善于妥协，而且妥协得很有艺术性和幽默感。在流放厄尔巴岛的那些日子里，岛上的管理者矿长蓬斯，曾与拿破仑有过争吵，起初是围绕金钱问题，皇上要蓬斯把矿上的收入悉数交给他，蓬斯却认为它应当归于有勋位的团体所有，没有该团总管的命令，他不能自作主张。但皇上固执己见，二人争吵起来。

——朕命令你把钱交出来！

——我不能从命。

——那朕就派兵去收缴。

——我会把那些个士兵从窗口扔出去的！

争吵持续了四个月之久。后来，争吵又转到了一批变质的面粉上。由于岛上驻军拒绝食用某种面粉，拿破仑于是叫矿上试着做成面包给工人吃，蓬斯认为士兵吃不得的东西，工人也不能吃。拿破仑大为不悦，说："这些面粉根本没坏。"结果，蓬斯找人做了一袋面粉的面包，并把医生和药剂师请来，由自己和几个身强力壮的人首先尝了尝，结果真有不适之感。蓬斯于是发誓："谁要再让工人吃这种面粉，必须先把它剁成肉泥！"拿破仑从未遇到如此大胆的顶撞，不由得暴跳如雷：

——先生，朕现在还是皇帝哩！

——我呢，陛下，我也不是一个法国人呢。

拿破仑远征埃及时，带了一批艺术家和科学家，谁都知道，他有句名言："让他们走在队伍中间！"这是因为，中间最为安全，那句话成为他重视人才的最佳名言之一。不过，鲜为人知的是，那次远征的行动，拿破仑何以突发奇想，命令带上一批文人呢？

原来，1797年年末的时候，督政府决定让拿破仑率军前往东方时，他坚持要成立一个"埃及研究院"，需要一定数量的艺术家和科学家。消息传开，报名者踊跃。诗人阿尔诺说，督政府通知他，要他听从从意大利凯旋的拿破仑的调遣。可他不能离开巴黎，于是向拿破仑提出辞呈。为此，拿破仑与他有了这样一番对话：

> 拿破仑："再过几个月，我们就会成为人们竞相谈论的话题。不管你怎样想，这一次，我一定要带一个诗人、一个作曲家和一个歌唱家去。请把我的意思转告杜西、梅于尔和拉伊，看他们是否愿意跟我一起去。"
>
> 阿尔诺："不过将军，你要带他们去哪儿呢？"
>
> 拿破仑："带到我要去的地方……请他们相信我，我不会让他们失望的。"

阿尔诺虽然留下来当了领队，但是根据拿破仑这句让人不明不白的话，他还是有些犯难。正当他为"埃及研究院"收罗人才的时候，社会上却掀起了一股类似十字军东征的狂热，弄得阿尔诺十分为难，只得又去找拿破仑。拿破仑立即回答：

> "不要拒绝任何人！你让他们去找杜法尔加将军，这次远征的文职人员由他负责。只要他们多少有点技能，他总会有办法安置的。"

拿破仑和这批文人乘在同一艘海船上，但极少交流。有一次，突然想起了什么，拿破仑提出要接见他们。老画家德农听说了异常兴奋。谁知拿破仑见了这批人，却一言不发，只朝他们点点头了事。老画家对这样的敷衍态度很是愤怒，就叫嚷着要回巴黎去，带队的人在苦劝之后，又转而向拿破仑汇报了自己的苦衷。将军却笑了："明天你带他来见我。"次日，德农和一些艺术家又排成一行，鱼贯地走到这位远征军军官面前。当德农走近时，只听拿破仑说道：

> "啊，是你啊，德农公民！一路上辛苦了吧。听说你要骑马来

着……这么说，你一定喜欢纵马飞奔了？我们不会让你无用武之地
的。瞧，你身上这把刀不是同我的一模一样吗？我看大小完全相
同，你说呢？……"

这次接见太让德农感慨了，他立即将行李搬到"天后"号轮上，安
静了下来，玩弄起那把小刀……

"天后"号轮经过12天航行后才到达撒丁岛，船上的生活有些无
聊，拿破仑决定让"埃及研究院"来聊聊，他找领队的阿尔诺——

——听说你们都清闲得很啊？
——是的，将军，什么事也没有。
——我也没有什么事可做。

拿破仑称帝，无疑是重大的历史事件，在电影《拿破仑在奥斯特里
茨》中，导演回避了正面表现那盛大的场景，而只是用了一些傀儡人来
展示。拿破仑随意拿起那些个傀儡人儿，调来遣去地搬弄着……如果查
查历史资料，你就会明白，此举并非导演的异想天开，而是历史上真有
此事！

原来，加冕典礼的每一个细节都是事先确定的，像演戏一样反复地
进行了排练。早在一星期前，画家依萨贝伊就叫人在玩具店把孩子们玩
的各种木偶全买来了，他依照各种人士在仪式上所穿的礼服，用五颜六
色的彩纸给每个木偶做了一套新装，并画了一张圣母院的草图，在杜伊
勒利宫的狄安娜柱廊里，当着皇上的面，用这些木偶进行了彩排。

正式典礼的时候，拿破仑也是出席了的，但时间拖得太久，皇上来
到了祭台前时，他已经非常疲惫了。他身披一件特别大的深红色天鹅绒
斗篷，接着做弥撒。但皇上却一直呵欠连天，当献过礼品后，皇上坐上

宝座，然与皇后一起跪在祭坛边的一条凳子上。教皇捧着王冠，拿到拿破仑面前。之后，拿破仑双手伸了过去，将王冠"抢到手中"后迫不及待地戴到自己头上——实际上，他是太困乏了，才那样"迫不及待"地给自己戴上，绝不像一些历史学家考证的那样：这是一种蔑视教皇权威的行为！

一名面包师的儿子，刻苦学习想成为一名教士不成，后来，他步行赶到皇家炮兵学校，居然考中了。他就是安托万·德卢奥，跟随波拿巴以后，他经历了太多的事，这个面包师的儿子后来成为兵团司令，获得了荣誉勋位头衔，当上禁卫军炮兵司令和拿破仑的副官，每当战场出现危急时，皇帝首先想到的是他：

"德卢奥在那儿？来，德卢奥，给朕狠狠地打……"

后来，他随拿破仑流放到厄尔巴岛，在岛上，一次拿破仑查阅账目，突然发现他的这位总管分文未支，不由叫来问他：

——德卢奥，你是不是有一笔家产？
——是的，陛下。
——每年收入多少？
——2400法郎，陛下。
——朕要给你20万法郎！
——陛下可不能够这样做——人家一定会说，陛下的朋友都是用重金收买来的。

原来，他想节省一点钱做一次自费旅行。但后来拿破仑却先他而逝，路易请他出来担任原先的职务，他也谢绝了。他的退役费每年一万多法郎，也全拿出来为某医院添置病床之类；拿破仑留给他的六万法郎，他全献给了禁卫军的老兵。

有的人是英雄气短儿女情长，偏偏拿破仑是个英雄气长"失败气"也长的人。1815年10月，当拿破仑被英国轮船带到圣赫勒拿岛流放之时，跟随他的御医安托马什认为拿破仑的病况是装出来的，因而无视岛上的气候恶劣。当时那岛上正漫延着一种化脓性慢性肝炎，御医反而嘱咐拿破仑不去管水肿，只需每天活动活动就好。后来，拿破仑的病况恶化了，预感自己不久于人世，于是请人把维涅利神父叫来，让他把小教堂准备一下：

"朕出生在天主教家庭，应当遵守天主教的习俗。"

当时也在场的御医安托马什竟偷笑起来，忍无可忍的拿破仑愤然而起：

"先生，你的这些举止实在叫朕看着难受！朕可以原谅你的轻率和无知，但朕决不能原谅一个毫无心肝的人。快给我滚出去吧！"

他出去后，拿破仑对神父说起这个御医来：

"至于那个浑蛋，朕确实不值得同他生气，他给朕的治疗，世界上恐怕谁也没有遇到过。"

此前，拿破仑也讥讽过他：

"你是只有把朕的腹部打开,才会知道朕得了什么病的人!"

这位失败的英雄死后,解剖尸体时人们才惊讶地发现:他的肝脏明显溃烂!人们这才明白了那个无知而可恶的御医所起的"作用"!

3

拿破仑发动"雾月政变"登台以后,开始着手制定《民法》等法典,为此,他曾成立了一个专门机构"行政法院",那里的秘书特别认真负责,忠实地记录了所有拿破仑在那一时期的发言,从中我们可以发现,拿破仑的讲话跟他本人一样,非常干练,率直有力,但是比较随便,并没有什么条理。

根据"行政法院"的记录,每周二、五上午十时或中午开会。这时候,一名掌门官会大声通报:"皇上驾到!",于是全体起立,拿破仑绕过审查官的桌子,从两张会议桌中间穿过,走到讲台上的椅子坐下,于是会议开始,拿破仑寥寥数语,说明他想在会上讨论的问题——如刑法、司法经费、征兵等,有关委员便宣读议案,接着转入讨论。每个人都可以发言,不必站立,但不得照本宣科,所以会场气氛轻松而热烈。但是,与会者相互针锋的现象却是时有发生,在这种情形下,拿破仑是怎样与人辩论的呢?

A

关于加冕典礼应在何地举行的问题。拿破仑毫不隐讳地他越说越激动:

"巴黎的恶棍多如牛毛，我们何不另外选个地方，让这些巴黎人看看，没有他们，我们照样办得了事！只要我一息尚存，我是决不会让他们对我发号施令的。

"为了使他们清醒一点儿，二十万人是绰绰有余了，但我却要用一百五十万人来对待他们。我要把那些先生全部抓起来，遣送到遥远的地方去……他们都是一些下流无耻的小人……有人说皮什格鲁是在狱中被人掐死的，这对我们真是奇耻大辱！"

几个委员认为对于此类谣言根本无须理会，因为事实上并没有人反对政府。

拿破仑："这我相信，反对的人是不会有的。"
委员："大家都很安分。"
拿破仑："那是因为他们想动也动不了！"

B

这次会议讨论的内容是，皇上的玉玺应以什么为标记。会上有好几名委员，原来都参加过大革命，想当年，这些非同寻常的人物曾与罗伯斯庇尔朝夕相处，至今仍然对共和制留下印象，可现在他们又在劲头十足地讨论如何从各个方面，将被他们打倒的君主制恢复起来，而且地点就在早已被人遗忘的国民公会开会的地方！

一位委员建议玉玺上刻一头狮子、一只鹰或一头大象，但负责该工作的委员却主张采用雄鸡的图案，此外还可以刻上密纳发的神盾（密纳发是罗马神话中的司智慧、学术、工艺和战争的女神，也是雅典的保护神），拿破仑玩笑似的说：

> "你不觉得太渺小了吗？雄鸡属于家禽啊，未免太过于弱小。"

于是，有人主张采用蜜蜂，因为它象征一个既有首领又能和衷共济的社会。开始表决了，主张雄鸡的占大多数，但拿破仑仍坚持己见，他再也无法安坐了，起身说：

> "雄鸡过于弱小，不能作为法兰西帝国的象征，还是在鹰、大象和狮子中挑选一个吧……让一只雄狮躺在一张法国地图上，一只爪子正准备伸过莱茵河去。谁要是敢碰一碰我的话，那就是活该了！"

C

一次会议讨论的是加冕典礼的服饰问题。一些守旧派依然觉得，服饰愈是五彩缤纷，愈能显示威严和庄重。拿破仑笑了一下，发言打断他说，自己主张不必打扮得过于花哨：

> "我要是把这些衣服都穿到身上，岂不成丑八怪了？你们不能强迫巴黎的老百姓接受这种宫廷服装。他们在歌剧院看到的比这要漂亮得多。让拉伊斯和什农穿上你们搞的那些服装，肯定比我要好。我就像现在这样，再披上一件你们常披的斗蓬不就行了吗？"

大家都笑了起来。他说的拉伊斯原是古希腊高级妓女，什农则是17世纪法国女诗人、女画家。花枝招展本身是很好看，可是弄错了对象，就成笑话了——而且是很猥琐的、很不得体的笑话！

D

这次讨论是要把学校交给无知兄弟会去办的问题。前雅各宾党人几个委员坚决反对，理由是不能再回到由宗教团体控制教育的时代去了。拿破仑一听大为光火：

> **"我们有公共教育吗？没有！在国立中学教书的全是女人……到目前为止，教育搞得比较好的还是教会！说教会别的不行，可我倒宁愿让那些只懂得教理的人来执教，对于农村儿童的教育尤其如此——我倒是宁可让那些只懂教理，其为人又基本上为我们所了解的人去搞，而不希望由那些既缺乏基本道德，又没有坚定信念的'半瓶醋'去搞。"**

有人说，宗教神学早已被打倒了，为什么还让它成为教育的内容？拿破仑加上斩钉截铁的手势回答：

> **"宗教可以防止人们想入非非，误入歧途。人生不过是一段短暂的旅途罢了……无知兄弟会如果能将这一条教给老百姓，便足够了。老百姓如果失去信仰，盗贼就会遍及全国……"**

有时候的会上争论得相当激烈，一次，拿破仑的发言被人打断了三次，于是他向那个打断的他的人说：

> **"先生，我还没有说完，请让我讲下去好不好。不管怎样，我们每个人在这里都有发表意见的权利。"**

全场哄然大笑，拿破仑也笑弯了腰。也有他反驳不过人家，或大多数人跟他意见不一样的情形，这时候，他也只好低头服从。不过有一次他这样说：

> "先生们，你们人多势众，而我只有我一个。然而我要告诉你们：在我的思想上，我的让步只是形式上的，我无法驳倒你们，但你们也根本说服不了我……"

诸位看看，这位纵横驰骋于疆场上的赳赳武夫拿破仑，在论辩桌上是不是也依然故我？仿佛他胸中开了"钢铁堡垒"似的——但实际上，那又同时是个"橡皮堡垒"，看起来刀枪不入，坚不可摧，实际上总是留有余地、颇有弹性而又张弛有度，而且，在人格和风范上，你还不得不服气哩……

二、人，生来就有一张讲话的嘴

——三宗维护言论自由的诉讼案

　　学过英语的人都知道，动词liberate的意思是"解放"，但它的另一含义就是"使……获得自由"，即set ree。在这个意义上，名词"解放"（liberty）可以说是与"自由"（freedom）是近义的"兄弟俩"了。其实，只消稍微认真地想一想，这两个词儿还真有那么一层意义上的联系呢——不是吗，只有被"解放"了，人，才能真正获得"自由"，历史不正是这样告诉我们的吗？

　　历史上，人类文明从中世纪黑暗中"解放"出来，迈向"自由"的历程，并非简单地一蹴而就的，而是历经了一个艰难、曲折的过程，许多人为之奉献出了最可贵的生命，也有的人像战士赶赴疆场那样，拿起笔杆，张开喉头，为人自身的觉醒、解放与自由，勇敢地疾呼过，呐喊过……

1　约翰·弥尔顿的《论出版自由》

　　在世界历史上，弥尔顿的名字是与出版自由的口号紧密地联在一起的。约翰·弥尔顿(1608—1674年)是英国著名的理论家、诗人和政治家。他出生于伦敦一个富有的清教徒家庭，青年时代就读于剑桥大学，毕业后去意大利旅行，并同那里的人文主义者交流甚密。英国资产阶级革命时期，他是积极的参加者和重要的代言人。人们普遍认为，他在文学史上的地位仅次于伟大的莎士比亚；不过从新闻史的角度来看，他的杰出贡献，还是他演说《论出版自由》。

1643年，大资产阶级和新贵族代表操纵国会通过法案，规定未经出版检查官审阅批准，不许印刷任何出版物。弥尔顿对这一法案十分蔑视，径自出版了几本小册子，其中还有未经出版许可的一本有关与他太太离婚的小册子，这些都引起了国会的愤怒。他正是为此去国会回答质询。为此，他1644年被召至国会出版委员会答复质询，他乘机慷慨陈词，发表了著名的出版自由请愿书（Areopagitica, or A Speech for the Liberty of Unlicensed Printing to the Parliament of England），这篇演说后来被人们称为《论出版自由》。

在这篇演说中，弥尔顿全面批评了出版检查制度的弊端，认定其后果只能是"破坏学术，窒息真理"。弥尔顿强调人民的言论出版自由是与生俱来的权利，主张让人们"有自由来认识、发抒己见，并根据良心做自由的讨论，这才是一切自由中最重要的自由"。他强烈抨击说：

> **"（检查制度）无异是让20个横行霸道的统治者建立起寡头政治，给我们的心灵再度带来饥荒，使我们除了经过他们用斗衡量过的东西以外就不知道旁的东西。"**

在演讲中，他说，出版自由"是一切伟大智慧的乳母"，限制这种自由只会伤害真理，只有保障言论出版自由，才能使真理在争论中战胜谬误。他认为对于真理，

"我们如果怀疑她的力量而实行许可制和查禁制，那就是伤害了她。让她和虚伪交手吧。谁又看见过真理在放胆地交手时吃过败仗呢？"

弥尔顿还在答辩词中，强调人民的出版自由是与生俱来的权利。他坚信限制言论出版自由即是妨碍真理本身，唯有保障言论出版自由，才能使真理战胜谬误。他在答辩词中说：

"书籍并不是绝对死的东西，它包藏着一种生命的潜力……如果不特别小心的话，误杀好人和误禁好书就会同样容易。杀人只是杀了一个理性的动物，破坏了一个上帝的像，而禁止好书，则是扼杀了理性本身，破坏了瞳仁中的上帝圣像。"

弥尔顿学说的基础是假设人是理性的动物，人们运用理性就可以辨别正确与错误，分辨好坏，而要运用这种才能，就必须不受限制地去了解别人的观点和思想。弥尔顿相信真理是明确的，是可以表达出来的，并且只有让真理参加"自由而公开"的斗争，它才具有战胜其他意见而生存下来的无可比拟的力量。从弥尔顿的这种思想出发，形成了关于"观点的公开市场"以及"自我修正过程"的概念。那就是让所有想说什么的人都自由地表达自己的思想，真实的、正确的思想就会保存下来，虚假的和错误的思想就会被克服。政府不应该参加战斗，也不应该协助其中的任何一方。虽然虚假的东西可能取得一时的胜利，但真实意见会通过吸引新的力量来维持自己，通过自我修正过程最后战胜其他意见而保存下来。

弥尔顿是个天赋自由论者，认为人们必须有宗教自由、个人自由和公民自由，没有这三种自由就不可能愉快地生活下去。他对思想自由极为关注，曾经说过：

> "（三种自由是）一切伟大智慧的乳母。它像天国的嘉惠，使我们的精神开朗而又高贵。它解放并扩大了我们的见识。"

原来，在 17 世纪初，英国长老派制定了出版管理法，该法规定：凡书籍、小册子或论文必须经主管机关或至少经主管者一人批准，否则不得印行。这样，被当局无端地指责为所谓异端的作品且不说了，只要是他们认为不合乎口味的东西，都要归为禁止之列，不得出版。不仅如此，还要追究作者，加以迫害。弥尔顿认为，不论官方的检查是出于苛求、嫉妒、狭隘，还是出于对作者的怀疑、刁难，这种做法对于人们活跃思想、辨明真伪、增长智慧都是一种严重的障碍：

> "给那些敢于冒险进行自由探讨和发表个人见解的人以自由，而不暗地里进行任何官方检查，因为没有任何东西比真理的贡献更大：一切科学也永远不能整齐划一地衡量出来，然后再凭一知半解者的一时高兴赐予我们……这一法令非但使我们的才能在已知的事物中无法发挥，因而日趋鲁钝，同时宗教与世俗界的学术中本来可以进一步求得的发现，也会因此而受到妨碍。这样一来，它的主要作用便只是破坏学术，窒息真理了。"

于是，他大胆地对出版管理法的荒谬性提出了质疑，认为它违背了人的理性，是一种自欺欺人的愚笨做法，他还赞同并引用思想家培根的话说：

> "责罚一种智慧就将增加它的威信。禁止一种写作，就会让人

　　认为它是一种真理的火花，正好飞在一个想要熄灭这种真理的人的脸上。而类似的出版管理法只不过是一位自作聪明的绅士企图用关上花园的门挡住鸟儿一样愚蠢可笑。"

　　对于一个作者来说，禁止他的一本书出版，就会犯下杀害作家罪，甚至杀死的这个作家正是一个为真理而献身的人。若是遭到禁止的书很多，牵涉到整个出版界的话。那么，将构成一场大屠杀。在这种屠杀中，杀死的就远不只是众多的尘凡的生命，而是伤害了精英或理智本身，将给整个民族文化发展造成无可弥补的损失。例如，欧洲的意大利是个由宗教法庭推行书籍检查制度较早的国家之一，对书籍出版的限制极为野蛮粗暴，有价值的著作无法通过那一道又一道的关口，"就是由于这种状态才使得意大利智慧的光辉一蹶不振。"

　　作为一个视写作如同生命一样重要的作家，弥尔顿饱尝了写作的艰辛，因此，他特别尊重作家的写作自由权。他认为，写作是一种复杂的精神活动，要让思想有充分的自由去驰骋，不能受到任何形式的压制。当他做过这一切锤炼之后，才可以认为自己写出的作品已经不亚于已往的作家，因为，这作品是他忠诚地劳作，是运用成熟的智慧得出的最完善的成果。假如他在写作中耗费了那么多时光，他的才能信誉都达到了成熟的境界，可惜他的作品始终不能被人相信，并遭到百般的检查、刁难，这对于他来讲，无疑是一种痛苦的精神折磨。因此，弥尔顿愤怒地说："一本书在出生到世界上来以前，就要比一个有罪的灵魂更可怜地站在法官面前受审，它在乘渡船回到光天化日之下以前，就得在阴森黑暗的环境中接受拉达马都斯(即地狱中的法官——引者注)那一伙人的审判。这种事从未听说过的。"

　　一个作者，如果轻易放弃自己的观点，任凭检查员随心所欲地把书中最优秀、最精彩的部分删掉，依照检查员制定的模式，让书籍以低劣的水平印行出来，这对作者说来是最大的烦恼，也是最让他伤心的事情，这种做法只会将有才华的作者折腾成为一个唯唯诺诺的小人。弥尔顿讽刺地说："在那种情形下我们就不必让任何人去钻研学术，大家也就只要做到人情练达就够了。肯定地说，那就只有对高深的事物既无知而又懒惰，只有变成一个庸俗不堪的大傻瓜，才能算是愉快的人生和唯一符合要求的人生。"

弥尔顿是一位反对封建君主专制、争取自由的伟大战士，他为思想自由而斗争的精神对英国资产阶级革命有很大影响。英国"光荣革命"后于1689年制定的"权利法案"，就以法律的形式肯定了人的思想、言论自由的权利。该"法案"第九条规定："国会内之演说自由、辩论或议事之自由，不应在国会以外之任何法院或任何地方，受到弹劾或讯问。"英国政府从1695年起放宽了书报检查制度，允许一定程度的写作、出版自由，这与弥尔顿的思想所产生的影响不无关系。后来，英国自由主义思想家约翰·密尔(1806—1873)继承、发展了弥尔顿的自由学说。他在《论自由》这部著作中把思想自由与人的发展联系起来，认为思想自由是发展人的个性和智慧、促进社会进步、增进人类幸福所必需。

恩格斯在评述18世纪法国启蒙思想家的伟大理论建树时，就充分地肯定了弥尔顿的重要贡献：

"如果说，法国在上世纪(即18世纪)末给全世界做出了光荣的榜样，那么我们也不能避而不谈这一事实，英国还比它早150年就已经做出了这个榜样，而那时法国还根本没有准备向英国学习呢。至于18世纪法国哲学家伏尔泰、卢梭、狄德罗、达兰贝等阐明的那些思想，不是首先产生在英国又是产生在哪儿呢？我们决不能因为弥尔顿(第一个为弑君辩护的人)、艾尔杰楠·悉尼、博林布

罗克和舍夫茨别利的继承者比他们先辈更为出色，便忘了他们的先辈。"

需要指出的是，当时英国的报业还处在初创阶段，所以弥尔顿论述的仍然是一般意义上的出版自由，他的演说对当时的英国影响也相当有限。只是到18世纪法国资产阶级革命过程中，人们重新出版发行了这本小册子，广为传布，使之影响力大增。

随着查理二世的复辟，弥尔顿的著作被烧毁。但他并不退让。当局对这样一位失明者无可奈何，不得不解除对他的关押。然而，具有讽刺意义的是，在1651年，弥尔顿竟担任了政府的新闻检查官，负责对半官方的《政治新闻》《每日报道》进行检查。可见，弥尔顿的出版自由观念与现代出版自由的理想，其实并不是一回事。无论如何，在18世纪以后，他的思想在广为传播的过程中不断得到修正、补充，终于形成了近代自由主义报业理论的基础。

2 曾格案件与汉弥尔顿的抗辩

曾格案件是北美殖民地人民争取出版自由的一次成功的斗争。案件的主人公曾格是一个贫困人家出身的出版商，他于1733年11月5日在纽约创刊了《新闻周刊》。这家周报虽然在业务上不怎么出色，但是作为纽约平民派的代言人，它激烈地批评殖民当局，受到了纽约公众的欢迎，对当时的社会产生了很大的影响。殖民总督考斯比极为不满，他一方面指控曾格是"对政府进行无耻中伤，恶毒谩骂和煽动性责难"，一方面又命令他一手提拔的首席法官德兰西想办法要大陪审团对曾格提出起诉。但是大陪审团拒绝起诉，而议会也不想对曾格提出任何控告。最后总督考斯比只有自己发布命令，于1734年11月17日将曾格予以逮捕。

曾格被拘狱中，《新闻周刊》仅脱刊一期。其余各期，均由曾格在狱中编辑，继续出版达九个月之久。该案在审讯时，政府的起诉书以《新闻周刊》发表的几篇文章为依据，这些文章断言人民的自由与财产业已受到政府的严重威胁，因而控告《新闻周刊》构成了诽谤罪。这场官司的审理轰动了整个北美殖民地，一位80岁高龄的老律师安德鲁·汉弥尔顿（Andrew Hamilton）从费城来到纽约，充当曾格的辩护律师。

按照当时英国和北美的惯例，凡是对政府进行批评，不管内容是否真实，一律视为诽谤，若言论属实，其煽动作用更为明显，所以事实是比谎言更大的诽谤。汉弥尔顿从两个方面对指控进行了反驳：首先，他指出诽谤罪只有在言论不实时才成立，每个公民都有"陈述无可非议的事实真相的自由"，政府所谓诽谤的实质，正是那些受到统治者伤害和压迫的人民，激起广大人民的呐喊和控诉，然后再将人民的控诉作为新的压迫和起诉的根据。其次，汉弥尔顿坚持陪审团不仅有权进行事实判断，还有权进行法律判断，裁决应由法庭和陪审团共同做出。

汉弥尔顿在辩护中指出："发表控诉是每一个生来自由的人所享有的权利。"他承认他的当事人曾格确实印刷而且发表了检查官提到的文章，但是这并不能说明这些文章就构成了诽谤罪。他对检查官说：

"在宣布我的当事人是一个诽谤者之前，你还得搞一些名堂，你须得证明那些言论本身是诽谤性的，也就是说是假的，恶毒的，煽动的，否则的话，我们就是无罪的。"

他坚持说只有"谎言才能构成中伤，才构成诽谤"，并且主动要求去"证明这几篇被称作诽谤的文章所讲的是事实。"当法官表示不允许

"将明显的诽谤证明是事实"，并正告不许与法庭抗争时，汉弥尔顿直接面对陪审员吁请他们作为自由人，根据自己的良心行动，不要怕官方的报复。他在法庭上，还对陪审团苦苦相劝：

> "总而言之，法庭，还有你们，陪审团的先生们所面临的问题并非无关紧要或是仅仅关系到个人的私事。你们再次审理的并不是这位可怜的印刷上的事业，也不仅仅是纽约的事业。不是的！它的后果会影响到美洲大陆上生活在英国政府统治下的每个自由人！这是最重要的事业，是自由的事业。我毫不怀疑，你们今天的行为将不仅赢得你们同胞们的爱戴和尊敬，而且将为每一个宁要自由而不要奴役生活的人们所赞美和钦佩。因为你们挫败了暴政的企图，你们的公正、廉洁的裁决将奠定一个崇高的基础，保证我们自己、我们的后代、我们的朋友所应享有的那样东西，即大自然和我们国家的法律赋予我们所应有的权利：自由——这就是把事实真相讲出来、写出来，以揭露和反抗专断权里的自由和真理。"

最后结束时，汉弥尔顿表示：

> "我虽已老朽，然而一旦有必要，哪怕到天涯海角我当在所不辞，只要我的服务在那里能为扑灭依据检查官的告发而提出起诉的火焰起一点微薄的作用。这种做法是由政府实行的、旨在剥夺人民对那些当权者独断专行的企图提出抗议（还有控诉）的权利。正是那些在他们统治下受到伤害和压迫的人民，激起人民呐喊和控诉。然后再将人民的控诉作为新的压迫和起诉的根据。"

结果，汉弥尔顿的答辩胜诉，陪审团做出了"无罪"判决。曾格获释，和汉弥尔顿一样，成了美国新闻界的英雄。当时的《宾夕法尼亚公报》发表了一封伦敦读者的来信。该信引述一位法律与政治学家的意见，称汉弥尔顿所述之原则"虽不是法律，实优于法律，实应成为法律，而且在任何正义伸张之处，一定永为法律"。

最后陪审团不顾法官的阻挠，判曾格无罪。汉弥尔顿的抗辩引发了美国争取新闻出版的斗争，曾格案件虽然没有被确立法律例判，但确立了一项原则——对政府官员进行批评的权利是新闻自由的支柱之一，这一原则对我们今天的严格限权自由主义论者关于言论自由和新闻自由的学说是至关重要的。汉弥尔顿辩护中提及的两项原则，半个世纪后被美国政府制定的诽谤法案采纳。曾格案是北美殖民地人民争取新闻自由的第一次重大斗争，一位学者在《美国的新闻事业》中说：曾格案件的意义到后来变得明显了，因为它是这种感觉的开端：人们觉得英国所制定的法律，除非得到殖民地人民的同意是不能适用于美洲英国殖民地的，这种革命性的观念后来在美洲各人民领袖的言论和写作中都有所表现。这一案件，可以说，建立了美国新闻自由传统的基石，从此以后，人们有自由发表言论的自由，这被写入了美国宪法第一修正案。更为重要的是，曾格案确立一条重要新闻原则：对政府官员进行批评是新闻自由的支柱之一，这一原则延存至今。曾格案是美国新闻史上的里程碑，开创了对指认的诽谤是否真伪要提出证据，以及陪审团有权判定出版物是否诽谤中伤或煽动人心这一重大先例，并初步确立了"证明事实"的免责原则。

杰弗逊在《书信：论出版自由》一文中说："如果让我决定我们应该有一个没有报纸的政府还是没有政府的报纸，我会毫不犹豫地选择后者。"这是因为，新闻自由是一个民族不可或缺的东西，人们需要在真相中不断地思考和反思社会，如果一个社会长时间没有新闻自由，也就是说人们都活在政府精心编织的谎言里，那这个民族将会渐渐地失去思考的能力，没有反思，何来进步？正如一位思想家所说的那样："有了报纸，就有所发现；失去报纸，便只有奴隶。从这个意义上说，新闻自由比追求什么自由都重要。"

3　托马斯·厄斯金的辩护词

英国以托马斯为名字的人很多，这不，这名被起诉人名叫托马斯·潘恩，而担任他辩护人的独立陪审法官也叫托马斯·厄斯金。二百多年前，两人为一个案件给搅到一条道上。

托马斯·潘恩大家比较熟悉，他的亮眼之处在于，他生于英国的一个贫穷家庭，而后来又出逃到了美国，在美国他可了不得，只因他写了一本奇书——《常识》，一夜之间轰动了北美，因为《独立宣言》里也写进了《常识》中的几句话。后来他又到了大革命的中心法国……

潘恩去法国可不是去凑热闹的。当时的法国革命者们，对这位"海归派"充满了敬意，以致拉斐德将军把巴士底狱的钥匙都交给了潘恩，请他转交给华盛顿。能承受这么大的名分和使命，他应该知足了。可是，一个多嘴的英国人伯克却对法国革命信口雌黄，不免使潘恩义愤填膺，于是，他在伦敦租了间房子，写出了小册子《人的权利》。

1791年2月潘恩在英国发表《人的权利》第一部份，文章是为法国的革命做出辩护，也是要唤起英国的政治改革，1792年2月潘恩写的《人的权利》第二部份在英国出版，开始产生广泛的影响，这不期然引起了英国政府的注意，开始担心人民会起来革命，于是采取动，控告潘恩诽谤煽动的罪名。幸亏同年9月，潘恩及时地离开了英国。此后，他果然遭到英国政府的判罪和通缉，从此他未能再返回英国。

本来，潘恩在书中不过对人的自然权利与公民权利做了理论的探讨而已，只是在英法革命的对比中，一些文字竟刺到了英国的种种痛处，那不过是要求英国政府进行改革而已。但是，这也为英国政府所不容，所以，遭到英国政府当局的起诉也就成了必然。

但是，关键之人总是在紧要关头出现，当时担任陪审团的托马斯·厄斯金法官，也是当时最伟大的律师之一，他的毅然出庭，不仅对潘恩是个鼓舞，而且他在此次陪审团中的辩护，也对维护人的自然权利和公民权利、对保护新闻自由起到了决定性的作用。在辩护中他说：

> "我所坚持的出版自由没有以下前提便只能是空谈，那就是：每一个人，只要不是有意误导他人，而是寻求以他自己的理论和良知来启发他人，不论他自己的想法如何错误，他也可以向全国普遍有理性的国民发表自己的见解。"

厄斯金开宗明义地指出了"言论出版自由"的精义所在，然后又进一步指出，政府并非有拒绝、阻止民众批评的特权：

> "请不要误会，我并不认为书写英国政府的缺点，并鼓动人们破坏和违背政府的法令是合法的。但另一方面，我确实认为，对重大问题向英国人民发表看法是合法的。因为，如果没有这种不可剥夺的权利（感谢上帝和我们的先辈确定了这种权利）我们怎么可能有着如此值得自豪的宪法呢？在人类思想前进的过程中，如果没有人走在当时的各项制度的前面，我们的制度又怎么可能通过反复修改，呈现今天的面貌呢？如果没有人唤醒民众，使大家注意到政府的失误和弊端，这个政府又怎么能够经历一个个阶段的改良和革新，从野蛮时代到达目前的高度和幸福完美的境地呢？"
>
> "权利就是以这样的方式在每个时代都得到过讨论，而政府，按照其自身的评价，在所有时候都是一个不断走向完善的机构。一

个自由的出版界审视和察觉了政府的错误，人民也不时地对政府进行改革。唯有依靠出版自由，才能使我国政府成为现在的样子；唯有依靠出版自由，才能使政府持续不衰。因此，在出版自由的旗帜下，我今天挺身而出，为托马斯·潘恩进行辩护。"

面对如此掷地有声的辩护词，还会有足以反驳的话吗？当然没有。

"先生们，我还要啰嗦几句。在向你们告辞之际，我宣布，我努力主张的郑重自由，只不过是古已有之的自由，他属于我们自己这部与生俱来的宪法。我并没有要求你们根据任何新的理由和原则来宣判托马斯·潘恩无罪，我只要求你们根据法律的原则，而你们都发誓要执行法律原则。我的重要目的是反复强调智慧和政策，他们是大不列颠政府的根本，要避免用户一种猜忌的眼光提防自己的臣民；相反，他们却用诗人的语言大声疾呼。但不幸的是未能产生任何效果。"

厄斯金的辩词首先从区分出版自由应遵循的基础原则和违反出版自由的犯罪行为入手，澄清了有关出版自由的种种大是大非问题，让人们获得准确的判裁尺度。厄斯金以在人类智力前进的道路上各项制度都是通过反复的修改才成为今天的面貌的事实阐明，对全英国人民提出自己的见解都应该是合法的，而《人权》一书并非鼓动人们破坏和违背政府法令，这一点是显而易见的。一句话，厄斯金为《人权》一书所做的辩词，消除了人们对这本书合法性的误会，更重要的是，他所宣扬的出版自由，鼓励了更多的人通过出版阐述自己的思想观点，跳出了现行制度所带来的种种思想的束缚。

现在还有托马斯·厄斯金吗？他已经死了，死在遥远的1823年，

死在更为辽远的美利坚。我们只有打心底里送去对他的哀思——这是他
曾经写过的一首诗中的几句：

> 对他们的过错稍稍忽视，
> 对他们的优点宽大仁慈；
> 让他们的思想无拘无束，
> 切勿让头脑戴上枷锁……

三、双峰并峙的语言交辉

——雨果口中的启蒙思想家伏尔泰

　　法国作家雨果，在中国人心目中地位非常崇高。追溯起来，当然跟他的小说《巴黎圣母院》分不开。贯串于这部小说的全部人物，几乎都可归于两种类型：真善美与假恶丑。二者互相对照、映衬，借此传达出作品的主题来。

　　《巴黎圣母院》中的所有人物，都是以吉卜赛女郎爱斯梅拉达为中心的，她青春靓丽、蓬勃朝气，她粗犷热情、矫健活泼，她翩翩起舞，如乳燕翻飞。更重要的是，她不仅容貌美，而且心灵更美，简直就是一个体态美和心灵美的和谐完美统一体。而与之对比的各色人物却无不"丑陋"至极：克罗德副主教是"严峻、沉着、阴郁、狡黠"的人，是个"阴森可怕"的魔鬼，衣冠禽兽的代表；卫队长法比对爱斯梅拉达的爱情外表忠贞不渝，但内心里却瞧不起她的身份地位，仅仅把她当作玩物而已；只有敲钟人加西莫多，才是内心里真诚地深爱着她的。他跟爱斯梅拉达一样，也是一个没有社会地位的孤儿，但是他的心灵美好偏偏外貌看上去又是个"丑八怪"……这种人物之间特有的善与恶的冲突，形象本身的外表与内心的矛盾，都在这种美与丑、爱与憎的分明中，被作家刻画得极其深刻，给读者留下不可磨灭印象，使人物更加鲜活而多彩，主题的表达也更为鲜明与准确。

的确，现实中有的是类似两两对照、正反相衬的现象，但现实中还有一种更广泛存在的两两对照的衬托关系，它们好比绿叶与红花，又好比伴星与明月，更好比双子星，二者互为依托、相辅相成——而雨果本人与另一法国大作家伏尔泰，虽然本不属于同一时代的人，但他俩为着同一理想的追求——人的自由的追求，却颇为一致；如果对照起来看二人，真个不啻双峰并峙的壮观景象，给人以良多的心智启迪……

1778年5月12日，伏尔泰咯血、发烧，痛苦不堪，朋友黎塞留公爵给他送来了一种镇静剂阿片酊，他立即服用了。之后就处于迷糊的状态之中。这时，有三个神甫趁机来到他的病床前对他宣扬基督的神圣，要求伏尔泰做临终忏悔。伏尔泰虽然不是无神论者，而是自然神论者，但他一贯与教会势不两立。他怎会不懂得这几位神甫的来意呢？硬是抱着病体将他们一并打发走了。没过几天，又有一位叫莫雷的修道院长重演故技。伏尔泰一见，便问："神甫，您从何处来？"对方回答："啊，先生，我从上帝那里来！"伏尔泰问："真的？您能给我出示上帝的诏书吗？"这位院长立即哑口无言了。

伏尔泰虽重病在身，但保持着清醒的头脑，以他特有的辛辣讽刺，无情地揭露这些"披着僧衣的豺狼"的丑恶嘴脸。要是谁在他面前公然提起"基督""神圣"这些字眼，他依旧会勃然大怒。现在，他不顾颜面，硬是在病榻上做了个惊人的动作——只见他撑起病体，愤然地推了神甫一把：

"让我安静地死去吧！"

到了5月30日的晚上，这位以反宗教而著名的启蒙思想家与世长辞。然而，他人虽然逝去，但其影响依然令教会人士胆战心惊，他们连夜差人将他的尸体运出巴黎，弃之荒冢，仿佛这样做能够逃避一个劫难似的……

过了100年，法国浪漫主义作家雨果，在纪念伏尔泰逝世100周年时，这样赞扬他：

"伏尔泰不仅是一个人，他是一个世纪。他行使过一个职能，他完成过一个使命。很显然，他生来就被选定从事这件借助他在命运的法则和自然的法则中最高尚的愿望所完成的事业。他活过的八十四年，经历了登峰造极的君主政体和曙光初现的革命时代。他出生的时候，路易十四还在统治，他死的时候，路易十六已经戴上了王冠。所以，他的摇篮映照着王朝盛世的余晖，他的灵柩投射着大深渊最初的微光。"

雨果的观点得到人群的认同，他得到了掌声；雨果又说道：

"各位先生，在大革命前，社会的建筑是这样的：下边，是人民；人民的上面，是由神职人员代表的宗教；宗教的一边，是由法官代表的司法。

"而在那个阶段的人类社会，人民是什么？是无知。宗教是什么，是不宽容。司法是什么？是没有公正。

"于是，伏尔泰啊，你发出厌恶的呐喊，这将是你永恒的光荣！

"于是，你开始和过去打一场可怕的官司。你为人类的诉讼案辩护，驳斥暴君和凶神，你胜诉了。伟大的人物，你要永远受到祝福！"

雨果以他的精辟和诚恳，叙述一个英雄式的抗争，他把自己也淹没在爆雷般的掌声中。

的确，伏尔泰在费尔奈(Ferney)定居期间，与欧洲各国的各阶层人士保持了频繁通信。据统计，仅保存下来的伏尔泰的全部信件就有一万多封，达七百人之多。他就是利用这种方式，跟人们讨论各种社会问题，来传播他的反专制、反教会的启蒙思想，引得欧洲不少社会名流慕名前来费尔奈求见，一时间，费尔奈这座边境小城，竟然一举成为欧洲舆论的中心，进步的人们尊称伏尔泰为"费尔奈教长"。

就是在这中间，法国遇上了残忍的暴君路易十五的统治，人们都熟知那句"名言"——"我死后，哪管他洪水滔滔"的统治，表面看上去这位国王优柔寡断，而内心里专横无比，其在位的60年生涯，把整个法国政治推向极端的荒谬与黑暗。此间，法国也发生了几起骇人听闻的迫害新教徒的事件，已经年逾古稀的伏尔泰不顾一切地投入讨伐宗教狂热主义的斗争，他以政治小册子的形式抨击天主教的不容异端说，他怒斥宗教的偏执和狂热是臭名昭著的东西，甚至他直接插手了卡拉案件、巴尔案件，发起让·梅里叶的《遗书》的宣传。

此三件事中，对于卡拉案件他曾发动起全欧洲舆论，最终为这宗宗教迫害案翻了案；对巴尔案件，虽然没能翻案，但他却全力揭露了宗教迫害的残酷罪行——而且，这个案子直接同伏尔泰相关。起因只因19岁的青年德·拉·巴尔和他的朋友德塔龙德，一起被教会控告"玷污"了一座桥上木制的基督殉难像。狂热的宗教信徒竟然把巴尔的舌头拔出，砍掉了他的右手，然后将他捆在柱子上用烈火烧死；刽子手们从巴尔的身上搜到伏尔泰的《哲学辞典》，也被当作巴尔的罪证投进了火堆。教会的残忍令伏尔泰十分震怒，宗教信仰竟然如此暴虐，伟大的法兰西文明竟然遭到宗教狂热者如此疯狂的践踏！迫使老人再次伸出了正义之手，但是荒唐的国王路易十五却已经批准了法院的判决，在专制面前伏尔泰无能为力，这个垂垂老矣的思想家只得用自己的笔发起控诉：

　　"吃人者，你们从跳舞的篝火场边，从演滑稽歌剧的格雷弗广场赶来，车裂卡拉、烧死这可怜的青年，我简直不愿意同你们呼吸同一种空气。"

　　让·梅里叶的《遗书》事件，则指的是出身于织布工人家庭的天主教会的乡村教士让·梅里叶，当他发现自己所宣传的那套教义全是欺人之谈时，便开始孜孜不倦地暴露教会内幕的活动了。存在与思想的矛盾令他痛苦不堪，梅里叶最后选择了自杀，并且写下了他的忏悔。梅里叶声称，世界上根本不存在救世主，宗教教义都是欺人之谈，他痛斥社会的不公，一小部分人生活穷奢极侈却残暴地统治着众生。大部分人在苦难中煎熬，却毫无尊严。他指责教士、包税人、官吏和投机商是富足的懒汉，王权和封建主是魔鬼与寄生虫。梅里叶这样写道：

　　"当我被迫向你们传道而说谎时，我的内心是多么痛苦啊！你们的轻信引起我心中多少悔恨。千百次我准备当众忏悔，但是我力不能胜的恐惧心理阻挡了我，使我不得不缄默下来，直到我的死亡。"

　　让·梅里叶死于1733年，伏尔泰将《遗书》保存了29年了。伏尔泰内心隐忍的火山终于爆发，他将让·梅里叶的《遗书》公开印出来，一年之内印了两次，四处散发、四处传播。幸运的是让·梅里叶他的《遗书》落在启蒙思想家伏尔泰手中，于是梅里叶的心愿得到最充分的表现，他的《遗书》惊世骇俗。

　　其实，伏尔泰最坚定的信念之一就是言论和出版自由，认为它是天赋人权的根本体现。一个失去语言的群体与动物何异？一个不能思维的群体与动物何异。难怪，雨果在演讲中这样赞颂伏尔泰：

"伏尔泰直接面对这种轻薄无聊、凄惨忧郁的社会，独自一人，眼前是各种力量的联合：宫廷、贵族、金融界。这支不自觉的力量，是盲目的一大群人；这批无恶不作的法官，他们媚上欺下，俯伏于国王之前，凌驾于人民之上；这批虚伪、狂热、阴险兼而有之的神职人员。

"伏尔泰，我再说一遍，独自一人对这个社会一切丑恶力量的大联合，对这个茫茫的恐怖世界宣战，他接受战斗。他的武器是什么？这武器轻如和风，猛如雷电一支笔。

"他用这武器进行战斗，他用这武器战胜敌人。

"伏尔泰战胜了敌人。他孤军奋战，打了响当当的一仗，这是一次伟大的战争。是思想反对物质的战争，是理性反对偏见的战争，是正义反对非正义的战争，是被压迫者反对压迫者的战争，是仁慈的战争，是温柔的战争。"

孤军奋战！这不正像中国当年的鲁迅先生吗？"两间余一卒，荷戟独彷徨！"但靠了他广阔的胸襟，才能在这新与旧二者之间，徘徊——战斗！

"伏尔泰具有女性的温情和英雄的怒火，他具有伟大的头脑和浩瀚无际的心胸。他战胜了古老的法典、陈旧的教条，他战胜了封建君主、中古时代的法官、罗马天主教式的神甫。他把人的尊严赋予黎民百姓。他教导人、安抚人、教化人。他为西尔旺和蒙巴伊斗争，如同他为卡拉斯和拉巴尔斗争。他承受了一切威胁、一切侮辱、一切迫害、污蔑、流亡。他不屈不挠，坚定不移。他以微笑战胜暴力，以嘲笑战胜专制，以讥讽战胜宗教的自以为是，以坚毅战胜顽固，以真理战胜愚昧。"

前面说过，伏尔泰是 1778 年 5 月 30 日逝世的。但迫于天主教的淫威，人们只能让他的遗体弃之巴黎郊外。30 年后，法国革命胜利了，胜利者将伏尔泰重新请回巴黎，安葬于先贤祠中，他的棺木上写着这样一行字：

"他拓展了人类精神，他使人类懂得，精神应该是自由的。"

遗体对面安葬着卢梭。伏尔泰的棺木中伸出的一只手，捏着一支火焰熊熊的火把，终于点燃了一场惊天动地的革命，点燃了巴黎，点燃世界，似借此向卢梭致意。

"既然黑夜出自王座，就让光明从坟墓里出来！"

雨果百年后，这样热烈地赞颂道。人们为他的赞颂发出同样热烈的欢呼声，雨果继续说道：

"一百年前的今天，一颗巨星陨落了。但他是永生的。他走的时候有长寿的岁月，有等身的著作，还挑起过最荣耀的、也是最艰巨的责任，即培育良知，教化人类。他受到诅咒、受到祝福地走了：受到过去的诅咒，受到未来的祝福。"

雨果加重了语气说道：

"先生们，这是荣誉的两种美好的形式。在他弥留之际，一边有同时代人和后代的欢呼和赞美，另一边有对他怀有深仇大恨的旧时代扬扬得意的嘘叫和仇恨。一个人如果只是得到赞美，并不算得

到了赞美，只有得到另外一群人的嘘叫，才能明确他到底做了什么。正是一种苛刻，才能使赞美成为真实。"

雨果把一个可歌可泣的形象展现在大家的面前。无论是过去，无论是正当其时，无论是现代的我们，难道不为一个为人类的解放而抗争的英灵而歌而泣吗？雨果一个伟大的启蒙思想家，他在张扬另一个伟大的启蒙思想家的精神，犹如那颗引导人们走出黑暗大森林的心，像火焰一样燃烧，熠熠生辉。

这颗心是激昂的，因为它充满了对旧世界的愤怒。但是，更重要的是这颗心是仁慈的，因为它包含着对人类深沉的爱。你看它在微笑，在坦荡地微笑。

"我刚才用过两个字，微笑，我说一下。微笑，就是伏尔泰。各位先生，我们要这样说，因为，平静是这位哲学家伟大的一面，平衡的心态在伏尔泰身上最终总会重新确立。不论他正义的愤怒多大，总会过去，恼羞成怒的伏尔泰总会让位于心平气和的伏尔泰。于是，从这深邃的双目里露出了微笑。

这是睿智的微笑。这微笑，我再说一遍. 就是伏尔泰。这微笑有时变成放声大笑，但是，其中蕴含有哲理的忧伤。对于强者，他是嘲笑者；对于弱者，他是安抚者。他使压迫者不安，使被压迫者安心。以嘲笑对付权贵，以怜悯安抚百姓。啊！我们应为这微笑感动。

这微笑里含有黎明的曙光。它照亮真理、正义、仁慈和诚实。它把迷信的内部照得透亮，这样的丑恶看看是有好处的，它让丑恶显示出来。它有光，有催生的能力。新的社会，平等、让步的欲望是宽容和博爱的开始，相互的善意，给人以相称的权利，承认理智是最高的准则，取消偏见和成见。心灵的安详、宽厚和宽恕的精神以及和谐、和平，这些都是从这伟大的微笑中出来的。呵，这微笑是人类向往解放和自由的力量是不可阻遏的力量的象征，所有的反动都将在这种无畏的笑容面前大惊失色、溃不成军一旦人类的觉悟和力量的团结成为事实，又有什么势力可能抵御这神圣的潮流？"

雨果进一步说道：

"让我们转身望着这个死者，这个生命，这个伟大的精神。让我们在这令人肃然起敬的墓前鞠躬。让我们向这个人讨教，他有益于人类的生命在一百年前已经熄灭，但他的作品是不朽的。让我们像其他强有力的思想家讨教，向卢梭、向狄德罗、向孟德斯鸠讨教。让我们与这些伟大的声音共鸣。要制止人类再流血。

够了！够了！暴君们。啊！野蛮还在，好吧，让哲学抗议。刀剑猖狂，让文明愤然而起。让18世纪来帮助19世纪。我们的先驱哲学家们是真理的倡导者，让我们祈求这杰出的亡灵，让他们面对策划战争的君主王朝，公开宣布人的生命权，良心的自由权，理性的最高权威，劳动的神圣性，和平的仁慈性。"

人们当真将雨果说的这些启蒙思想家进行了一翻比较，比的方式不同，结论也迥然不同。有人借法国人的话概括地说，伏尔泰笑着，狄德罗叫着，卢梭哭着。这三个人的嬉笑怒骂，穿越那个"理性时代"，直落我们今天存活的这个世纪。也有人借罗兰·斯特龙伯格的分析，认为整个18世纪是一个贵族的世纪，人们注重秩序、等级和高雅。而其中卢梭和伏尔泰是这个世纪天造地设的思想对手，两人鲜明的反差和冲突成了法国启蒙运动中的喜剧故事。有的网民根据这种分析，贴出帖子，对伏尔泰与卢梭进行了一番比较：

伏尔泰	卢梭
少年得志，阅尽沧桑	漂泊不定，百经挫折
巴黎人	来自外省僻壤
在高级社交圈如鱼得水	一个乡巴佬
所有女人的征服者	见女人张口结舌，幻想中的情人
一个悲观主义者	一个乐观主义者
赞成贵族统治	主张大众民主
古典主义者	浪漫主义的创始人之一
鼓动宣传家	鼓动宣传家
点燃了一切	点燃了一切

毫无疑问，两人的反差是鲜明的，它们表现在各个方面，所以罗兰才说：

> "两人的才华和各自在知识谱系中，极其相似，因而使他们的冲突更加激烈，两人合起来代表了整个世纪。"

显然，伏尔泰代表着贵族阶层。有人称他为"湖边的老土匪"，他拿着"教会的荣誉""宫廷的尊严"乱开玩笑。他说，从前有一个泥腿子，叫"老实人"。"老实人"进城遇到了六经欧洲废君，失去王位却呈泼皮威风，吃饭赖账，遭到意大利人的奚落哄笑。法国革命最热闹的场景，美国人形容为："那全是帆，没有一根锚。"法兰西不是没有维系人心的锚链，只是百科全书派过早过激的宣传斩断了这根锚。千帆竞渡的结果，使法国大革命堤溃水漫，一片汪洋。罗伯斯庇尔恨恨而言，那不是革命，那是"一场国内战争，国际战争，还兼一场宗教战争"。难怪，伏尔泰说："没有上帝，也要创造出一个上帝。"这上帝便是人造的革命对象、对手、敌对势力。其实，那只是贵族人格与下里巴人人格分裂的一种表现而已。

正如朱学勤的分析，那分裂之一指的是：卢梭的历史哲学是控诉文明进步的罪恶。而伏尔泰相反，是享用这种文明进步。这样，卢梭怎么能不触犯那些启蒙学派呢——启蒙的旗帜上分明贴着"理性""进步"的标签啊。那分裂之二指的是，卢梭的政治哲学是连英国代议制也得推翻，这又一次触犯了伏尔泰的痛处，那是他至爱之宝贝啊：洛克思想与英国制度！

伏尔泰绝非躲在书斋里空谈的人，他将法国知识分子对个体生命的意识，也贯串到了自己的日常的、具体的行动之中。他经常会忍不住放下手头的著述，为街头的宗教迫害奔走呐喊。他为卡拉、西尔文、拉巴尔、康普等一切宗教迫害牺牲者鸣冤叫屈，即使官司一打就是10年、20年，他亦在所不惜。为此，他也痛心启蒙运动内部的分裂，认为外面的宗教迫害断不能演变为同人间的学术迫害。他和卢梭的争吵是启蒙运动最大的不幸，但到了垂暮之年，他还是向卢梭伸出了宽容之手。他曾同时向七个地点发出邀请，请那个流亡者到他的隐居地来避难。有一天，突然有人咋咋呼呼地喊："卢梭来了！"伏尔泰闻言，掷笔惊叫："这个不幸的人在哪？快让他进来！我所有的东西都是他的……"

30年后，巴黎人补行国葬，迎回了这位一直笑到死的哲人遗骨。塞纳河边，万人空巷。他的心脏装在一只盒子里，永久存放于国家图书馆。盒子上刻着他生前的一句名言：

"这里是我的心脏，但到处是我的精神。"

从此以后，人们才知道，谁笑到最后，谁笑得最好。

四、"争取人类自由的最后一战"

——为着维护妇女权益而斗争的人

"女权主义"这个外来词汇来到中国以后，在不知不觉中被推到了极致，结果造成了今天这种尴尬的局面：谁要是被发现是个女权主义者或者女权分子，准会被人报以一番冷嘲热讽，结果使得那人无法自处，或者下不来台。

这真真是逆天的大反转啊。其实，追究起来，历史上女性的地位之所以卑微，并不都是因为政治经济的歧视，有的只是那时的讽刺作家们，把妇女们当作饶舌和好斗的乌合之众来描写而造成的。著名的巴黎传道士雅克·德·维确(Jacques de Vitry)在他的一次布道演说中清楚地说明了这一点：

"与此相反，他妻子却一直跟他唱反调，并且以一种粗暴的方式来接待他的客人。一天，他邀请了几个客人一起吃饭，并让人把饭桌放在花园里靠近一条小河的地方。他老婆背对着小河坐着，离桌子有一段距离，并对客人们冷脸相看。她丈夫说：'对客人们开心一点，离桌子近一些。'她反而把椅子挪到离桌子更远的地方，离她背后的小河更近了。他丈夫看到了，恼怒地说：'把椅子挪近桌子。'她猛地把椅子再往后退，掉进了河里，淹没掉了。他丈夫跳进一条船里，用一根长杆撑船去找他的老婆，不过他却一直往上游走。桌旁的人问他为什么去上游而不是去下游找他的老婆，他答道：'你难道不知道我老婆做的一直跟别人相反，从来不直着走吗？我坚信她肯定逆流而上，而不是像其他人那样顺流而下。'"

从另一面去看，女性并非逆来顺受，较低的法律地位也没能把妇女们降低为没有自己声音的影子（voiceless shadows）。并且，她们时时刻刻都在反抗这一命运，甚至在面对像国王那样吓人的对手时，她们依然能够利用自己的三寸之舌来坚持自己的权利。1252年时，阿龙德尔伯爵夫人（Countess of Arundel）伊莎贝拉到国王亨利三世那里抗议国王占有一项监护权。国王对这项监护权拥有一小部分，而伊莎贝拉则拥有一大部分。这位伯爵夫人，尽管是女流之辈，却大胆地质问道："国王陛下，为什么面对正义您把自己的脸转开？人们如今无法在您的宫廷里得到正义。您被指定为上帝和我们之间的中间人，可是您既没管好你自己，也没管好我们。还有，您既不知害怕也不知羞耻，用各种方式压迫王国的贵族。"国王挖苦道："您说什么呢，伯爵夫人？英格兰的贵族授权您作为他们的发言人和律师了吗？是因为您那么善辩？"伯爵夫人答道："绝对不是，陛下，是您给了我们许可状（大宪章），您的父亲授予我们大宪章，而您同意并起誓要忠实地遵守并且不侵犯……尽管我是个妇人，我以及我们所有的人，作为您自然的、忠实的臣属，在能裁决世上所有人的、令人生畏的法官面前起诉您。天与地可以作为我们的证人，因为您对我们不公正，虽然我们没有对您犯下什么罪。愿上帝，报复之神，来为我申冤。"国王被这番话说得哑口无言。结果，伯爵夫人在没有得到国王的允许的情况下，甚至她根本就没有向国王请求许可，就"擅自"回家了。

1

有部影片名为《女权天使》，其实英文并不是如此美好的名字，英文片名为Iron Jawed Angels，即"下颚坚硬如铁的天使"之意。英语片名中，故意用了一对矛盾的词汇，下颚的坚硬与美丽的天使，来影射女性争取妇女投票权的艰难，同时也暗示了女性争取权利的主要武器，那就是口才。

《女权天使》中主人公原型名叫艾丽斯·保罗，她顽强地坚持男女平等的信念，这显然跟她的家庭环境与受的教育分不开。艾丽斯的前辈曾经组建过宗教贵格会，该教虽然没有任何仪式规定，但其教义却反对暴力和战争，主张过朴实的生活，男女和谐相处。家人也一直坚持贵格教的传统。艾丽斯从小生活在这样的环境中，自然而然地也接受了贵格会的一套社会、宗教和行为规范。她出名后在接受记者采访时这样说：

"当公谊会成立时，他们的一个原则是两性平等，所以我一直以此为信条，从来没有任何其他的想法。我认为，这一原则是永恒的。"

成年后，艾丽斯进入斯瓦尔特摩尔学院学习，她祖父、法官威廉帕里是其创始人。在祖父看来，艾丽斯的母亲也曾在此接受教育。只是，在斯瓦尔特摩尔学院学习一年之后，艾丽斯因为嫁给了威廉·保罗，不得不辍学，这也是当时的习俗使然。随后，艾丽斯随丈夫去了英国，正是在那里，她目睹了欧洲高涨的女权运动。数年后，艾丽斯重返美国，开始直接面对美国性别歧视的社会现实。说到这一行为的转变，艾丽斯自己说：

"好战政策是实现成功的保障，激荡才能带领英格兰走出死气

沉沉，现在正是谈论女权并给予英格兰选举权的时候，经过一两年后会形成风气的，而不是要等到她们的子女也有表决权的时候才开始谈论。"

以后，她干脆加入了美国全国妇女选举权协会（NAWSA），并成为其中的一名领导者，分管联邦普选的修订工作。在1912年，艾丽斯·保罗和两个朋友，露西、伊士曼，前往华盛顿哥伦比亚特区组织宣传普选。当时，她们只有很少的资金，但却有潘克赫斯特式的作风，举办了许多宣传活动，次年还组织过大规模的示威游行，妇女们在宾夕法尼亚大道上，配合威尔逊的总统就职典礼开始巡游。她身着希腊长袍，跨上一匹白马，意气风发地走在游行队伍中。结果，她们遭到数十名男性的围观者攻击，那些人用猥亵和淫秽的话侮辱之，又用肢体暴力挑逗之，幸而被警方及时阻止。翌日，艾丽斯组织了有关苏菲拉格斯特（suffragists）的新闻，报道了该事件，引起社会的普遍反响。于是，有关妇女争取普选权成为一个热门的话题，激发了普通市民、政界人士与知识界的热烈讨论。

2

最初，英国女权运动领导者是一个叫埃米琳·潘克赫斯特(1858—1928)的女人。英国妇女在她的领导之下，坚持开展了40年的运动，才在她去世那一年，彻底取得了成功——英国妇女在选举权方面获得了与男子完全平等的权利与地位。

埃米琳出生于英国曼彻斯特，1879年，埃米琳·古尔登嫁给了年长她22岁的律师理查德·M·潘克赫斯特，而理查德正是英国第一部妇女选举权提案和已婚妇女财产权法案的执笔人。在丈夫的支持下，每当潘克赫斯特生育下一个孩子，他们就专门雇拥一个保姆来照顾孩子，潘克赫斯特自己则去参与一个名为"妇女参政权协会"的活动。他们的5个孩子中，两个男孩先后都夭折或早亡，只有3个女儿顺利成长起来，而且个性十足，名气也很大，这给潘克赫斯特带来了特别的"荣耀"。

潘克赫斯特夫人带领参政权妇女不断地进行抗争，仅在1908—1909年的一年时间里，潘克赫斯特夫人就曾经三次被捕入狱。有一次是因为散发号召群众"冲击下院"的传单而被捕的。在1908年3月的一次演讲中，潘克赫斯特表达了选举权对女性解放的重要性，她这样说：

> "所有妇女都应有投票权，必须在国家和政府中有发言权，指出这一点非常重要。我们不少女同胞已经为这一法案奋斗了多年。否则，你们无法阅读报纸，或者无法参加一个进行社会改革的听证会，听到有关立法来决定建设一个什么样的家园，使人民安居乐业这样的事。这对妇女们来说，肯定是一个大问题。没有女人会在自愿加入这一运动之中以后，便放弃了个人在家庭中的责任。恰恰相反，这一运动只会为女人更好地履行传统的义务，提供一个切实而有意义的学习机会。"

潘克赫斯特在曼彻斯特做"生死登记员"时，更加真切地体会到了下层妇女的不幸。她亲眼看见那些年青的母亲，要独自承担"非婚"生子的耻辱，她对此产生了无限的同情。按说这一现象属于社会道德范畴，应该改变人们的观念，但对于一直钻妇女参政权的"牛角尖"的潘克赫斯特来说，这反而更加坚定了她的信念：妇女只有获得了投票权，才有可能改变现实的处境。

这时候，年长她22岁的丈夫已经先她而去，潘克赫斯特夫人养的三个女儿已经成人，她们与母亲相配合，尤其大女儿克里斯塔贝尔，她先到了巴黎，为了逃避被控共谋犯而可能遭到的逮捕；这样，在女儿离开以后，潘克赫斯特夫人自己就可以放手一搏了。但是，她很快又被逮捕了，受到严密的监禁；根据1913年罪犯保释法案中"举行绝食抗议的罪犯可以临时获释，而在恢复健康后重行监禁"的规定，她坚持绝食抗议，这样，在一年里她出入监狱多达12次，总计被拘禁30天。

到了1903年，潘克赫斯特认为多年来的妇女参政活动，在议会中并没有多少进展——有关法案在1870年、1886年和1897年都曾有希望在议会通过，最后却全都失败了。潘克赫斯特夫人觉得，是应该采取点激烈手段的时候了，于是，她们建立了"妇女社会和政治联盟"（简称女权联盟），这是一个致力于靠直接行动去争取妇女投票权的组织，该组织的口号是"要行动，不要空话"（Deeds，not Words）。她也多次在不同场合强调了"行动"的主题——

"行动，而不是语言，才是我们永恒的座右铭！"

果然，行动真开始了！不过，起初她们还只是限于公开演讲和征集请愿签名。比较引人注目的是她们成立了一个"妇女议会"，在国会开会时，她们也开会，与议会唱对台戏。在1905年5月12日，一项妇女参政权议案在议会中被阻挠通过时，她们开始聚在国会大厦外，高声聒噪抗议。警察马上驱散了她们，但她们再次聚集，坚持要求通过法案。尽管法案最终还是没有通过，但这次冲突使潘克赫斯特意识到：毕竟我们已被注意到了，可以说是已经成为一股政治力量。

这以后，"喧哗抗议"就成了潘克赫斯特的一个战略手段。她的三个女儿都因此被捕过，而她本人在1908年2月，因为试图冲进国会，向首相阿斯奎斯递交一份抗议决定而遭到拘捕，后来以"妨碍公务"的罪名，被判六个星期的监禁。尽管她不断地抱怨监牢里的恶劣环境，包括"寄生虫、很差的食物、可怕的寂静"等，但她觉察到，被监禁倒是可以当作宣传妇女参政权紧迫性的很好的工具！于是，在1909年，她故意两次痛击一名警察的脸，以确保自己能被捕。

她被捕过很多次，最多的时候一年中被抓进去12次。但每被捕一次，她的知名度就提高一回。她还把审判她的法庭当成"宣讲舞台"。1908年被审判时，她面对法庭的审判，自我辩护说：

> **"我们在这里（受审），并非因为我们是法律破坏者（Law-breakers）；我们在这里（受审），只是因为我们正努力成为法律制定者（Law-makers）！"**

再后来，潘克赫斯特的抗争接近于疯狂：不管是哪个政党，只要是不优先考虑妇女参政权的问题，"妇女社会与政治同盟"的人就要反对它。尤其是在竞选的时候，她们跑到竞选现场去闹场。这一策略，首先使自由党与她们决裂了，这一决裂，让先前支持他们的自由党候选人也跟着倒霉。据说丘吉尔有一次竞选失败，就是由于他演讲时，"那些女人在那里不时地爆出狂笑"，使得口若悬河的丘吉尔的演讲效果大打折扣！

随着冲突的升级，妇女们用石头打破首相府的窗户、在国会大厦的墙上刷标语、到曼彻斯特等地艺术馆破坏名画，几近各种手段。在1912年，当首相阿斯奎斯参观都柏林的皇家剧院时，一些战斗妇女竟然试图用炸药搞爆炸！与此同时，另一些战斗妇女则将一把斧头扔进了首相阿斯奎斯的车座！她们还在一些公园、火车站等地纵火，或是向议员们打高尔夫的地方泼酸液……1913年6月4日，一位叫埃米莉·戴维森的战斗妇女，在国王巡游德比时，竟冲到国王乔治五世的赛马前，自动躺倒，被御马活活踩死，在社会上引起巨大震动！

3

多年的抗争，使潘克赫斯特在实践中练出一副好口才，在各种演讲中肆意发挥出来。在她那充满激情的煽动下，英国、美国、加拿大上流社会的家庭妇女也加入了女权运动——从此，美国出现了优雅女士尖叫着被扔出公共场所的场景。这场运动中如此强烈地震撼了英国乃至世界，英国妇女联盟成了最引人注目的组织；当然，也由于采取暴力的方式，潘克赫斯特在国际上声誉受损，而她在演讲中这样为其过激行为辩护：

> **"妇女政治权利被当局漠视，如今到了必须瓦解英国男人无动于衷的态度，他们对妇女在不公正法律下遭受的痛苦熟视无睹。**
> **我们已使政府面对这样的抉择——要么把妇女处死，要么赋予她们选举权！"**

的确，潘克赫斯特的姐妹们这种近似于恐怖行为的运动，为人所不齿，但是，若站在妇女参政权角度上，又确实引起了社会更广泛的关注，她们的同情者也一度大增。女权者们自身，也受够了当局的折磨，有些妇女被关进牢房，她们便进行绝食抗议；狱方对她们强制灌食，因为要用金属工具将嘴巴撬开，潘克赫斯特说当时隔壁牢房中狱友的惨叫声，令她多年后都不寒而栗。她自己是在被可能强制灌食时，双手高举一把水壶，威胁说如果强迫她进食，她就要自戕，这才算躲过了这一劫。后来，狱方的这一行为，引起了社会的强烈不满，许多医学专家也出面抗议。议会不得不制定"猫鼠法"，规定妇女绝食时，就把她们放出去，释放期满再行收监。

每一次被捕、释放，她就越发坚强，到处去演讲。然而，第一次世界大战爆发，终止了她的这种抗争，出于爱国动机，她宣布放弃抗争，甚至主动与政府配合。1914年第一次世界大战爆发之后，她和女儿克里斯塔贝尔宣布放弃民权运动，政府也释放了全部因民权运动而被捕的罪犯。

有一次，她做了题为《女人从未想到恨自己是女儿身》的演讲：

> "我们女人是两性中的弱者。（笑声）人们总说我们单是忙家事、做母亲就忙不过来了。要是平时，我们可有得好辩的，既然是战时，也只好任男人这么说了。男人跟我们说：'仗由我们来打。女人不适合打仗。我们保护女性，替你们打。生活中的困苦忧患有我们来顶着。'此刻是男女同样接受考验的时代。我们相信诸位男士的话。男人有责任尽其所能履行其对妇女的承诺。就因为是女人，我们从来连自卫的准备都没能做过。（"好，好"……）"

> "过去几天我一直在感谢上帝，幸亏我不是超人，（笑声）又没有生花妙笔，或尖酸刻薄的幽默感，我不必附庸风雅，效法暴君尼禄在罗马焚城时仍有闲情逸致吟诗作乐。此时此刻，对那些自己一知半解却还侈谈外交、战争起因及罪责的人，我真不知道怎么严加谴责才好。倒是今后若是情况发展不对头我知道应该怪谁。就怪那些有公民权的人，就该怪萧伯纳之流，（叫好，笑声）他们声称政治管理只适合男性。到国家大难临头、存亡攸关之际，他们就开始在报上大放厥词，让敌人可以在比利时街头张贴其言论。我们的统治者干得不好是选他们上台的老百姓的不是。战争结束了才是解决这些外交问题的时候。目前我们在打仗，我们的荣誉、名声和存在与否都悬系于此战的成败。现在要提只能提积极意见，否则最好三缄

其口。对男人有一肚子意见的女人都可以忍住不发一言，其他人应该也可以做得到吧。（叫好）爱国者对待错误的办法应该是默默地让事情走上正轨，这样才对，才合适……

"我一贯坚持的意见如今我仍然坚持。没有比侵略战争更可怕的事了。然而我相信，不论过去我们有过什么不是，眼前这一仗确实是正义之战。虽然我热爱和平，有时候仗还是该打。我要正告年轻人：今天有不少妇女从未想到会恨生为女儿身，但在这件事情上她们可是很愿意自己是男子汉的。（叫好）"

这次，女权主意者们通过演讲、写信和加入志愿服务大军，动员人们参战，号召女性投入生产。联盟的努力得到了回报，政府也开始承认女性的价值。终于，在持续的抗争之下，在一战硝烟的催化之下，1918年英国议会终于通过法案，给30岁以上的妇女以选举权！她们的抗争取得了一次并不算彻底的胜利。

历史已经证明，潘克赫斯特不是偏执狂，她富有大局意识和智慧的头脑。到1928年，潘克赫斯特去世前一个月，政府通过法案，终于承认了女性具有和男子同等的选举权，随后，美国等国家也逐渐允许女性投票。潘克赫斯特可以含笑九泉了！

4

在《女权天使》一片中，我们看到，艾丽斯的抗争也经历过跟潘克赫斯特一样的遭遇，特别是被逮捕入狱的遭遇。

本来，第一次世界大战的时候，美国已有九个州的女性拥有了投票权，但国家总体上并未从法律上保障其权利。这时候，艾丽斯从英国回到了美国。她是个结了婚有完美家庭的年轻少妇。但是，丈夫却是反对女性有投票权的政治家。

作为另一个领军人物的露丝，来自Quaker教派的家庭，这让她们得以接触到全国妇女选举权协会（National American Woman SuffrageAssociation，NAWSA），而认识Carrie Chapman Catt。但是，当时正值第一次世界大战期间，已经宣布加入大战的威尔逊总统，并不认同女性有选举权的主张，这就引发了艾丽斯与卡特的分歧：卡特一方主张暂停所有请愿、游行活动，女性应全力投入后勤生产线工作，以艾丽斯·保罗为首的另一方则主张坚持到底，直到达成最终目的为止，即使付出任何代价也在所不惜。艾丽斯身体力行，独立创建了另一组织"全国妇女党"（National Woman's Party）来进行斗争，她们到各州演讲、发起集会游行，甚至到白宫前每日举旗抗议。艾丽斯巧妙地利用总统有关民主政治谈话来作为行动标语，以制约来自当局的反弹，迫使共和党总统威尔逊提出宪法修正案，争得妇女的平等地位。她们每天有三名女性在白宫前高举标语，经过七年的不懈努力，她们终于于1920年促使美国联邦政府通过美国宪法第十九修定案关于女性投票权的法案！

不过，当时的美国总统威尔逊宣布参战，艾丽斯的观点并不为一般民众所接受，人们认为这些女人罔顾国难还诋毁总统，对她们不仅没有同情的声音，反而大张挞伐，甚至暴力相对，围观的男人们开始对其丢石头，最后更冲上前去，扯烂旗子，殴打她们……好不容易稍凝聚起来的支持力量与社会的关注眼看就要因此瓦解。为了不使心血白费，她们决定冒着叛国的罪名，继续向总统抗议，后果可想而知，当局以"妨害交通"的罪名逮捕218位抗议妇女，她们拒绝承认罪名及缴交罚款（每人10元），关在狱中没有律师，不准交谈，和外界完全断绝接触。

这是最艰难的时刻，对于艾丽斯而言，雪上加霜的是，她入狱后，丈夫把幼小的女儿送给他母亲看护，并且对监狱中的她威胁说："法官不会给你监护权的。"艾丽斯激怒了，她嚷道："我是孩子的母亲，还要经过律师法官同意吗？法官会说房子是你的，孩子是你的，而我是你房子中的什么？一个家具吗？"一位国会议员来看她，她说："女儿是我在监狱里的支撑，我的奋斗是为了她们。"艾丽斯认为"对女人来说，选票就是逃生的出口！"在她看来，只有拥有选举权，女性才能选出一个为自己发声的代表，脱离"次等国民"的阴影。

为了同当局抗争到底，艾丽斯决定在狱中开展绝食抗议。当局者为了"不能有殉道者"的理由，对她强迫灌食。那是一种虐待，将人活活五花大绑在椅子上，强迫撑开食道，直接以接管的方式将生鸡蛋注入喉管中……为了摧毁艾丽斯的意志，监狱当局还想用"被迫害妄想症"做掩饰。为将艾丽斯送进精神病院去，他们派出心理医生"诊断"艾丽斯。当医生询问艾丽斯是否将一切怪罪威尔逊总统，并叫她解释她自己的行为时，已奄奄一息的艾丽斯冷静而沉痛地否认道：

"我是为了自己的理念，想想看，我们内心里是否都有这样的共同的愿望，我们希望能够靠自己的力量，过自己的生活。"

后来，在狱卒的帮助下，艾丽斯遭受虐待的真实情况辗转透露到了整个社会，引得舆论一片哗然。连原本立场迥异的卡普曼·凯特（Carrie Chapman Catt）也到处奔走，迫使威尔逊同意提出宪法第十九修正案。

1920年8月26日，由于一份赋予美国妇女投票权利的宣言的签订，历时81年的斗争今天上午静悄悄地结束了。当国务卿签署文件证明批准美国宪法第十九条修正案时，没有妇女在场。全国妇女党的领袖们，对把她们排除在华盛顿科尔比家举行的签字仪式之外一事，提出了抗议。一位争取妇女投票权运动的领袖贝克夫人说："这是非常可悲的。"许多领导人整夜守望，等待着证明田纳西州已于两天前批准的这一修正案的文件的到达，以凑够批准议案所需的州数……

追溯起来，美国争取妇女投票权的斗争起于1839年，在当时的伦敦，一个有关奴隶制的大会上，柳克丽霞·莫特被拒绝同她丈夫一起入席。但是直到许多年后，苏珊·B·安东尼才说服了一位国会议员，提出一项关于给与妇女投票权的宪法修正案。在被扣押了几年之后，此修正案才被国会批准，然后送往各州。有些州已经允许妇女投票多年了，如怀俄明州的妇女就有着开拓进取的传统，早在1869年，该州就成为国内第一个允许妇女投票的州。

而此刻，当瘦弱惨白的艾丽斯重新回到公众面前时，其他妇女立即以相同的绝食态度响应，而当狱警又将艾丽斯强行带走时，她们又一齐唱出了Will the Circle be Broken（界限将被打破）……

后来，艾丽斯·保罗认为，真正的平等权利取得是在1923年才实现的。那是在纪念第十九条修正案颁布的时候，艾丽斯说，她"根据平等权利法案的规定，无论在美国或是其他任何国家，女人对性的权利都不得被剥夺"。

平等权利的修正案将会成为一个新的宪法修正案，而她则是这个被称作"柳克丽霞·莫特修正案"的作者之一，这项修正案提出"男人和妇女应享有平等的权利，在美国的每一个地方都有效并受其制约。"从此，"平等权利修正案（ETA）"从1923年起在每一届会议的国会都被审议，一直到在1972年通过为止。在20世纪40年代，无论是共和党人和民主党人，在竞选时都将ERA列入自己党的政纲；在1943年，ERA被改称为"艾丽斯·保罗修正案"；新的修订案规定，"根据法律规定，平等的权利包括性的权利不得被美国或任何国家给予、剥夺或废除"。

如今，女权运动的胜利使美国妇女走在她们姐妹的前头，后来的一次世界大战爆发以后，女权运动的面貌更加焕然一新，妇女们自身权利的斗争，也将以一个崭新的面貌去迎接明天！

五、大放异彩的激励与诘难之道

——影片《激辩风云》琐谈

　　如果有人问，我们这里前些年的大专辩论赛，同美欧有什么不同的话，你会想到些什么？你会回答：没什么两样啊，从规则到辩题等，都如出一辙。但是，那种不同是潜在的，是藏在论辩的背后的，那就是"训练"——对，训练，包括老师的辅导方法，也包括辩手掌握口才技能的方法……

　　那么，以素有"黑马王子"之称的丹泽尔·华盛顿导演的平生影片——传记体裁的《激辩风云》为例，来个管中窥豹吧。

　　这部电影的拍摄得到有脱口秀女王之称的奥普拉·温弗瑞的青睐，在两位黑人明星的鼎立配合下，这部只有2500美元投资的小制作影片，竟邀请到了奥斯卡影帝弗里斯特·惠特克加盟而且担当配角；而片中的大学生演员则全都来自第一次上银幕的生手。影片不仅组合奇特，更精彩的是，它对辩论训练和技巧做了某些有益探索与揭示，无疑给辩坛吹来一股清风——它启发人们，辩论前训练辩手的激励如何重要，辩驳中利用好诘难的方式也大有讲究。这里，结合该片的若干辩论亮点做一评品，以一窥上述两个环节中是如何散发出奇异之光的。

1 训练前，激励自信套路多

《激辩风云》的主人公及原型是诗人兼论辩高手迈尔文·托尔森（丹泽尔·华盛顿饰），在组成韦莱学院黑人学生辩论队之后，托尔森训练的第一课就是激励辩手的自信心，他对辩手们的第一句演讲词是——

"我是个黑人，同时也是个美国人。"

这种说法就是所谓正面激励方式，目的是让学生们把握好自己的位置，意识到一个根本问题：你既是黑人，但更是美国人，从而让他们明白"人人生而平等"的道理，端正辩论的心态。这两个看似寻常的简单判断句，由于根植于准确的、完整的定位，所以说出来既显得正面、大气却又令人动容。在即将参加与哈佛辩论队的比赛之前，托尔森和校长又一次以黑人的荣誉感，对黑人辩手做了正面激励——

托尔森："我们将会成为第一个和白人大学进行辩论的黑人大学，如果我们打败了他们，就意味着我们打败了最好的辩论队伍。"
奥斯伯恩："这场辩论会煽动起许多很有刺激意味的情绪，它一定会在全美国进行广播的。"

这里，"成为第一"的激励之言不是空洞的，而是非常具体的"超越哈佛"，是"在全美国进行广播"，由于有了这些具体目标或前景的预设，辩手们的自豪感和荣誉心顿时被刺激了起来。可见，激励中设置具体的目标和翔实的前景，确实比空洞的"成为第一"之说要高明得多，毕竟它多了一些现实的感染力和鼓动力。

托尔森教授训练辩论队是严格的，但这种严格却并非止于技巧，而更多地融合在心理上的鼓动。你看，当叛逆的辩手亨利挑衅似的问托尔森教授：他们为什么要听他的指挥时，托尔森教授这样回答：

弱者就应该受到强者的压迫，想不受到压迫，就把自己变成真正的强者。

托尔森首先将自己置于强者的地位，这种心理优势也是辩手们所需要的。这就是反向激励，从对方的弱点出发，给予其强烈的心理暗示与刺激，从而激发出对方的自尊心，这就有可能达到正面激励所不可能达到的效果。当托尔森发现洛维流露出不太自信的心理时，他就再度运用了此法——

托尔森："我们一定要为辩论队把握住这次演习。"

洛维："你确信你需要的是像我这样的人？"

托尔森："不确信，所以你必须做出点成就让我瞧瞧。"

由于这种反向激励带有无中生有、无事生非的特点，所以在故意找碴的过程中，要非常注意激发出学生对自身角色的自信。只有这样，伟大辩手才会发出对他手下的影响——

萨曼塔："詹姆斯，你知道我值得你付出友情……"

法莫二世："你凭什么说你自己值得得到从没有得到过的东西？"

萨曼塔："那么……你从没把我当过朋友？"

法莫二世："也许，我不想只成为你的朋友，也许，你只把我当朋友会伤害到我！"

法莫二世的口吻跟托尔森何其相似！他用的同样是反面刺激的方式，目的就是要坚定对友谊的信心。

除了正反激励之外，托尔森还从军人的口号式演讲中借用来另一种激励方式，那就是追问激励。这一点，在影片中，托尔森辩论队无论在哪里，都能听到这种口号式的问答方式：

> 托尔森："谁是裁判？"
>
> 萨曼塔，洛维，法莫二世，伯吉斯："上帝是裁判。"
>
> 托尔森："为什么是上帝？"
>
> 萨曼塔，洛维，法莫二世，伯吉斯："因为是他决定谁赢谁输，而不是我们的对手。"
>
> 托尔森："你们的对手是谁？"
>
> 萨曼塔，洛维，法莫二世，伯吉斯："他不存在。"
>
> 托尔森："为什么不存在？"
>
> 萨曼塔，洛维，法莫二世，伯吉斯："因为他只是我讲述的真理的反对之声！"

紧追不舍的问，一环扣一环的答，构成了一种气势，一种类似阅兵式的那种紧张而又严肃的气氛，从而使辩手的自信心猛地得到升华，并且深入到髓之中，经久难忘。

2 训练中，诘难辩驳巧出击

影片《激辩风云》中，除了突出托尔森的训练之道外，也用很大篇幅表现了辩手们的口才。其中，给人印象最深的是这些黑人学生的辩驳，他们几乎无一例外地使用了诘难的方式。很多时候，影片辩论最炙热最巧妙最出彩的地方，往往也就是诘难运用得最贴切最巧妙的地方。

显性诘难跟人们通常说的诘问是一回事，只是苇莱学院的辩手们更擅长围绕一个中心点扩展开去，从而生发出一连串精彩的诘问来。女辩手萨曼塔，在反驳哈佛辩论队现时还不到消除种族歧视的时候时，就有这样一段显然的连环诘难——

　　"这是一个普遍的现象，州政府会花在一个白人孩子身上的教育经费，是有色人种孩子的五倍，那就意味着他们能够拿到更好的教科书。我想说的是，这是一种耻辱，但我的对立方却说，现在还不是让白人孩子和有色人种的孩子去同一所学校上学的时候。当然，更别提分享同一个校园、同一所教室了。好吧，你能发发善心，告诉我那一天什么时候能够来到？明天可以实现吗？或者是下周？又或者要100年？也可能永远都不？不，现在是时候为正义、自由而战了，我们现在就应该争取应得的平等！"

　　你看，原本一个"不"字就行的话，萨曼塔却发挥自己连续诘问的长处，一鼓作气一连续提出五个反问，实际上都可用一句话"什么时候"来概括。只是由于这种时间段的分切；边问，就使反驳形成了阶梯之势，一浪高过一浪，一问比一问更强烈，无形中令对方难以还击。

　　如果不是朝一个方向发出诘难，那就形成了选择诘难，虽然表面上看有对立的两个以上的选择，但问题还是一个。由于有选择，又由于辩手的选择即是辩驳，所以它常常显得不那么的激烈与直白，也许杀伤力并不弱于显然诘难。影片着力塑造的14岁黑人小辩手法莫二世，在关于哈佛的种族问题辩论时，就显得既慨然又从容，他的选择诘难及回答看似语气温和，但却收到了震撼人心的效果——

　　"在南方没有法律，当黑人没有地方居住，被从学校和医院撵出来，还有被私刑处死的时候，都没有法律。而我们是用暴力还是

用公民的不服从？你们应该祈祷我——我选择后者。"

表面的平静、平静的选择与回答，此时却给人一种更深刻的感染力，这就是非暴力的理智力量的感染力。它比起只触及皮肉的暴力反抗来说，其效果不是更深入人的骨髓和灵魂、更有震撼力吗？

跟上述显性诘难相对的，自然是隐含诘难。说它是隐含的，实际上是说，表面上听不出是在诘难和反驳对方，甚至连诘问句也没有，但它又确实是在对当事人进行诘难，而且带有某种讥诮、反讽的味道，更显得从容不迫，智慧和机敏。在反种族歧视的斗争中，苇莱学院的教授托尔森被非法逮捕并囚禁，这时候，他的同行法莫博士请求治安长官道泽尔释放教授——

法莫博士："既然你没有证据，我建议你还是放了他。"
道泽尔："你是在威胁我吗？孩子？"
法莫博士："不，先生，我怎么会这么做呢。只是我没办法向站在外面的那些人交代。"

在说"没法……交代"的时候，人们看到了聚集在治安长官办公室外面汹涌的人群，法莫就是指的他们。它实际上等于是在暗示：如果不是借助了人民反种族力量的伟力，那么你老兄的日子将会很难过的！这里虽然没有明显使用诘问的形式，但同时显示出一种诘难的韵味，而且更为含蓄、更为机警，耐人寻味。

事实上，类似的带有讽喻性的讥诮诘难，在托尔森口中也有不少。最典型的是他讲给警官兰斯顿·休斯的那段话——

"我是黑暗的兄弟。当朋友来了时，他们指派我在厨房进餐。

我笑了，我吃得好，长得壮。明天，当朋友来了的时候，我就会出现在餐桌上。没有人敢对我说，'去厨房吃饭吧。'然后我去到一边，那样他们就会看到如何美丽的钻研珍宝而感到羞愧——我，其实我也很美国，也会歌唱美国。这是再显然不过的了。"

以上反诘驳斥，由于用的是反话的形式，那种讥诮味道就显得格外浓烈，虽然用的是陈述句，其辩驳效果却一点也不比诘问句差——毕竟，它暗含了"你可以歌唱美国，我又何尝不是如此——只要它变得没了种族歧视"的更深层次的语义。

《激辩风云》在辩前训练和辩论反驳中的上述演说、辩论和对白，虽是以电影艺术的形式出现的，但实际上它既源于真实的人物和经历，又能给予我们若干现实辩论的指导与启迪，故值得人们再三玩味、再三品咂。

文献资料举要

《名家经典演说词选》（向弓主编，四川文艺出版社，1995）

《探索者》（丹尼尔·J·布尔斯廷著，吴晓妮、陈怡译，上海译文出版社，2000）

《弑君者》（罗伯逊著，徐璇译，新星出版社，2009）

《辩坛不败》（汤晋苏编著，燕山出版社，1997）

《世界名人演讲集粹》（傅源主编，远方出版社，2001）

《外国著名军事家小传》（杨家祺，姚友志编著，甘肃人民出版社，1985）

《佛罗伦萨史》（马基亚维利著，王永忠译，吉林出版集团，2011）

《宽容》（房龙著，张蕾芳译，译林出版社，2016）

《世界辩护大师》（宋庆霞等主编，山东人民出版社，1997）

《世界要案审判》（爱德华·W·耐普曼著，赫长虹、王燕译，新华出版社，2009）

《审判的历史》（卡德里著，杨雄译，当代友谊出版社、2009）

《性审判史》（埃里克·伯科威茨著，王一多、朱洪涛译，南京大学出版社，2015）

《外国历史名人传》（朱庭光，编中国社科、重庆出版社1982）

《法意与人情》（梁治平著，海天出版社1992）

《意大利文艺复兴时期的文化和社会》（彼得·伯克著，刘君译，东方出版社，2007）

《演讲与论辩》（贵州人民出版社，1998）

《法国大革命前的畅销禁书》（罗伯特·达恩顿著，郑国强译，华东师大出版社，2012）

《法国历史逸闻》（G·勒诺特尔著，王鹏、陈祚敏译，北京出版社，1985）

《富兰克林自传》（莆隆译，译林出版社）

《审判王尔德实录》（孙宜学编译，广西师大出版社，2005）

《切利尼自传》（本韦努托·切利尼著，王宪生译，北京时代华文书局，2014）

《德意志皇帝列传》（阿米尔著，李世隆等译，东方出版社，1997）

《英国国王列传》（金志霖著，东方出版社，1997）

《伪雅史》（弗雷德里克·鲁维洛瓦著，上海文艺出版社出版，2012）

《不朽的辩护》（胡杨编著，内蒙古大学出版社，2005）

《法庭辩护全书》（阿林编著，新疆人民出版社，2002）

《重新认识布鲁诺》（吴蓓，网络，见百度"哲学吧"）

《意大利文艺复兴与演讲》，网络http://blog.sina.com.cn/zhzhzha

M.P.Gilmore,The Lawers and Church in the Ltalian Renaissance (Cambridge,1963)

R.Kagan,Universities in Itary,1500−1700(Paris,1986)

P.BurkeThe Renaissance Sense of the Past(London,1969)

Skinner &Brown,Language and Images of Renaissance (Cambrige ,1978）

George Bataille, The Trial of Gills de Rais (Los Angeles,1991)

H.C.Lea, Agistory of the Inquisition of the Middle Ages (1888)

Jeffrey B.Russell, Witchcraft in the Middle Ages

(Cornell, 1972)

Edward Pegers, Heresy and Authority in Medieval Europe (Philadelphia, 1980)

Thomas L. Kington, History of the Second, Emperor of the Romans (London, 1868)

H.C.Erik Midefort, Witch-Hunting in Southwestern Germany 1562-1684 (Stanford, 1972)

S.J.Tambiah, The Magic Power of Words (Tambiah, 1985)

Richard Kieckhefer, Magic in the Middle Ages (Cambrige, 1989)

Marton Luther, Familiar Discourses

Martin Ingram, Church Courls, Sex and Marriage in England

2018.03. 19 寄出